Irgendwie hängt alles zusammen

AF206789

BoD™
BOOKS on DEMAND

Günther H. Botek
1964 in Wien geboren; lebt, arbeitet und schreibt in der Nähe von Wien.

Günther H. Botek

Irgendwie hängt alles zusammen

Philosophische Diskussionen
im Internetforum „atheisten.org"

*Bibliografische Information der
Deutschen Nationalbibliothek:
Die Deutsche Nationalbibliothek verzeichnet diese
Publikation in der Deutschen Nationalbibliografie;
detaillierte bibliografische Daten sind im Internet
über http://dnb.dnb.de abrufbar.*

© 2019 Günther H. Botek

Illustration: Günther H. Botek

*Herstellung und Verlag:
BoD – Books on Demand, Norderstedt*

ISBN: 978-3-7494-0699-9

„ Ich hätte viele Dinge begriffen,
hätte man sie mir nicht erklärt. "

Stanislaw Jerzy Lec

Inhalt

Vorwort

Das vorliegende Buch enthält einen Großteil meiner Diskussionen aus den Jahren 2015 bis 2018 im *Atheisten-Internetforum* (*atheisten.org*), das im Mai 2018 wegen der neuen EU-Datenschutzverordnung leider geschlossen wurde. Schade ist, dass es im Internet auch kein leicht zugängliches Archiv dieses umfangreichen Forums zum Nachlesen gibt.

Die Texte in diesem Buch enthalten nur meine eigenen geposteten Beiträge (inklusive der Zitate der mitschreibenden Teilnehmer des Forums) in Diskussionen, die ich teilweise selbst eröffnet habe.

Daraus ergibt sich eine abwechslungsreiche Mischung von großteils philosophischen, teilweise politischen, manchmal abstrakten, aber immer lebhaften und oft kontroversen Diskussionen zu so verschiedenen Themen wie Atheismus, Glaube, Medien, Informationen, Anarchismus, Patriotismus, Freiheit und Privatsphäre im *Real Life* und im Internet, Kryptowährungen und mögliche Abschaffung des Bargeldes, bis hin zu Humanismus und Menschenwürde.

Wie der Buchtitel „*Irgendwie hängt alles zusammen*" vage andeutet, könnte der unsichtbare gemeinsame Nenner all dieser unterschiedlichen Streitgespräche das wache und kritische Bewusstsein vieler Menschen sein, die am Beginn des 21. Jahrhunderts versuchen, mit dem Leben und Denken in einer komplexen und dynamischen Gesellschaft zurechtzukommen. Existentielle Letztfragen werden bewusst offen gelassen und vorhandene, meist religiöse Antworten darauf skeptisch infrage gestellt.

Für Kommentare, Anregungen, Kritik oder Feedback bin ich unter der Mailadresse *guenther@botek.at* gerne erreichbar.

Günther H. Botek, im Februar 2019

Thema: *„Privatfernsehen"*

[...]

<u>Nergal</u> *<u>hat geschrieben</u>:*
In den letzten Jahren habe ich immer mehr die Achtung vor dem Berufsstand der Journalisten verloren.

Ja, so geht es mir auch. Ich frage mich außerdem, wie die einzelnen Medien bzw. Journalisten ihre Themen, über die sie berichten, wirklich auswählen. Es gibt ja in (fast) jedem Land spezielle Nachrichten-/ Presseagenturen, wo die scheinbar neuesten, wichtigsten und aktuellsten News aus aller Welt gesammelt und aufbereitet werden. Eine Auswahl dieser News wird dann in den verschiedenen Medien (Zeitungen, Radio, TV, Internet usw.) geschrieben bzw. gezeigt sowie journalistisch recherchiert und vertieft. Aber wie und warum kommen die sogenannten News in die Nachrichten-/Presseagenturen? Nach welchen Kriterien werden sie von wem ausgewählt? Weiß da jemand Genaueres?

—

<u>JAU</u> *<u>hat geschrieben</u>:*
Presseagenturen haben Reporter und Redakteure, wie Zeitungen auch. Der Unterschied ist nur, dass sie ihre Nachrichten (Texte, Bilder, Videos) nicht direkt an Leser sondern an Zeitungen verkaufen.

Ja, im Prinzip ist mir das schon klar. Aber ich frage mich, *wie* diese Reporter und Redakteure der Agenturen zu ihren News kommen. Nach welchen (objektiven?) Kriterien wählen sie sie aus? Gibt es da eine nachvollziehbare bzw. überprüfbare Strategie dahinter oder passiert das eher „zufällig"?
Ich lese online verschiedene Zeitungen und schaue mir (noch immer) Nachrichten und Dokumentationen im TV an – aber nicht, weil die so objektiv und wichtig sind, sondern weil sie Gesprächs- und Diskussionsstoff im Alltag liefern und zur (politischen) Meinungs-

bildung beitragen. Ich habe aber immer öfter das unangenehme Gefühl dabei, dass die angebotenen Informationen entweder sehr beliebig oder auch manchmal manipulativ ausgewählt werden.

—

***lorenz* hat geschrieben:**
Und ich weiß nicht, wie harmlos das ist, wenn z. B. wichtige politische Informationen im Interesse des Reißerischen untergehen. Das führt doch zu einer Art Infantilisierung der Leute. Die werden mit privaten Details über Königinnen und Popstars gefüttert wie kleine Kinder, die man mit buntem Zuckerkram voll pumpt, so dass keine richtige Nahrung mehr reinpasst. Das dient nicht gerade der politischen Emanzipation.

Ich weiß zwar, was du meinst – aber ich frage mich: wo findet man die wichtige (politische) Information bzw. die richtige Nahrung, die ein emanzipierter Demokrat aufnehmen sollte? Ich vermute, diese wichtige und richtige Information gibt es nicht – wir lesen, hören und schauen vor allem solche Informationen, die auch andere lesen, hören und schauen, um mit ihnen kommunizieren zu können. Wir haben als soziale (informationsverarbeitende) Gruppenwesen erst einmal nur dieses eine Bedürfnis – natürlich neben anderen Grundbedürfnissen. Wenn diese These stimmt, dann ist es letztlich egal, was wir lesen, hören und schauen, solange es andere in der näheren Umgebung (Familie, Arbeitsplatz, Freunde usw.) auch tun, um mit ihnen darüber zu reden.

***lorenz* hat geschrieben:**
Ein paar Demokraten gibt es schon noch im Land.

Der emanzipierte voll informierte Demokrat ist meiner Ansicht nach eine naive Idealvorstellung, den es so nie geben wird bzw. gegeben hat – er ist eine sehr seltene Erscheinung.

—

*Hoffentlich kommt jetzt keiner, der beweisen kann,
dass wir alle in einem Pluralismus von bunten Wahnvorstellungen leben...*

Beweisen kann ich nichts, aber meine Beobachtung
geht in diese Richtung. Wir leben alle in bunten multimedialen *Informations-* bzw. *Wissensblasen* – die einen in größeren, die anderen in kleineren. Manchmal
überschneiden sie sich, manchmal nicht. Das gibt es in
den seriösen Wissenschaften, wo relativ selten versucht wird, interdisziplinär zu diskutieren, und im banalen Alltag, wo nur gemeinsame Interessen bzw.
Hobbys Kommunikation ermöglichen. Tagesschau und
Zeitungen sind nun auch so *Informationsblasen*, wo
man teilnehmen kann oder auch nicht – viele nehmen
da gar nicht teil, auch in sogenannten Demokratien.
Das hat nichts mit Wahnvorstellung zu tun, weil es ja
meist um ganz *reale* Wirklichkeiten geht, über die da
kommuniziert wird. Was mich fasziniert ist, dass sich
diese *Informationsblasen* im Grunde beliebig heraus-
bilden und wieder vergehen – so wie Seifenblasen im
Wind...
Sogar dieses Forum ist eine gute Simulation der Realität: Threads – auch so interaktive Text-*Informationsblasen* – entstehen aus dem Nichts und vergehen nach
einer unterschiedlichen Dauer wieder, manche werden
wiederbelebt, andere von Zeit zu Zeit wiederholt.

—

*DIE tolle Information gibt es meistens nicht. Man muss
vergleichen, skeptisch sein, diskutieren, Quellen bewerten (können), fast wie in der Wissenschaft. Eine
Sch...-Arbeit, wenn man das ernst nimmt...*

Um beim Thema zu bleiben: Wenn ich mich frage,

warum so viele Leute das Privatfernsehen so lieben, dann kann die Antwort nur lauten: sie wollen sich die Sch...-Arbeit nicht antun – sie wollen nicht vergleichen, skeptisch sein, Quellen kritisch bewerten usw. Das ist offensichtlich zu anstrengend. Sie wollen einfach nur unterhalten werden – wenn schon Information, dann seichtes *Infotainment*. Und das liefern Privatsender und zunehmend auch öffentlich-rechtliche Sender, weil genau so ein Programm Geld bringt. Ich verstehe sogar dieses Verhalten der meisten TV-Zuseher bis zu einem gewissen Grad. Warum sollten sie sich neben einem anstrengenden Job auch noch in der Freizeit ernste und intellektuell anstrengende Informationsarbeit antun? Die Mehrheit will das einfach nicht. Deswegen schaut das Programm der TV-Sender auch so aus: seichte Unterhaltung, *Infotainment* und Werbung wohin man klickt. Politisch problematisch wird die ganze Sache aber genau deswegen: Woher bezieht die Mehrheit der Leute ihre Informationen? Wie kommen wir alle zu unserer Meinung? Auf welcher Grundlage treffen wir unsere (demokratischen Wahl-) Entscheidungen?

Thema:
„Leben wir in Informationsblasen?"

Vor wenigen Tagen schrieb ich in einem anderen
Thread, wo es vielleicht nicht ganz passend war und
unterging:
*„Wir leben alle in bunten multimedialen Informations-
bzw. Wissensblasen – die einen in größeren, die anderen in kleineren. Manchmal überschneiden sie sich,
manchmal nicht. Das gibt es in den seriösen Wissenschaften, wo relativ selten versucht wird, interdisziplinär zu diskutieren, und im banalen Alltag, wo nur gemeinsame Interessen bzw. Hobbys Kommunikation
ermöglichen. Tagesschau und Zeitungen sind nun
auch so Informationsblasen, wo man teilnehmen kann
oder auch nicht. ... Was mich fasziniert ist, dass sich
diese Informationsblasen im Grunde beliebig heraus-
bilden und wieder vergehen – so wie Seifenblasen im
Wind..."*
Nun habe ich heute einen sehr guten Kommentar von
Konrad Paul Liessmann im *„derStandard.at"* gefunden, der diesen Gedanken u.a. auch thematisiert
(**Konrad Paul Liessmann**, Jg. 1953, ist Universitäts-
professor für Methoden der Vermittlung von Philosophie und Ethik an der Universität Wien).

Auszüge aus dem langen Kommentar (eigentlich war
es ein Vortrag):

Konrad Paul Liessmann hat geschrieben:
*„Die Filterblase
[...]
Zunehmend bewegen wir uns, wenn wir diese Netz-
werke (Anm.: Facebook, Twitter u.a.) nutzen, in einer
Informationsblase, die im Wesentliche das eigene Ich,
die eigenen Meinungen, die eigenen politischen Überzeugungen widerspiegelt. Im Deutschen spricht man
mitunter statt von der Filterblase auch vom Echoraum.
[...]
Je mehr wir aufgrund der modernen Nachrichtenmedi-*

en von der Welt wissen könnten, desto mehr fragmentiert sich dieses Wissen von der Welt. Wie wir Ereignisse von großer Tragweite wie den Flüchtlingsstrom oder die Terroranschläge in Paris wahrnehmen und deuten, hängt immer weniger von den klassischen Medien ab, sondern von der virtuellen Gemeinschaft, in der ich mich bewege, und von der durch diese praktizierten fragmentierten Mediennutzung.

[...]

Ein kritischer Journalismus, der diesen Namen noch verdiente, hätte all diese Blasen zum Platzen zu bringen, und sei es nur dadurch, dass die Dinge wieder ins rechte Lot gerückt werden. Tatsächlich aber gefällt sich der Journalismus darin, diese Blasen zu verstärken und damit an der geistigen Selbstbeschränkung des Menschen mitzuarbeiten – mit verheerenden Auswirkungen für die Idee eines realitätsnahen öffentlichen Diskurses.

[...]

80 Prozent aller relevanten Zitate, die sich in allen Medien inklusive Internet finden, gehen auf einen einzigen Medientypus zurück, der sich im Wesentlichen aus den traditionsreichen überregionalen Zeitungen und Magazinen zusammensetzt, in Deutschland nicht viel mehr als sechs oder sieben Organe. Um diese „Leitmedien" bilden sich jene kleinen, aber einflussreichen „Leitmilieus", deren Medienverhalten den Ton angibt und über die Akzeptanz von politischen Positionen, Meinungen, die Relevanz von Debatten und die Struktur eines öffentlichen Diskurses entscheidet. Alles andere sind „Folgemedien" oder Blasen am Rande dieses Universums.

[...]

Aber die Leitmedien unterliegen selbst der Gefahr, zu einer Filterblase zu werden, die nur die Befindlichkeiten des eigenen Milieus spiegelt und zunehmend den Blick auf die Realität verstellt. Ein kritischer Journalismus sollte die Chance, die in der ungebrochenen Bedeutung traditioneller Leitmedien liegt, zu mehr nützen als zur Bestätigung der eigenen Weltsicht. Dazu

gehörte nicht nur die oben angesprochene professio-
nelle Distanz, sondern auch eine Form der Enthalt-
samkeit, die vor allem einigen österreichischen Leit-
medien nicht ganz leicht fallen dürfte: darauf zu ver-
zichten, Analyse und Diskurs durch eine moralische
Wertung zu ersetzen.
Moralaskese wäre keine schlechte Strategie für die
Wiedergewinnung eines Journalismus, der sich in er-
ster Linie den Ideen der Aufklärung, der Vernunft und
der Wahrhaftigkeit und den damit verbundenen Vor-
stellungen eines öffentlichen Diskurses verpflichtet
sieht.
[...]"

Was haltet ihr davon?

—

soynadie *hat geschrieben:*
Die Sache mit den Informationsblasen hat einen bana-
len Hintergrund: in der Psychologie nennen wir das
Phänomen „Confirmation bias". Menschen haben die
starke Tendenz, Informationen zu suchen und zuzu-
stimmen, die schon zu dem passen, was sie ohnehin
schon für evident halten. Das ist dann ein sich verstär-
kender Kreislauf, der dann dazu führt, dass sich Men-
schen nur noch Bestätigung suchen.

Ja, dieses Phänomen kenne ich – auch bei mir. Wobei
ich es erst dann problematisch finde, wenn sich Menschen nur noch Bestätigung suchen und nicht mehr
neugierig sind auf andere Sichtweisen, Perspektiven,
Meinungen und „Wahrheiten".

soynadie *hat geschrieben:*
Foren wie dieses sind dann solche informationellen
„Durchlauferhitzer", die primär den Zweck haben, sich
in einer Gruppe gegenseitig zu versichern, dass man
selbst natürlich recht habe, dass die Anderen alle doof
sind und die Wahrheit nicht sehen wollen.

Foren wie dieses sind aber nicht geschlossen sondern offen für jeden – auch für solche, die anderer Meinung sind bzw. an eine andere Wahrheit glauben. Im besten Fall sollte eine Diskussion bzw. ein Diskurs entstehen, der für alle Beteiligten befruchtend wirkt (ich weiß – eine Idealvorstellung).

soynadie hat geschrieben:
Das Ergebnis ist dann ein ausgeprägtes Schwarz-Weiß-Denken, wie wir es schon in den USA sehen können, wo es mittlerweile zwei Kulturen gibt, jede mit ihren eigenen Medien, Frontleuten, Foren... Ein Austausch zwischen den Kulturen findet nicht mehr statt.

Ja, genau das ist das allgemeine Problem. Wie schafft man es, aus diesem ausgeprägten Schwarz–Weiß-Denken auszubrechen und auch die vielfältigen Grautöne dazwischen zu erkunden, zu erkennen und mit anderen zu diskutieren?

soynadie hat geschrieben:
Seltsamerweise hat gerade das Internet diesen Trend beschleunigt, denn es bietet jeder Gruppe die Möglichkeit, um ein virtuelles Lagerfeuer zusammenzurücken, obwohl gerade das Internet beste Möglichkeiten bietet, sich ohne Aufwand über den eignen Tellerrand hinaus zu informieren. Das Gegenteil ist der Fall.

Gutes Bild vom *virtuellen Lagerfeuer*. Ich denke, das ist u.a. auch ein gewisser Selbstschutz, um nicht in dem überwältigenden Meer an Informationen im Internet unterzugehen und die Orientierung vollends in dieser zunehmend komplexer werdenden Welt zu verlieren.

—

soynadie hat geschrieben:
Foren sind natürlich nicht geschlossen in dem Sinne, dass Andersdenkende nicht mitmachen dürfen. Oben rechts steht sogar „Diskussionen von Atheisten,

Gläubigen (!!) und Freidenkern". Dennoch gibt es in je-dem Forum die Eingeborenen, Leute, die ein Gutteil ihrer Zeit darin verbringen, und dann als Aufpasser und Einpeitscher dafür sorgen, dass Andersdenkende schnell merken, dass ihre Diskussionsbeiträge nicht gewünscht sind.

Andersdenkende – also Gläubige – in diesem Forum haben es zugegeben schwerer als „normale" atheisti-sche *Newbies*. Aber hier hat wirklich jede/r die Chance mit zu diskutieren – er/sie muss halt mit guten Argu-menten versuchen, die Eingeborenen zu überzeugen. Einen Atheisten kann bzw. soll man aber nicht missio-nieren – er/sie ist meistens immun dagegen!

—

lorenz *hat geschrieben:*
Was der Mensch erfindet, formt er in der Praxis nach seinen Bedürfnissen. Und der Mensch hat nun mal das Bedürfnis nach Zugehörigkeit zu „sortierten" Gruppen, mit denen er einigermaßen spannungsfrei zusammen-leben kann. In einer zunehmend globalisierten Welt entsteht viel „Unsortiertheit", das macht Angst und fördert die outgroup hostility. Und es fördert die „Re-tribalisierung", beispielsweise in den digitalen Medien. Siehe Marshall McLuhan, der das schon in den 60er Jahren beschrieben hat (er hat das Internet nie ken-nengelernt).

Es ist schon erstaunlich, was **Marshall McLuhan** alles vorhersah, obwohl er das Internet nie kennengelernt hat.

lorenz *hat geschrieben:*
Solche "Stämme" bilden regelmäßig Informationsbla-sen.

Man kann also davon ausgehen, dass durch die *Retri-balisierung* Internetforen wie dieses hier solche neuen virtuelle Stämme bzw. Dorfgemeinden sind. Zeitgemäßer ausgedrückt also virtuelle Stammtische, wo sich die Teilnehmer regelmäßig treffen und über „Gott und die Welt" diskutieren oder über die aktuellen politischen Ereignisse oder – wie hier selten – über den neuesten gesellschaftlichen Klatsch und Tratsch. In allen Fällen bilden sich in diesen sortierten Gruppen zunächst abgeschlossene *Informationsblasen*, die aber – und das ist technisch neu – archiviert werden. Man kann diese *Informationsblasen* durchsuchen, nachlesen und sogar wieder beleben – d.h. interaktiv nachfragen und mitlesen bzw. mitdiskutieren. Diese digitalen Spuren, die bei den Diskussionen entstehen, sind also alle gespeichert und können jederzeit lokal oder global mit einer Suchmaschine durchsucht werden – ein externes Supergedächtnis!

lorenz hat geschrieben:
Religiöse Sekten sind auch solche Informationsblasen bildende „Stämme" mit allem Drum und Dran.

Ja und sie organisieren sich ebenfalls im Internet mit Websites und interaktiven Foren für interessierte Gleichgesinnte, wo Außenstehende und Andersdenkende nur schwer Zugang haben.

—

idefix2 hat geschrieben:
In Hinblick auf die unvorstellbar großen Mengen an „Information", die es auf der Welt gibt, hat ein Mensch gar keine andere Möglichkeit, als die Informationsquellen, mit denen er sich beschäftigt, vorzuselektieren. Und selbstverständlich bilden die bisherigen Erfahrungen, die jeder gesammelt hat, einen Teil des Filters, durch den relevante Informationen selektiert werden.

Welche Informationsquellen zapfst du z.B. regelmäßig so an? Welche anderen Informationsquellen gibt es (für dich) außer die bekannten Leitmedien? (Sach-)Bücher? Blogs? Wie beeinflusst du bewusst deine persönlichen bzw. subjektiven Filter, um möglichst gut vorzuselektieren?

idefix2 *hat geschrieben:*
Und den gerade auf dieses Forum gemünzten Vorwurf, eine (geschlossene) Informationsblase darzustellen, ist meines Erachtens ziemlich daneben. Hier werden die unterschiedlichsten Ansichten besprochen, und ich kann für mich selbst sagen, dass ich schon des Öfteren auf für mich neue und interessante Perspektiven und Sichtweisen gestoßen bin.

Es war kein Vorwurf, dieses Forum als eine *Informationsblase* darzustellen, sondern nur ein Bild bzw. eine Analogie. Selbstverständlich gibt es hier die unterschiedlichsten Ansichten sowie auch oft interessante Perspektiven und neue Sichtweisen – das kann ich auch bestätigen und ist auch der Grund, warum ich hier mitlese/-schreibe. Ich zapfe dieses Forum als vielfältige Informationsquelle und Diskussionsplattform ganz bewusst regelmäßig an!

—

Ganz allgemein würde mich ja von allen anderen Teilnehmern, die hier im Forum regelmäßig mitlesen/-schreiben, auch interessieren, welche Informationsquellen sie jeden Tag anzapfen, um ihre persönliche *Informationsblase* möglichst vielfältig und objektiv zu gestalten...

Ich lese z.B. jeden Tag *derStandard.at* und schaue mir manche *ORF*-Nachrichten- und Diskussionssendungen in der *tvthek.orf.at* online an, wenn ich gerade Zeit habe. Je nach Interesse und internationaler Ereignislage lese bzw. überfliege ich auch die Online-Versionen von deutschen Leitmedien, aber auch *Wikipedia* zu bestimmten Begriffen. Darüber hinaus lese ich regelmäßig populärwissenschaftliche und philosophische Sachbücher, aber auch zeitgenössische Belletristik (z.B. *Michel Houellebecq, Daniel Kehlmann*, u.a.) und natürlich fast jeden Tag dieses Forum. ;-) Dazu kommen natürlich auch noch persönliche *offline*-Gespräche und Diskussionen mit Verwandten und Freunden. Das ist also z.B. mein kleiner „Info-Kosmos", den ich jeden Tag hege und pflege...

—

fire creek hat geschrieben:

Bin halt nur beeindruckt, welches Pensum an Bildung und Informationssog die Menschen hier so zu Wege bringen. Nicht, dass ich das nicht ganz erstrebenswert fände, aber dafür müsste für mich erst das Gesetzgebungsverfahren zum 48-Stunden-Tag beschleunigt werden ;-)

Ich denke, es ist angesichts der riesigen Menge potentieller bzw. angebotener Informationen ziemlich egal, ob man sich eine, fünf oder zehn Stunden pro Tag einem Informationssog hingibt. Im Endeffekt kommt es meiner Ansicht nach darauf an, wie man die aufgenommenen Informationen einordnet, bewertet und verarbeitet, um *klug* zu werden. Es gibt sicher viele kluge Menschen, die z.B. überhaupt keine Zeitungen oder Bücher lesen, aber z.B. sehr aufmerksam ihre Umwelt beobachten bzw. erkennen können, Schlüsse daraus ziehen und mit anderen Menschen rege und intensiv kommunizieren.
Es kommt meiner Ansicht nach darauf an, selbständig und kritisch denken zu können – dazu ist es nicht unbedingt notwendig, fünf Stunden pro Tag zu lesen, wie es sicher viele sogenannte Intellektuelle machen (können). Es ist deren Job, sich in möglichst viele Informationsblasen einzulesen/-arbeiten, um darüber reden und schreiben zu können und diese Informationsblasen zu erweitern. Die meisten können das aus Zeitmangel eben nicht und lesen bzw. hören dann (wenn

überhaupt) Interviews mit und Vorträge von diesen Experten, um komprimiert die wichtigsten Infos aufzunehmen und sich weiterzubilden.

Letztendlich ist aber das Leben in möglichst vielfältigen theoretischen und abstrakten Informationsblasen auch nur eine Art zu leben – ich kann bzw. will nicht beurteilen, ob dieses Verhalten für jeden geeignet ist. Ich kenne einige Menschen in meinem Umfeld, denen so ein Leben gar nichts gibt, mit denen es trotzdem angenehm ist, zusammen zu sein und zu kommunizieren – sei es über ihren Beruf, ihre Tätigkeiten, Aktivitäten, Erfahrungen usw. – auch das sind meiner Ansicht nach ganz individuelle Informationsblasen, aber eben eher praktisch erworbene, die nicht unbedingt immer auf Klatsch-/Tratsch-Niveau liegen müssen.

Thema: *„Jedes Lebewesen ist ein einzigartiges Muster"*

Der folgende Gedankengang von **Nasobēm** aus dem aktuellen Vorstellungsthread von **Singularität** verdient meiner Ansicht nach eine eigene Diskussion...

Nasobēm hat geschrieben:
Nicht nur jedes Lebewesen sondern ALLES was uns umgibt, inklusive unseres Sonnensystems hat länger nicht existiert, als es existieren wird. Und Menschen sind da noch weniger als ein Wimpernschlag. Das „ICH" gab es vor der Geburt nicht, und selbst danach hat es sich erst als ein Merkmal des Sternenstaubs entwickelt. Und insofern ist absolut jedes Lebewesen ein einzigartiges Muster – es entsteht und vergeht. Und aus den „Bausteinen" entsteht was anderes, ein neues Muster, ganz ohne „Zutun", ganz ohne Moral, ganz ohne Ziel.

Diese für mich abstrakten Wahrheiten sind leichter hingeschrieben als sie zu verinnerlichen und mit ihnen zu leben. Zumindest fällt es mir manchmal schwer, mit diesen objektiven Fakten im Hinterkopf den Alltag zu meistern. Anders ausgedrückt: wenn der Alltag mit seinen angelernten Routinen und lieb gewordenen Gewohnheiten so dahin fließt, kann ich es kaum glauben, dass dieser ganze Prozess so ohne Ziel und Sinn abläuft – aber es scheint ganz offensichtlich so zu sein. Wir leben unser Leben meist unreflektiert so dahin – bis wir in existentiellen Krisensituationen kurzfristig aus der Bahn geworfen werden. In solchen Momenten werden uns die tieferen Fragen bewusst und wir suchen Antworten, die es in positiver Form gar nicht zu geben scheint.
Wie lebt es sich eigentlich als einzigartiges Muster, das sich seiner selbst bewusst ist? – und sich nicht nur seiner selbst bewusst ist, sondern auch die allgemeinen objektiven Rahmenbedingungen, die sich ganz ohne Zutun, ganz ohne Moral und ganz ohne Ziel

ständig entwickeln und verändern, ganz bewusst wahrnehmen kann?

Nur in manchen hellen Momenten ist mir die ganze absurde Tragweite bewusst, die solche abstrakten Einsichten haben, wie von *Nasobēm* formuliert. Ich bin mir dann aber nie sicher, ob solche Gedankengänge etwas bringen, außer das man etwas „verrückt" wird aus der oberflächlichen und banalen Alltagswelt. Vielleicht ist das schon der ganze Sinn der Übung: sich manchmal „verrückt" zu machen, um ein helles Bewusstsein zu bekommen anstatt nur in dumpfer Gewohnheit zu leben. Aber auch dann bleibt noch die Frage: Wozu ein helles Bewusstsein bekommen? Weil es sich angenehm anfühlt? Weil es tröstet? Tut es das überhaupt? Ich denke schon...

—

Nasobēm *hat geschrieben:*
„Diese für mich abstrakten Wahrheiten sind leichter hingeschrieben als sie zu verinnerlichen und mit ihnen zu leben."
Für mich sind die nicht abstrakt. Und ob es für jeden Menschen „Wahrheiten" sind? Wohl eher nicht.

Mag sein, für mich sind es Wahrheiten, die ich mir sehr oft bewusst mache – mit geringen Auswirkungen bzw. Konsequenzen für meinen Alltag – außer einer gewissen distanzierten Gelassenheit gegenüber unausweichlichen Gegebenheiten und Entwicklungen, die ich nicht ändern oder beeinflussen kann.

Nasobēm *hat geschrieben:*
... z.B. dass Lebewesen sterben, vergehen und in ihre Bestandteile zerfallen aus denen etwas anderes wird...

Manchmal hilft auch nur mehr Galgenhumor, indem man ironisch, sarkastisch und zynisch dieses fatale Faktum kommentiert und dann meist verdrängt, um halbwegs lebensfähig zu bleiben. Nachteil dieses Verhaltens ist, dass das Leben dann oberflächlich und vordergründig werden kann. Letztendlich geht es vielleicht nur darum, diese absurde und unerträgliche Leichtigkeit des Seins so oft wie möglich zu genießen – ja, auch dazu sind einzigartige Muster fähig. ;-)

@**Kynni**:
Meditieren kann ich leider nicht – es hat für mich nichts mit einem wachen, hellen, alltagstauglichen Bewusstsein zu tun.

—

Nasobēm *hat geschrieben:*
„Meditieren kann ich leider nicht – es hat für mich nichts mit einem wachen hellen alltagstauglichen Bewusstsein zu tun."
Kommt das nicht darauf an, wie du Meditation definierst? Viele Leute verbinden das ja mit dem Sitzen auf einem Kissen und debil aussehen oder so. Das ist aber eben nicht Meditation. Meditation ist genau das Einüben eines wachen hellen alltagstauglichen Bewusstseins. Das kann man bei einer Sitzmeditation machen, aber auch bei jeder anderen Sache.
Aber egal wie – üben muss man, genauso wie man auch jede andere Fertigkeit üben muss. :-)

Du meinst also, man kann das Bewusstsein üben, ein relativ winziges einzigartiges Muster auf einem relativ winzigen unbedeutenden dahin rasenden Materieklumpen in einem relativ riesigen Universum zu sein, das aus Irgendetwas entstanden ist und sich wieder in Irgendetwas verwandelt? Und dieses eingeübte Bewusstsein soll dann auch noch alltagstauglich sein? D.h. wenn ich den Müll raus trage, in den Supermarkt einkaufen gehe, am Klo sitze, die neuesten *Twitter*-Nachrichten von *Trump* lese, esse, staubsauge oder was auch immer mache – kann ich mit diesem eingeübten meditativen Bewusstsein den banalen Alltag besser ertragen? Wow. Respekt. Also ich denke, mir entgeht da die längste Zeit eine ganze Dimension an Lebensbewältigung. Danke für den Tipp ;-)

—

Singularität *hat geschrieben:*
„...ein relativ winziges einzigartiges Muster auf einem relativ winzigen unbedeutenden dahin rasenden Materieklumpen in einem relativ riesigen Universum zu sein, das aus irgendetwas entstanden ist und sich wieder in irgendetwas verwandelt? Und dieses eingeübte Bewusstsein soll dann auch noch alltagstauglich sein?..."
Da kommt mir gleich der totale Durchblickstrudel aus dem zweiten „Anhalter"-Band („Per Anhalter durch die Galaxis") in den Sinn. :-)

Ich kenne leider nur den ersten Band – habe aber gerade bei *Wikipedia* nachgelesen :-)
„Der Totale Durchblicksstrudel ist nach dem im Roman erwähnten Anhalter Roosta die ‚grausamste Seelenfolter, der ein fühlendes Wesen ausgesetzt werden kann', da es das einzige Objekt im Universum ist, das nicht dem Körper oder dem Geist schadet, sondern der Seele. Erfunden wurde der Durchblicksstrudel von Trin Tragula mit dem Ziel, seiner Frau eins auszuwischen, da diese behauptete, er solle endlich einen Sinn für Verhältnismäßigkeiten bekommen.
...
Kurzum: Man sieht sich selbst im Verhältnis zur ganzen Unendlichkeit der Schöpfung."

Abgesehen davon, dass ich an keine *Seele* und an keine *Schöpfung* glaube, trifft der *Totale Durchblickstrudel* mein Dilemma ganz gut. Es ist ohne Zweifel eine grausame Folter für ein fühlendes Wesen, die eigene unbedeutende bodenlose Existenz in Relation zu den Dimensionen eines unbegreiflichen Universums klar zu erkennen – und dann trotzdem irgendwie in seinem Alltag weiterzumachen. Im Grunde eine absurde Zumutung – täglich.

Dazu passend eine Aussage von **Douglas Adams**:
„Es gibt eine Theorie, die besagt, wenn jemals irgendwer genau rausfindet, wozu das Universum da ist und warum es da ist, dann verschwindet es auf der Stelle und wird durch etwas noch Bizarreres und Unbegreiflicheres ersetzt. Es gibt eine andere Theorie, nach der das schon passiert ist.“
Douglas Adams *in „Das Restaurant am Ende des Universums“, Vorwort*
;-)

—

Nasobēm hat geschrieben:
„Du meinst also, man kann das Bewusstsein üben, ein relativ winziges einzigartiges Muster ... D.h. wenn ich den Müll raustrage, in den Supermarkt einkaufen gehe, am Klo sitze, ...den banalen Alltag besser ertragen?“
:-) ja, vor allem wenn du auf dem Klo sitzt.
Ein wichtiges Wort ist hier „banal“. Ein Wort das doch recht abwertend "...für einen „Ideengehalt der gedanklich recht unbedeutend, durchschnittlich... nichts Auffälliges aufweisend, alltäglich, gewöhnlich...“ benutzt wird. Wobei leicht vergessen wird, dass genau das Unbedeutende, Durchschnittliche, Alltägliche, die Regel ist. Ohne das gäbe es auch nichts, was darüber hinausragen könnte.

Ja, ein wichtiger Punkt, den du da ansprichst! Der Alltag mit all seinen kleinen Handlungen gehört bewusst gelebt, um ihm Bedeutung zu geben. Das meine ich jetzt gar nicht zynisch. In Wirklichkeit sind es vielleicht gar nicht die paar „Highlights“ im Leben, die zählen und an die man sich gern erinnert, sondern die Kunst liegt darin, in jedem Moment die Absurdität des Lebens zu erkennen und nicht zu verzweifeln.

Nasobēm *hat geschrieben:*
Außerdem resultiert jeder Eindruck von Leichtigkeit, von Meisterschaft auf genau diesem Alltäglichen. Das gilt für Tänzer, Musiker aber auch Wissenschaftler.

Na ja, ich vermute, dass du dir da etwas schön redest. ;-)

Nasobēm *hat geschrieben:*
Wer die „Banalität" der Übung scheut, wird – auch, wenn er vielleicht eine gewisse Begabung auf einem Gebiet hat – nie die Meisterschaft erreichen.

Wie sollte denn eine „Meisterschaft des Alltags oder des Lebens" aussehen? Wie übt man denn Leben? Ich weiß schon – indem man einfach lebt – Wege entstehen beim Gehen usw.
Sogenannte bzw. selbsternannte *Lebenskünstler* sind vielleicht einfach nur Glückspilze. Die gibt es sicher – keine Frage. Ich vermute nur, dass die (meist eigene) Darstellung solcher Lebenskünstler sehr viel auf selektiver Wahrnehmung und Verdrängung beruht.
Außerdem kann ich mir eine „Meisterschaft des Lebens" einfach nicht vorstellen. Wer wirklich ein waches, helles Bewusstsein erreicht hat, ist vielleicht „erleuchtet" in dem Sinne, dass er in jedem Moment – auch des Alltags – die Einzigartigkeit des Lebensmusters mit einer distanzierten Klarsicht erkennt, die „jenseits von Gut und Böse" ist...

—

@*idefix2*:
Hm, ich fürchte eher, dass du meine (philosophischen) Aussagen und was ich damit ausdrücken wollte, nicht ganz verstanden hast. Macht aber nichts – ist sicher nicht so wichtig. Das Attribut *absurd* in Bezug auf das menschliche Leben mit existentiellem Bewusstsein ist für mich weder wertlos noch unpassend. Wenn du das anders siehst, nehme ich das zur Kenntnis – mehr nicht.

@**Der böse Wolf**:
Keine Sorge, ich bin weder depressiv, noch habe ich
ein mentales Problem mit meiner eigenen Bedeu-
tungslosigkeit. Ich habe nur ein, wenn du so willst,
allgemeines philosophisches Problem mit der menschlichen Existenz, die für mich sehr oft abgrundtief seltsam ist – aber das kann wohl nur jemand nachempfin-
den, der ähnlich denkt.

—

***Nasobēm** hat geschrieben:*
*Leider ist Douglas Adams tot und man kann nicht
mehr fragen. Ich habe diese Betrachtungen immer so
verstanden, dass einem „sich im Verhältnis betrachten"
(zum Universum und dem ganzen Rest :-)) eher hilft
ein netteres Leben zu leben. Sich klar zu machen in
welchem Rahmen man sich bewegt, gehört für mich
dazu. Die Relativierung führt meiner Meinung nach zur
größeren Gelassenheit.*

Ja, in guten Momenten – und die überwiegen bei mir –
sehe ich das genauso. In weniger guten, aber trotzdem
hellen Momenten finde ich eine solche Relativierung
und das Sich-Vorstellen eines eigentlich unvorstellbaren Rahmens als eine Zumutung für das menschliche
Bewusstsein.

***Nasobēm** hat geschrieben:*
*„Na ja, ich vermute, dass du dir da etwas schön re-
dest."*
Was meinst du mit „schön reden"?

Ich meinte mit *schön reden* deine Aufzählung „Tänzer,
Musiker aber auch Wissenschaftler", die ich so verstanden habe, dass du die Wissenschaft auch zur
Kunst erklären willst, in der man durch *Üben* Meisterschaft erreichen kann. Das sehe ich anders. Für mich
ist ein Künstler kein bzw. nicht nur Handwerker, sondern er drückt durch seine Kunst seine ganze Persön-

lichkeit aus, die im Laufe seines Lebens immer reifer wird. Ein Handwerker und Kopfarbeiter wird natürlich auch immer erfahrener und reifer – hat aber meiner Ansicht nach wirklich nichts mit Kunst zu tun (das führt hier aber wahrscheinlich ins *offtopic*).

Nasobēm *hat geschrieben:*
Ich denke die Frage, wie die Meisterschaft des Alltags oder des Lebens aussehen soll, kann nur jeder für sich beantworten, eben weil jeder ein einzigartiges Muster ist. Allerdings gibt es meiner Meinung nach universelle Methoden die jeder benutzen kann, um das für sich herauszufinden.

Welche „universelle Methoden" meinst du da?

Nasobēm *hat geschrieben:*
... zusammenfassen kann man das in der 10.000 Stunden Regel: Bewusstes Üben

Hm, 10.000 Stunden „Bewusstes Üben" – d.h. du meinst, in wenigen Jahren könnte man bei guter Anleitung zum gelassenen glücklichen *Lebenskünstler* werden? Nein, das meinst du wahrscheinlich nicht.

Nasobēm *hat geschrieben:*
Wer ein waches, helles Bewusstsein erreicht hat ist nicht „erleuchtet" – er hat ein waches, helles Bewusstsein erreicht ;-). „Erleuchtung" ist eben nicht, dass jemand "in jedem Moment (auch des Alltags) die Einzigartigkeit des Lebensmusters mit einer distanzierten Klarsicht erkennt, die „jenseits von Gut und Böse" ist..." es bedeutet, dass er das könnte . So sehe ich das zumindest. In jedem Moment den Rahmen in dem man sein will wählen.
Was du beschreibst ist eine Karikatur, ist kein Mensch mehr.

Warum? Mein Idealbild eines Menschen ist ein solches, das ich beschrieben habe. Ich sehe da nirgends eine

Karikatur. Zugegeben, das pseudoreligiöse Wort *erleuchtet* kann man weglassen, aber ein waches, helles Bewusstsein führt für mich zwangsläufig zu einer Welt(ein)sicht, die sich jenseits aller gewohnten Lebensentwürfe befindet. Natürlich passe auch ich mich in der Welt fast immer an, wähle meistens einen passenden Rahmen für mein Verhalten und gehe mit meinen Mitmenschen menschlich um. Aber auch dieses anerzogene und erlernte Verhalten kann ich meist analysieren und reflektieren – und nehme es gedanklich nicht wirklich ernst. Na ja, ich versuche zumindest, es nicht ganz ernst zu nehmen. Ich übe sozusagen noch ;-)

idefix2 hat geschrieben:
Wie müsste denn deiner Meinung nach menschliches Leben beschaffen sein, um die Charakterisierung „absurd" nicht zu verdienen? Was fehlt denn dem menschlichen Leben, dass eine derart negative Charakterisierung auch nur im Entferntesten gerechtfertigt wäre?

Es fehlt z.B. eine einfache Antwort auf die allgemeine Frage „Wozu das Ganze?" – oder philosophischer gefragt: „Warum gibt es etwas und nicht nichts?" Dieses prinzipielle Nicht-Wissen kann natürlich immer auch ins Lächerliche gezogen werden – aber bei tieferer Betrachtung ist es völlig absurd im Sinne von „unsinnig", darauf keine gute Antwort zu kennen und mit der Aussage „Es (die Existenz) ist einfach so und aus" zu leben und die Frage zu verdrängen.

—

Nasobēm hat geschrieben:
„.... Sich-Vorstellen eines eigentlich unvorstellbaren Rahmens als eine Zumutung für das menschliche Bewusstsein."
...eine Zumutung? Wer oder was sollte dir denn da was zumuten?

Ich mir selber – weil ich es mir vorstellen will, aber nicht kann – diverse Analogien im menschlichen Maßstab helfen aber einwenig. Und dieser Wille – auch das ist nur ein einzigartiges Muster in meinem Gehirn – lässt sich nicht so ohne weiters abstellen.

Nasobēm *hat geschrieben:*
Dass du darüber überhaupt nachdenken kannst ist – zumindest deutet alles darauf hin – ein „Beieffekt" unserer Gehirnentwicklung. Dass dir – und wahrscheinlich den meisten Menschen das sehr, sehr schwer fällt ist meiner Meinung nach ein Hinweis darauf, dass wir für solche Denkprozesse eben nicht „geschaffen" sind.

Auch hier liegt die Frage nahe – Wozu gibt es diesen „Beieffekt"? Wenn es keinen speziellen bzw. sinnvollen Grund dafür gibt – was ich annehme – dann haben wir ja noch ein gutes Beispiel für die absurde Situation unserer bewussten Existenz.

Nasobēm *hat geschrieben:*
Ein „Gefühl" für Zeit geht in der Regel nicht über eine Generation vor und zurück hinaus.

Deshalb ist es z.B. relativ schwer, sich anschaulich vorzustellen, wie sich Muster im Lauf von sehr großen Zeitabschnitten evolutionär entwickelt haben.

Nasobēm *hat geschrieben:*
Klar kann auch Wissenschaft eine Kunst sein – ebenso wie ein Handwerk eine Kunst sein kann – gibt ja nicht umsonst „Kunsthandwerk". Und doch, auch bei einem Wissenschaftler, ebenso wie bei einem Handwerker kann sich durch und in seine(r) Arbeit seine ganze Persönlichkeit ausdrücken. Glaubst du denn bei Wissenschaft oder Handwerk ginge es nur um Fleißarbeit?

Nein, an Fleißarbeit denke ich bei einem Wissenschaftler nicht, sondern eher an einen normalen Job, den er nach einer gewissen Phase der Desillusionierung im

Wissenschaftsbetrieb einfach macht, um Geld zu verdienen. Ein Künstler macht (meist) seine Kunst, weil er sie aus innerem Antrieb tun „muss" – und hat nebenbei irgendeinen schlecht bezahlten Job, um zu überleben. Das ist der Unterschied. Ausnahmen bestätigen auch hier die Regel. *Einsteins* gibt es jedenfalls heute in aller Regel nicht mehr, die irgendeinen Job machen und nebenbei bahnbrechende Theorien entwickeln.

Nasobēm *hat geschrieben:*
„Hm, 10.000 Stunden bewusstes Üben – d.h. du meinst, in wenigen Jahren könnte man bei guter Anleitung zum gelassenen glücklichen ‚Lebenskünstler' werden? Nein, das meinst du wahrscheinlich nicht."
Du sagst das recht lapidar... in wenigen Jahren... schon mal ausgerechnet wie viel 10.000 Stunden sind? Ein Jahr hat 8.760 Stunden, aber du musst schlafen, essen, aufs Klo, duschen... arbeiten, lernen, willst dich mit Freunden treffen, Urlaub machen, dich mit deinen Kindern beschäftigen... wenn du also eine Stunde pro Tag „übst" dann bist du schon gut. 7 Stunden in der Woche sind rund 2.400 Stunden im Jahr – und dann bist du sehr gut. Und dann heißt „üben" nicht mit den Gedanken irgendwo anders zu sein, sondern jetzt, hier. Denn genau die Aufmerksamkeit willst du ja trainieren.

Ich bezweifle, dass ich das wirklich will. Ich übe zwar schon sehr lange, mit diversen lebensphilosophischen Arbeitshypothesen im Hinterkopf meinen persönlichen Alltag wach und aufmerksam zu meistern, käme aber nie auf die Idee, das *Meditation* zu nennen. Mit der Anzahl an konzentrierten Lesestunden kommen da schon leicht 100.000e Stunden in meinem bisherigen Leben zusammen. Mit welchem Effekt? Na ja, ich komme immer mehr drauf, dass mein bewusstes Lebensmuster einen ziemlich chaotischen Verlauf hat, wenn auch nicht ganz ohne roten Faden. ;-)

—

Nasobēm hat geschrieben:
"... wozu gibt es diesen ,Beieffekt'? Wenn es keinen speziellen bzw. sinnvollen Grund dafür gibt – was ich annehme – dann haben wir ja noch ein gutes Beispiel für die absurde Situation unserer bewussten Existenz."
Merkwürdige Schlussfolgerungen ziehst du da... Dein Hauptproblem scheint zu sein, dass du nicht sehen kannst, dass vieles eben keinen "speziellen bzw. sinnvollen Grund" hat, weil Evolution eben nicht nur "sinnvolle" Variationen hervorbringt. Und dass auch "sinnvolle" Variationen irgendwann nicht mehr "sinnvoll" sind, wenn die Umgebung sich ändert.

Bin ich hier wirklich der Einzige, der die menschliche Existenz als merkwürdig, seltsam und absurd ansieht? Wenn ja, na gut – soll so sein. Mein Hauptproblem ist nicht, dass ich die Evolution und das, was sie hervorbringt, nicht erkennen kann, sondern dass ich (wir) als Produkt dieser Evolution die Fähigkeit mitbekommen habe(n), über die bloße Lebensbewältigung hinaus zu denken und Fragen zu stellen, die nicht dem Überleben in einer speziellen Umgebung dienen, sondern offensichtlich ganz überflüssig sind – eben ein *Beieffekt*. Ist dieser Umstand nicht in höchstem Grade merkwürdig?

—

Der böse Wolf hat geschrieben:
1) Ich weiß, dass es bewusstes Leben gibt.
2) Ich weiß, dass es höchstwahrscheinlich keinen übergeordneten, universalen Sinn hat.
3) Wieso sollte mich das stören?
Es würde mich nur dann stören, wenn mir das Leben überwiegend als Mühsal erscheint und ich dann irgendwann feststelle: "Oh Scheiße, jetzt hat das offenbar noch nicht mal einen Sinn gehabt!"

Punkt 1) ist klar.
Bei Punkt 2) würde ich fast das „höchstwahrscheinlich"
weglassen ;-)
Bei Punkt 3) stört mich das Wort „stören" ;-)
Es stört mich nicht, dass ein bewusstes Leben keinen
übergeordneten, universalen Sinn hat – ich finde diesen Umstand nur hochgradig merk- bzw. fragwürdig,
ja manchmal denke ich vom Aufwachen bis zum
Schlafengehen bei den verschiedensten Gelegenheiten
bewusst an dieses Faktum und wundere mich dann,
warum es so wenige Menschen zu geben scheint, die
das auch merk- bzw. fragwürdig finden.
Dass mir dieses *Sich-Wundern* als Mühsal erscheint,
ist ein Missverständnis. Und nein, ich sage mir dann
auch nicht "Oh Scheiße, jetzt hat das offenbar noch
nicht mal einen Sinn gehabt!" Ich sage mir höchstens,
wenn ich abends mit unserem Hund spazieren gehe
und in den dämmrigen klaren Nachthimmel schaue,
einfach nur staunend: „Oh Scheiße!" – und meine damit die unglaubliche Dimension des Universums, die
so völlig unwichtig für unser Leben zu sein scheint.

Der böse Wolf hat geschrieben:
*Ich denke, der einzige Sinn des Lebens besteht darin,
dass sein Besitzer Freude daran hat; jeder an seinem
ganz eigenen Leben, auf das er gestaltenden Zugriff
hat.*

Ja, da hast du sicher recht.
„Carpe diem" ... eine Lebensweisheit, die seit ca. zweitausend Jahren ihre Gültigkeit nicht verloren hat :-)
—

Nasobēm hat geschrieben:
*„Bin ich hier wirklich der Einzige, der die menschliche
Existenz als merkwürdig, seltsam und absurd ansieht?"*
*Hältst du dich nicht zu sehr mit dem Mensch auf?
Wenn die menschliche Existenz für dich „merkwürdig,
seltsam und absurd" ist, wie steht es mit der von Af-
fen? Anderen Säugern? Vögeln? Insekten? Pflanzen? ...*

Ich finde eben den Menschen als Lebewesen, das weiß, dass es ein Lebewesen ist, am faszinierendsten. Das bedeutet nicht, dass ich blind gegenüber anderen Lebewesen bin. Glaub mir, ich weiß, wovon ich spreche. Ich bin zwar kein Biologe, habe aber einen sehr großen Garten mit abwechslungsreicher Vegetation und mit sehr vielen Haustieren – d.h. ich bin in dieser Hinsicht nicht Theoretiker, sondern Hobby–Verhaltensforscher, nein besser: Beobachter. Bei uns haben sogar die Hühner Namen. Zugegeben, auch das ist merkwürdig, seltsam und absurd. ;-)

Nasobēm *hat geschrieben:*
Und wie steht's mit der unbelebten Natur?

Hm, auch da bin ich eher der Praktiker. Ich war letztes Jahr in Island und habe mir die erstaunliche und faszinierende unbelebte Natur dort sehr genau angesehen und war beeindruckt von den vielen Formen, Farben und Muster dieser Insel.

Nasobēm *hat geschrieben:*
„...sondern dass ich (wir) als ‚Produkt' dieser Evolution die Fähigkeit mitbekommen habe(n), über die bloße Lebensbewältigung hinaus zu denken und Fragen zu stellen, ..."
... ist ja nicht so. Mein Eindruck ist, du hast den Denkfehler noch nicht bemerkt. Du sagst zwar, dass du die Evolution und das, was sie hervorbringt erkennen kannst, aber die Evolution selbst „erkennst" du nicht.

Warum willst du mir bloß immer einen Denkfehler unterstellen? Mein Eindruck ist, dass du nicht akzeptieren kannst bzw. willst, dass es Menschen wie mich gibt, denen die Existenz ganz allgemein als merkwürdig, seltsam und absurd vorkommt. Ich sehe darin nicht unbedingt einen Fehler. Ich leide auch nicht darunter. Ganz im Gegenteil. Ich fühle mich die meiste Zeit als sehr privilegiert mit meinem Leben und Denken und bin auch sehr zufrieden und glücklich damit. Das bedeutet aber nicht, dass ich mich nicht auch sehr wundern kann über die erstaunliche Komplexität unserer Lebenswelt – und dass es Lebewesen wie den Menschen darin gibt, denen diese komplexe Welt sehr bewusst sein kann – warum auch immer. Und manchmal finde ich das Erkennen dieser Komplexität eben als sehr merkwürdig.

—

@*Der böse Wolf*:
Ich habe ja das Wort *manchmal* in meinem Eingangsbeitrag geschrieben:
„Diese für mich abstrakten Wahrheiten sind leichter hingeschrieben als sie zu verinnerlichen und zu leben. Zumindest fällt es mir manchmal *schwer, mit diesen objektiven Fakten im Hinterkopf den Alltag zu meistern."*
...d.h. meine Gedanken kreisen nicht permanent um dieses eine Thema. Aber es gibt sicher Situationen in einem Leben, wo die Prioritäten verschoben werden und einem die meisten Alltagssorgen banal vorkommen. Davon abgesehen beschäftigen mich solche Fragen und Themen schon sehr lange – und ich habe gelernt, mit ihnen umzugehen. D.h. sie stören, behindern und belasten mich in der Regel nicht.

Thema: *„Irgendwie hängt alles zusammen"*

Als atheistischer Determinist habe ich die Arbeitshypothese, dass es nur unausweichliche Ursache-Wirkungs-Zusammen-hänge und Kausalketten in unserer komplexen dynamischen Lebenswelt gibt – die *Quantenwelt* dabei einmal ausgenommen. Die *mesokosmische* Lebenswelt ist offensichtlich über die Zeit ein Geflecht bzw. Netz ineinander verwobener deterministischer Prozesse. Alle Lebewesen und Pflanzen sind dynamische komplexe Systeme (Lebensprozesse), also abstrakte Strukturen, die im Laufe der Evolution in Jahrmillionen Schritt für Schritt entstanden sind.

Meine Vermutung: Es gibt einen unendlichen komplexen *Informationsraum*, in dem die einzelnen sich dynamisch verändernden Informationen irgendwie zusammenhängen bzw. eine gemeinsame Vorgeschichte haben.

Man sollte hier berücksichtigen bzw. erwähnen, dass vor allem Berichte und Nachrichten – also *Informationen* – über wichtige Ereignisse in entfernten Orten einen erheblichen Einfluss auf unser Denken, Entscheiden und Handeln haben können in dem Moment, wenn wir in einem Massenmedium (Buch, TV, Zeitung, Internet) darüber lesen oder von anderen Menschen davon erfahren. Solche Berichte und Nachrichten können uns über Tage und Wochen beeinflussen – z.B. eine Naturkatastrophe, ein AKW-Unfall, ein politisches Attentat usw. Es ist ein faszinierender Gedanke, dass auch dieses weltweite Geflecht ineinander verwobener und zusammenhängender *Informationsprozesse* über die Zeit determiniert sein könnte.

Die Frage, die ich mir persönlich in diesem Zusammenhang immer wieder stelle ist, welche von den unzählbar vielen Informationen ist so wichtig und relevant, dass ich mich damit näher auseinandersetzen sollte. Rückblickend ist es immer ein scheinbar „zufälliger" Zick-Zack-Kurs in einem uferlosen Meer an Information bzw. Wissen. Aber genau dieser mediale bzw. kulturelle Zick-Zack-Kurs ist es, der unser denkendes und reflektierendes „Ich" prägt und zu dem macht, was wir sind.

Mich würde interessieren, wie ihr darüber denkt bzw. welche Konsequenzen man aus diesen Vermutungen und Erkenntnissen ziehen kann...

—

Der böse Wolf hat geschrieben:

Die Vermutungen, die Du da schilderst, haben vermutlich viele Menschen rein gefühlsmäßig. Nach dem gegenwärtigen Stand wissenschaftlicher Erkenntnis sind sie aber wohl nicht haltbar.

Du meinst, es hängt nicht alles irgendwie zusammen – das ist nur ein Gefühl? Hm, na ja, vielleicht hast du recht und mein Gefühl täuscht mich in dieser Beziehung. Aber ich kann mir einfach nicht vorstellen, dass es anders sein könnte. Es gibt in der Natur überall gemeinsame Vorfahren bzw. einen gemeinsamen Ursprung. Warum sollte das im Bereich der (kulturellen) *Informationen* anders sein?

Informationen verbreiten sich – heute in Echtzeit – und bauen aufeinander auf. Es gibt also für jedes Ereignis eine (Vor-) Geschichte, die erforschbar ist. Für mich ist es daher einleuchtend, dass alles zusammenhängt und nichts einfach nur vom Himmel fällt bzw. plötzlich in diesem lang andauernden Prozess auftaucht.

—

manniro hat geschrieben:

... „Wissen" ist nicht „Information", sondern Informationsverarbeitung, eine Festplatte „weiß" nichts.

Ja, ich tue mir auch manchmal schwer, das Gehirn bzw. Bewusstsein so einfach mit einem Computer zu vergleichen: Das Gehirn ist keine Festplatte und das Bewusstsein kein Arbeitsspeicher. Aber beide sind auf einer bestimmten Abstraktionsstufe ein informationsverarbeitendes System. Die Unterscheidung zwischen

„Wissen" und „Information" ist problematisch. Man kann das sicher differenziert betrachten, wenn man will – führt aber nicht unbedingt weiter...

***manniro* hat geschrieben:**
... – für ein Informationsverarbeitendes System ist „Alles" Information

Ja, so sehe ich das auch.

***manniro* hat geschrieben:**
... – welche Informationen jeweils "relevant" erscheinen ist nicht von subjektiver Willkür oder Auswahl abhängig, sondern durch die Art und den Status Quo des verarbeitenden Systems prädestiniert.

Ja, so kann man es natürlich auch formulieren. Ich wollte nur darauf hinweisen, dass es einen unendlich großen *"Informationsraum"* gibt und es nicht ganz selbstverständlich ist, wo und wie man sich in diesem "Raum" bewegt und welche Spuren man darin hinterlässt. Jeder fängt "zufällig" irgendwo an und hört "zufällig" irgendwo wieder auf. Dieser Weg ist aber prädestiniert auf Grund der Anfangsbedingungen und ähnelt trotzdem einem "Zick–Zack–Kurs", der unvorhersehbar bzw. unberechenbar ist.

***manniro* hat geschrieben:**
Wenn nicht "alles irgendwie zusammenhängen" würde, wäre die im Eingangsbeitrag genannte Grundannahme des Determinismus falsch.

Ja, auch da bin ich der gleichen Ansicht wie du. Deswegen kann ich den Einwand von **Der böse Wolf** nicht ganz verstehen, es sei nur eine Art "Gefühl", dass "alles irgendwie zusammenhängt". Für mich als Determinismusanhänger ist dies eine notwendige Folge meiner genannten Grundannahmen.

—

ruebennase hat geschrieben:
Inseln sind nur scheinbar nicht mit dem Festland verbunden. Unter Wasser schon.

Sehr schöne Analogie. Aber sie hinkt, wenn man länger darüber nachdenkt. Inseln, Festland und Gebirge am Meeresgrund haben so etwas Festes an sich und können nicht die Dynamik und Veränderung des Wissens bzw. der Informationen beschreiben. Aber genau darum geht es. Wir als „informationsverarbeitende Systeme" können in rasender Geschwindigkeit Informationen aufnehmen und zu Wissen verarbeiten. Da gibt es nichts Festes – da ist alles im Fluss... in Zeiten des Internets in einem wilden sprudelnden Fluss mit hoher Strömungsdynamik. Und das potentielle Wissen gleicht eher einem unendlich großen Meer.
Die existentielle Frage ist, wo man als Mensch hineingeworfen wird – in einen wilden Fluss oder in das weite ruhige Meer... Schwimmen muss man da und dort, sonst geht man unter. Der zurückgelegte Weg ist da wie dort ein „Zufallsweg" – ganz ohne Bedeutung.

—

ruebennase hat geschrieben:
Auch Flüsse münden alle ins Meer und sind mit ihm verbunden. Egal, in welchen Fluss Du geworfen wirst, am Ende landest Du im Meer.

Ja, gut zu Ende formuliert ;-)

—

Der böse Wolf hat geschrieben:
Mir ist schon klar, was Du meinst. Ich denke, der Grundirrtum ist die Annahme von sauber getrennten Kausalketten. Jede Kausalkette könnte man beliebig lang bis zum Glied 0 zurückverfolgen. Aber komplexe Systeme sind kausal vernetzt.

42

Mir ist durchaus bewusst, dass es keine sauber getrennten Kausalketten gibt und dass komplexe Systeme hochgradig vernetzt sind. Ich habe in meinem Eingangsbeitrag in diesem Thread ja geschrieben:
*"Die mesokosmische Lebenswelt ist offensichtlich über
die Zeit ein Geflecht bzw. Netz ineinander verwobener
deterministischer Prozesse."*

Der böse Wolf hat geschrieben:
*Nimm mal als Beispiel ein Programm mit Verzweigun-
gen, bei dem Wenn/Dann-Routinen abhängig von eingegebenen variablen Basiswerten auf unterschiedlichen Wegen in ein und demselben Knoten münden.
In „Vorwärts-Richtung" kannst Du, wenn Du genug
Zeit, Lust und Rechnerkapazität hast, das gesamte
Netz berechnen, jeden möglichen Zustand vorhersa-
gen. Aus einem gegebenen Zustand eines Netzknotens
kannst Du aber nicht die eingegebenen Basiswerte er-
mitteln!
Das ist meines Erachtens eine sehr einfache (kindlich
naive?) Erklärung für Irreduzibilität, bei der das um-
strittene Phänomen der Emergenz noch gar nicht her-
halten muss.*

Ich habe ja nirgends behauptet, das sei anders. Der
Weltprozess ist ganz offensichtlich irreduzibel.
Zum Phänomen der *Emergenz*: Die spontane Heraus-
bildung von neuen Eigenschaften oder Strukturen eines komplexen dynamischen Systems infolge des Zu-
sammenspiels seiner Elemente
kann durchaus determiniert sein.

—

Nasobēm hat geschrieben:
*Es wird ja nicht bestritten, dass „alles irgendwie" mit-
einander zusammenhängt, sehr wohl aber, dass das
bedeutet alles wäre determiniert.*

Ich „glaube" an abstrakte Muster, die sich notwendig,

geordnet und regelmäßig in der komplexen, dynamischen Lebenswelt entwickeln. Woran ich nicht glauben kann, ist, dass in diesem abstrakten Prozess irgendwo ein „Zufall" das Sagen hat.

—

idefix2 hat geschrieben:
Ich verstehe nicht, warum manche Menschen unbedingt einen felsenfesten Glauben zu Sachverhalten haben müssen, zu dem kein sicheres Wissen verfügbar ist.

Was du sicheres Wissen nennst, ist streng genommen auch nur Vermutungswissen laut **Karl Popper**. Niemand weiß genau, welche Deutung der Quantenmechanik richtig ist. Fakt ist zugegeben, dass die Quantenmechanik seit Jahrzehnten unzählige Male in vielfachen praktischen Anwendungen bestätigt wurde.

idefix2 hat geschrieben:
„Metaphysische Erkenntnis" ist in dem Zusammenhang Unsinn, es gibt hier keine „Erkenntnis" im Sinn von halbwegs gesicherten Wissen, sondern eine nach aktuellem Stand unbeweisbare These, die man für plausibel halten kann oder auch nicht.

Eben – ich halte diese These für plausibel.

idefix2 hat geschrieben:
*Es gibt auch keinerlei Fakten, die aus einer halbwegs objektiven Sicht heraus die These von einem 100 Prozent determinierten Universum stützen würde, ebenso wenig, wie mir Fakten bekannt sind, auf Grund derer man diese Möglichkeit mit völliger Sicherheit ausschließen kann (wenn man nicht, wie **Hamburger02**, Determiniertheit und Berechenbarkeit gleichsetzt, ich kann mich mit dieser Gleichsetzung nach wie vor nicht anfreunden) – allerdings neigt die überwiegende Mehrzahl der Quantenphysiker heute eher der Kopen-*

hagener Deutung der Quantentheorie zu, und warum
ich da als Nicht-Quantenphysiker ganz felsenfest an
der unter Quantenphysikern eher exotischen Broghlie–
Bohm Deutung festhalten sollte, was aber eine nach
heutigem Stand unabdingbare Grundvoraussetzung
für ein deterministisches Weltbild wäre, verstehe ich
einfach nicht.

Und ich verstehe einfach nicht, was ein „absoluter Zu-
fall" sein soll. Ich halte nicht unbedingt „ganz felsenfest" an dem deterministischen Weltbild fest, sondern
halte es, wie gesagt, als Arbeitshypothese in meinem
Hinterkopf und denke ab und zu darüber nach...

***idefix2** hat geschrieben:*
Was mir darüber hinaus aus dem Bauchgefühl heraus
den Determinismus unplausibel erscheinen lässt, ist
der Umstand, dass aus der Annahme des Determinis-
mus folgen würde, dass schon in der ersten Nanose-
kunde nach dem Urknall (und noch früher) in diesem
winzigen, extrem konzentrierten Energiepunkt bereits
alle Informationen über jeden Windhauch, jedes Blät-
terrascheln bis hin zu jedem Gedanken jedes denken-
den Wesens bis zum Entropietod des Universums viele
Jahrmilliarden später enthalten gewesen wären. Und
das kann ich mir nicht wirklich vorstellen, das würde
ich eher nicht „glauben". ;-)

Tja, so unterschiedlich können Bauchgefühle sein ;-)
Mein Bauchgefühl sagt mir, dass es sich genauso zu-
getragen haben muss, wie du beschrieben hast. Jede
kleinste Kleinigkeit und jedes (un)bedeutende Ereignis
ist seit dem Urknall unausweichlich festgelegt – zugegeben unfassbar, aber eben möglich und für mich sehr
wohl plausibel.

—

***manniro** hat geschrieben:*
Damit die Informationen auf der Festplatte und im Ar-
beitsspeicher auch „verarbeitet" werden können, wäre

ein Prozessor nicht ganz unwesentlich. ;–)

Ja – und Strom wäre auch nicht schlecht ;–)

manniro *hat geschrieben:*
Ohne ein informationsverarbeitendes System existiert „Information" schlicht und ergreifend gar nicht. Sie ist das, was von der „Realität" in unserem Gehirn ankommt.

Ich glaube, ich verstehe was du meinst – mir ist nur nicht klar, worauf du hinaus willst.

manniro *hat geschrieben:*
Dieser „Informationsraum" dürfte wohl Deine eigene Konstruktion sein, eine Interpolation der von Dir bisher verarbeiteten Daten. Oder platt gesagt, eine Hochrechnung des (vermeintlich) Gewussten auf das Wissbare.

Gibt es deiner Ansicht nach einen solchen unendlich großen "Informationsraum" denn nicht?
Oder anders gefragt: Ist das Wissbare (der "Wissensraum") begrenzt oder nicht?
—

Der böse Wolf *hat geschrieben:*
Machen wir doch mal folgendes Gedankenspiel: In einem System S wird ein bestimmter Zustand Z genau dann eintreten, wenn fünf Assistenten exakt zur selben Zeit, meinetwegen mit einer Unschärfe von 1 Sekunde, einen Knopf drücken. Streng deterministisch ist eingetreten, dass sich jemand genau dieses Experiment ausdenkt und durchführt. Das postulieren wir einfach mal. Und nun wird einer der Assistenten durch eine Wespe im Raum abgelenkt und drückt zu spät. Um das Ergebnis deterministisch zu bewerten, müsstest Du die gesamte Vorgeschichte der Wespe einschließlich ihrer früheren Flugbahnen berücksichtigen. Rein philosophisch ist dieser Gedanke sicher nachvoll

ziehbar. Aber wenn Du das konsequent weiterführst, müsstest Du eigentlich jede Zustandsänderung eines jeden Elementarteilchens letztendlich als beeinflussendes Kausal-Element berücksichtigen.

Ja, genau das versuche ich zu tun – selbstverständlich nur rein gedanklich und eher spielerisch vage. Eine realistische deterministische Bewertung solcher Ereignisse macht überhaupt keinen Sinn, klar. So geht es aber immer im banalen Alltag. Die Anzahl und Komplexität der Vorgeschichte(n) der beteiligten mesokosmischen Objekte/Elemente ist bei jedem Ereignis derart groß und unfassbar, dass eine vernünftige Untersuchung völlig sinnlos ist. Wir leben in unserem Alltag aber trotzdem relativ vernünftig und antizipieren relativ geschickt die nahe Zukunft, weil wir an die mesokosmische Welt sehr gut angepasst sind. Alles, was mit Elementarteilchen zu tun hat, ist eine Größenordnung, an die wir gar nicht angepasst sind und unser Vorstellungsvermögen um Lichtjahre übersteigt.

Der böse Wolf hat geschrieben:

Und dann stehst Du immer noch vor dem Problem der Grenzwert-Betrachtung: Wo findet noch eine unmittelbare wechselseitige Beeinflussung statt und wo nur noch eine mittelbare? – z.B. Abnahme der Anziehung mit dem Quadrat der Entfernung. Ich denke, die Zahl der möglichen Entwicklungswege war schon wenige Augenblicke nach dem Urknall so exorbitant groß, dass der Begriff „determiniert" die Situation nicht mehr sinnvoll beschreibt.

Philosophisch-fundamentalistisch gesehen hast Du vielleicht recht: Denken kann ich jede beliebig große Zahl von Entwicklungswegen, wenn ich sie geschmeidig zerlege: (((1000 hoch 1000) hoch 1000) hoch 1000) ist schnell geschrieben. Aber was verbirgt sich dahinter? Und wie winzig wäre diese Zahl in der mathematischen Beschreibung eines deterministischen Universums?

Du sagst es selbst, philosophisch–fundamentalistisch gesehen lässt sich fast alles denken, auch wenn es realistisch gesehen extrem unanschaulich ist und kaum sprachlich bzw. mathematisch darstellbar ist.

—

idefix2 _hat geschrieben:_
„Und ich verstehe einfach nicht, was ein ‚absoluter Zu-fall' sein soll."
Ein Ereignis, das eintritt, aber nicht durch eine vorge-hende Kausalkette ausgelöst wird. In der Kopenhage-ner Deutung sind Quantenereignisse zufällig. Es gibt keinen rationalen Grund, anzunehmen, dass es z.B. für den radioaktiven Zerfall eines bestimmten Atoms eine vorhergehende Kausalkette gibt, die diesen Zerfall zu genau diesem Zeitpunkt auslöst, auch wenn wir eine solche Kausalkette nicht mit Sicherheit ausschließen können. Es gibt jedenfalls nicht den leisesten Hinweis darauf, dass sie existiert und wie sie aussehen könnte. Warum sollten wir glauben, dass etwas existiert, wofür es überhaupt keine Hinweise gibt.

Weil es für mich plausibler oder, wenn du so willst, naturalistischer ist. Wenn ich als Naturalist davon aus-gehe, dass es im Universum mit rechten Dingen zu-geht, dann ist für mich die Vorstellung, dass es Erei-gnisse ohne vorhergehende Kausalketten gibt, eher so etwas wie „Zauberei". Das Nicht-Wissen solcher Kau-salketten macht mir hingegen weniger Kopfzerbrechen – weil ich soundso davon ausgehe, dass wir Menschen immer noch fast nichts wissen, wie es im Universum wirklich zugeht.

—

idefix2 _hat geschrieben:_
Aber wenn das Universum selbst nicht unendlich groß ist, dann kann auch der Wissensraum nicht unendlich groß sein.

48

Bist du dir da ganz sicher, dass das stimmen kann? Wissen wird mit dem immateriellen Werkzeug Sprache formuliert. Wie viele Kombinationsmöglichkeiten an *Sprachspielen* gibt es? Wie viele mögliche Aussagen über die Wirklichkeit gibt es? Wie viele Aussagen über die Aussagen (usw. usf.) gibt es?
... nun denke dir statt Sprachspiele und Aussagen noch (Bewegt-)Bilder dazu – dann hast du ungefähr eine Vorstellung von dem *Informationsraum*, den ich meine ... und der ist für mich – salopp formuliert – unendlich groß ;-)

—

idefix2 hat geschrieben:
Auch das immaterielle Werkzeug Sprache besteht aus nur endlich vielen Worten, und daher, wenn wir uns auf Aussagen sinnvoller Länge beschränken (wie lange überlasse ich dir, du musst dich nur auf eine beliebige maximale Länge festlegen), auch aus endlich vielen Aussagen (inkl. aller denkbaren Metaaussagen, Meta-metaaussagen etc.).

Wie sieht es aber nun z.B. mit möglichen und sinnvollen *Multimedia-Sprachspielen* aus, die durchaus denkbar sind und auch *Informationen* im weitesten Sinne sind. Zu jeder natürlichen Zahl wird eine Multimedia-Kurzgeschichte geschrieben – z.B. über einen beliebigen Spaziergang an irgendeinem Punkt der Erde. Dabei werden irgendwelche Fotos oder Videos gemacht und mit irgendwelchem Sound untermalt. Jetzt gibt es plötzlich unendlich viele „Wörter" – nämlich die unendlich vielen natürlichen Zahlen, wenn sie in einer Sprache ausgeschrieben werden. Zugegeben eine etwas merkwürdige und wahnwitzige Art, Wörter zu bilden ;-)
Dann gibt es noch mehrere Dimensionen an Informationsmöglichkeiten, die alle miteinander beliebig kombiniert werden können:
- verschiedene Punkte auf der Erde als Ausgangspunkt

des Spaziergangs...
– endlich viele bzw. lange Texte mit Wörtern und Sätzen...
– die Möglichkeit, an jedem Punkt des Spaziergangs in jede Richtung zu fotografieren bzw. filmen – ergibt für mich gefühlsmäßig alleine schon eine unendlich große Anzahl an verschiedenen (Bewegt-)Bildern...
– die Möglichkeit, jeden Spaziergang noch mit Sound/Musik zu vertonen...

idefix2 hat geschrieben:
„... und der ist für mich – salopp formuliert – unendlich groß."
Ich würde ihn – salopp formuliert – als verdammt groß bezeichnen, aber unendlich groß ist er eben nicht. ;-)

Rein gedanklich sind für mich unendlich viele solcher *Multimedia-Sprachspiele* denkbar. Auch wenn du mir jetzt beweisen könntest, dass es mathematisch exakt eben nicht unendlich viele Informationen sein können, bleibt für mich der Eindruck, dass "verdammt groß" wirklich astronomisch und unermesslich groß ist und sich für den Alltagsverstand „unendlich" anfühlt...

—

idefix2 hat geschrieben:
Okay, belassen wir es dabei. ;-)

Okay, dann hätten wir das – also die Größe des *Informationsraums* – einmal geklärt ;-)
Die für mich interessanten Fragen sind nun:
Gibt es irgendwelche erkennbare Muster in diesem Informationsraum?
Gibt es abstrakte Regeln bzw. Gesetze, wie sich diese Muster dynamisch verändern?
Haben diese Regeln bzw. Gesetze irgendetwas mit den Regeln bzw. Gesetzen der Evolution zu tun?
(mir fällt als Beispiel die „Memtheorie" ein)
Hängen diese Muster irgendwie zusammen?

Kann man sich diese Informationsmuster irgendwie gedanklich vorstellen?
Oder kann man diese Muster irgendwie (künstlerisch?) darstellen?
Sind solche Fragen zu spekulativ oder doch auch sinnvoll?

—

***idefix2** hat geschrieben:*
Wenn ich drüber nachdenke, verstehe eigentlich nicht wirklich, was du mit „Informationsraum" eigentlich meinst. Es gibt das Universum. Und dann gibt es individuelle Sichten auf das Universum bzw. auf Teile davon. Insgesamt sehr viele mögliche Sichten auf sehr viele verschiedene Teile des Universums.
Wenn du mit Informationsraum alle möglichen individuellen Sichten auf alle möglichen Teile (Teilmengen) des Universums ansiehst, dann machen die von dir gestellten Fragen für mich nicht viel Sinn. Aber vielleicht meinst du ja mit „Informationsraum" etwas ganz anderes.

Ja, in meine mit „*Informationsraum*" etwas anderes – und zwar etwas ähnliches, das **Karl Popper** mit seiner „Welt 3" gemeint hat:
"Er schlug eine gedankliche Einteilung der Welt in drei Bereiche vor, nämlich die:
- Welt 1, das ist die physische Welt
- Welt 2, die Welt der individuellen Wahrnehmung und des Bewusstseins
- Welt 3, die Welt der geistigen und kulturellen Gehalte, die vom Einzelbewusstsein unabhängig existieren können, z. B. die Inhalte von Büchern, Theorien und Ideen." (Wikipedia)

Die „Welt 1" ist in deiner Sprechweise das (materielle) Universum. „Welt 2" ist die jeweilige bewusste Sicht auf dieses Universum von einem Menschen. „Welt 3" ist jetzt in meiner Sprechweise die Welt der bzw. aller

51

(potentiellen) Informationen.

Nehmen wir als Beispiel dieses Forum im Internet. Der Servercomputer als Hardware gehört zum materiellen Internet – d.h. zur „Welt 1". Mein individuelles bewusstes Schreiben eines Beitrags in diesem Forum gehört zur „Welt 2". Aber mein gespeicherter Beitrag (einer von über 427.000 Beiträgen) in diesem Forum gehört dann zur „Welt 3" – und ist Teil des „Informationsraums", den ich meine. Zu diesem „Informationsraum" gehören für mich nicht nur alle gespeicherten Informationen in Büchern, Zeitschriften, auf Speichermedien, im Internet usw., sondern auch so abstrakte Ideen wie die Mathematik mit ihren Zahlen, Symbolen, Axiomen, Sätzen, Beweisen usw. Sämtliche multimedialen „Sprachspiele" gehören, sobald sie irgendwo gespeichert sind, zu diesem „verdammt großen" Informationsraum.

Verstehst du jetzt besser, was ich mit „Informationsraum" eigentlich meine?

—

idefix2 *hat geschrieben:*
Und inwiefern unterscheidet sich das von der von mir angesprochenen Menge aller möglichen individuellen Sichten (Wissen, Meinungen etc.) auf alle möglichen Teile (Teilmengen) des Universums?

Ich vermute, dass „mein" Informationsraum etwas allgemeiner bzw. abstrakter ist als deine angesprochene Menge aller möglichen individuellen Sichten (Wissen, Meinungen etc.). Aber vielleicht irre ich mich und du meinst das Gleiche wie ich.

Meine oben erwähnten Fragen machen meiner Ansicht nach schon Sinn, wenn man von der Existenz eines abstrakten Informationsraums, so wie ich ihn beschrieben habe, ausgeht.

—

***idefix2** hat geschrieben:*
Abstrakte Dinge existieren ja nicht in der Realität, sondern nur im Denken, oft im Denken über die Realität.

Das sehe ich etwas anders. Abstrakte Dinge – z.b. Mythen, Religionen, Wissenschaftliche Theorien, Literatur und Geschichten – um nur einige zu nennen – existieren insofern wirklich, weil sie einen großen Einfluss auf unser Denken und Handeln ausüben können. Wir haben Zugang zu dieser abstrakten „Realität", indem wir z.B. ein Buch lesen und den Inhalt verarbeiten. Dieser Inhalt (Theorie, Meinung, Sichtweise) prägt uns sehr und wir handeln oft danach. Es gibt also eine Art Wechselwirkung zwischen diesem *Informationsraum* und unserem Bewusstsein. Insofern spreche ich diesem *Informationsraum* eine *reale* Existenz zu.

***idefix2** hat geschrieben:*
Damit schließt der Begriff „abstrakter Informationsraum" seine reale Existenz aus. Es handelt sich um eine gedankliche Struktur, die du der Realität überstülpst – abstrahieren geht Hand in Hand mit gedanklich Strukturiertem.

Unabhängig von deinem bzw. meinem individuellen Bewusstsein, das der Realität etwas (eine gedankliche Struktur) überstülpt, existiert ein objektiver Raum bzw. eine objektive Welt. Ich unterscheide (mit *Popper*) zwischen dem Denken (= „Welt 2") und den gespeicherten Gedankeninhalten (= „Welt 3") z.B. in einem Buch oder hier auf einem Servercomputer.

***idefix2** hat geschrieben:*
Und damit beantworten sich deine Fragen doch ganz von selbst?

Nein, nicht unbedingt – das kann ich jetzt nicht erkennen.

Thema: „Michael Schmidt-Salomon"

[...]
Jürg Fink hat geschrieben:
... Am Schluss des Manifests kommen die zehn Ange-
bote des Humanismus – sie sind lesenswert.

Auch vielleicht lesenswert das Vorwort seines neuesten Buches *"Die Grenzen der Toleranz – Warum wir*
die offene Gesellschaft verteidigen müssen: Toleranz
im Zeitalter des Empörialismus"

"...wir leben in einem Zeitalter des ‚Empörialismus':
Auf der ‚richtigen Seite' zu stehen und ‚aufrichtig em-
pört' zu sein zählt oft mehr als die Fähigkeit, unter-
schiedliche Sichtweisen unvoreingenommen gegenein-
ander abzuwägen. Empörialisten haben den öffentli-
chen Raum so sehr mit moralischen Killerphrasen be-
setzt, dass eine rationale Debatte kaum mehr möglich
erscheint. ‚Stimmung statt Argumente!' heißt die Devi-
se, deren Folgen man in den sozialen Netzwerken
beobachten kann. Wer auf die Gefahren des politi-
schen Islam hinweist, wird im Handumdrehen als ‚Ras-
sist' abgestempelt; wer aufzeigt, dass nicht alle Mus-
lime vom Dschihad träumen, als ‚unverbesserlicher
Gutmensch' vorgeführt."

Scheint meiner Ansicht nach ein sehr aktuelles und
wichtiges Buch auf der Höhe der Zeit zu sein – ich habe es allerdings noch nicht gelesen. Die meisten seiner
Bücher habe ich in guter Erinnerung. Ich würde ihn
aber nicht als Philosophen im klassischen Sinne bezeichnen, sondern eher als engagierten Intellektuellen,
der sehr lesenswerte Bücher schreibt.

—

Sagi 75 hat geschrieben:
Empörialismus?

Für mich ist das ein originelles und witziges Kunst-
wort, das ein aktuelles gesellschaftliches Phänomen
beschreiben soll: das *Empören* über politische Zustän-
de. Für die Leser von Zeitungen oder die Zuseher von
inszenierten Talkshows im TV gibt es ein völlig fol-
genloses Aufaddieren von Empörungen. Wir bekommen nach diesem Aufaddieren eine Art „Empörungser-
schöpfung".
Politik verkommt zunehmend zur Realsatire – Politiker
werden zu zweitklassigen Schauspielern – Wähler werden zu besorgten, empörten und zornigen Wutbür-
gern, die den etablierten (Alt-) Parteien einen Denkzettel verabreichen wollen und zunehmend rechtspo-
pulistisch, ungültig oder gar nicht wählen.
Die folgenlose Empörung jeden Tag reicht aber nicht...

—

manniro hat geschrieben:
*Den Mythos des Sisyphos habe ich schon mit 14 intui-
tiv verstanden und in der Folge einen über Camus hi-
nausgehenden Ansatz des Umgangs mit der Absurdität gefunden: das Ignorieren.*

Wir sind ja alle eingebettet in einen Medienraum, dem
man sich kaum entziehen kann. Wie viel (philosophische) Distanz benötigt man eigentlich, um den täglichen wahnwitzigen „Info-Tsunami" nach politischen
„Ereignis-Erdbeben" unbeschadet zu überstehen?
Ignorieren alleine hilft da kaum weiter. Aussteigen und
(in mehrfachem Sinne) abschalten kann sich nicht jeder leisten und es bleibt ja ein Rest von intellektueller
Neugier übrig, oder?
Ich bin persönlich in meinem kleinen Lebensumfeld
ein „Informations-Junkie" und **LSD**(Lesen-**S**chreiben-
Denken)-süchtig. Bevor ich aber im „Info-Tsunami"
ertrinke, rette ich mich instinktiv auf einen philosophischen Berg und genieße die Aussicht auf die abstrakten Muster und Strukturen der Info-Wellen... ;-)

Thema: *„Anarchismus 2.0"*

Meine Vermutung, These bzw. Prognose eines möglichen Zukunftsszenarios ist folgende:
Es kommt vielleicht im sogenannten „Westen" das schrittweise Ende der herrschenden Eliten bzw. der machtvollen Oberschicht auf friedlichem Weg – d.h. ohne Revolution, größere Reibereien, Klassenkämpfen oder Bürgerkrieg – und zwar mit Hilfe des Internets, weil
… immer mehr Menschen reif, aufgeklärt, autonom und mündig sind bzw. werden;
… eine neue Generation das Internet und die innovativen Technologien dahinter (z.B. *Blockchain*) ganz selbstverständlich akzeptieren und nutzen (werden);
… die Glaubwürdigkeit von Medien (TV, Zeitungen) immer mehr abnimmt (Krise der Leitmedien);
… das Vertrauen in die Politik verloren gegangen ist (Politikverdrossenheit, -müdigkeit, -unzufriedenheit, Demokratiekrise, Korruptionsverdacht) – für viele ist Politik nur mehr Spektakel, Inszenierung, Show, groteskes Theater auf einer öffentlichen Bühne bzw. in einer medialen Arena;
… zunehmend die Autorität und die öffentliche Akzeptanz der Eliten abhanden kommt.

Das alles geht natürlich nicht von heute auf morgen, aber stetig, dynamisch und unumkehrbar – auch wenn es von diesen Autoritäten und Eliten energisch bekämpft werden wird!

Phase 1: Ende der Glaubenshoheit / Machtverlust der Priesterelite (statt Hoheit könnte man auch Monopol und statt Elite könnte man auch Kaste sagen)
… in Europa schon weitgehend abgeschlossen (Säkularisierung in vielen Ländern)!
… Religion ist Privatsache oder gar nicht mehr wichtig (Atheismus)!
… viele brauchen keine heiligen Bücher und/oder religiösen Vordenker/Vermittler mehr! … sie können

selbst kritisch denken, reflektieren, philosophieren und schaffen sich ihr Weltbild bzw. ihre Weltanschauung selbst!

Phase 2: Ende der Meinungs- und Deutungshoheit / Machtverlust der Wissenselite (betrifft manche professionelle Journalisten und Kommentatoren in den Leitmedien, manche Gelehrte und *Mainstream*-Intellektuelle)
... in vollem Gang! (-> Zeitungs-, Medien- und Bildungskrise)
... viele Menschen suchen, recherchieren, informieren und bilden sich im Internet!
... dezentrale Kommunikation bzw. Diskussionen in Sozialen Netzen, Foren und Communities auf Augenhöhe!
... viele brauchen keine sogenannten Meinungsvermittler mehr!
... sie beschaffen sich die Informationen und bilden sich ihre kritische Meinung selbst!

Phase 3: Ende der Bankenhoheit / Machtverlust der Finanzelite
(Bankiers, Financiers, Hochfinanz, Finanzlobbyisten, Geldadel)
... eventuell in Zukunft durch eine digitale Kryptowährung (z.B. *Bitcoin*)!
... Ende der privilegierten Geldschöpfung durch Zentralbanken und private Banken
-> Machtverlust der Banken
... Ziel: dezentrales, anonymes und sicheres Geldsystem für alle!
... viele brauchen (fast) keine Banken mehr!

Phase 4: Ende der Staatshoheit / Machtverlust der Regierungs-, Behörden- und Verwaltungselite (Politiker, hohe Beamte, hochrangige Diplomaten, bürokratische Vermittler)
... eventuell langfristig durch digitale Technologien (z.B. *Blockchain*)

... Bedrohung für die Macht des Nationalstaates?
-> Verlust der staatlichen Überwachungs- und Regulierungstätigkeit
-> Kontrollverlust der staatlichen Steuer-, Abgaben- und Strafzahlungen
-> Einnahmenverlust
... Menschen interagieren und kooperieren auf Augenhöhe im virtuellen und realen Leben – sie vernetzen sich immer mehr via Internet
... kein reifer, mündiger und aufgeklärter Mensch will von einem Politiker geführt werden!
... viele brauchen keine (An-)Führer und Vermittler, also keinen Staat (keine Führungsmacht) mehr!
... viele fühlen sich als globale Bewohner und virtuell staatenlos.

-> die Welt wird durch Dezentralisierung und menschliche Kooperation auf Augenhöhe ein bisschen besser!

Ist das ein realistisches Szenario oder ein utopisches Ideal? Was meint ihr?

—

soynadie *hat geschrieben:*
Wenn alte Eliten zugrunde gehen, entstehen neue.

Das kann, aber muss nicht sein.

soynadie *hat geschrieben:*
Wenn die Wissenseliten nicht mehr gehört werden, (Wissenschaftler, Journalisten...), dann prosperieren harmlose und gefährliche Schwätzer à la ‚breitbart.com’ . Dann haben wir die Beliebigkeit, aus der sich jeder das rauspickt, was ihm seine Gefühle gerade so nahelegen.

Wie siehst du z.B. dich persönlich? Als Wissenschaftler, Journalist? Wahrscheinlich sicher nicht als gefährlicher

Schwätzer, der Beliebigkeiten sagt...

***soynadie** hat geschrieben:*
In der Wirtschaft wird es immer dominierende Akteure geben.

Von Wirtschaft und deren Eliten habe ich gar nichts geschrieben. Das war mir dann doch zu weltfremd – so weit in die Zukunft konnte bzw. wollte ich nicht mit meiner Kristallkugel schauen: ;-)

Ende der Markthoheit / Machtverlust der Wirtschaftselite (Konzernchefs, Manager, CEOs, Aufsichtsräte)
... Ende der Ideologie des Neoliberalismus
... Ende des globalen (Turbo-)Kapitalismus
... Ende der hierarchischen Unternehmensstrukturen

***soynadie** hat geschrieben:*
Das Gleiche für den Bereich der Politik. Ein Machtvakuum wird es nie geben und hat es auch nie gegeben. Wenn die alten (demokratischen, liberalen) Eliten verschwinden, kommen die neuen zurück, die Demagogen, die Duces, die Warlords, die Mafiosi.

Mit dem Wort *nie* bin ich vorsichtiger. Wir leben in extrem dynamischen Zeiten, die extrem unvorhersagbar sind. Mein Szenario mag unwahrscheinlich sein, aber unmöglich ist es nicht.

***soynadie** hat geschrieben:*
Die Vorstellung, dass die Welt eine große Kommune sein könnte, verbunden übers Internet, ist vollkommen naiv.

Von der ganzen Welt habe nicht geschrieben, sondern nur vom sogenannten "Westen", in dem eine wachsende Anzahl von Menschen den bisherigen Eliten nicht mehr über den Weg trauen.

Dazu fällt mir ein passendes Zitat von einem österreichischen Philosophen bzw. Vordenker ein:
„Die eigentlichen Auseinandersetzungen unseres Zeitalters finden nicht zwischen Kapitalismus und Kommunismus, links und rechts, Männern und Frauen, Schwarz und Weiß, Jung und Alt statt. Das sind Probleme der Vergangenheit, die noch ein wenig weiterbestehen wie das Leuchten der Sonne, nachdem sie schon untergegangen ist. Die wahre Konfrontation unserer Zeit ist die zwischen Mensch und Mensch, zwischen Individuum und Gesellschaft, zwischen Bürger und Staat, zwischen der kleinen Gemeinschaft und der großen, zwischen David und Goliath."
Leopold Kohr

—

Na ja, Weihnachten kommt doch bald – da darf man sich was wünschen. ;-)
Im Ernst: Glaubst du wirklich, dass es weniger werden?

tionen einer Flut von Müll gegenüber, und die Unterscheidung wird immer schwieriger. Die Leute werden in Summe durch das Internet nicht informierter, sondern eher noch desinformierter.

Woher willst du das (so ganz allgemein) wissen?

idefix2 hat geschrieben:
„... das Vertrauen in die Politik verloren gegangen ist (Politikverdrossenheit, -müdigkeit, -unzufriedenheit, Demokratiekrise, Korruptionsverdacht) – für viele ist Politik nur mehr Spektakel, Inszenierung, Show, groteskes Theater auf einer öffentlichen Bühne bzw. in einer medialen Arena"
Verdrossenheit, Müdigkeit, Unzufriedenheit allein bringt gar nichts.

Sondern?

idefix2 hat geschrieben:
„Ende der Bankenhoheit / Machtverlust der Finanzelite (Bankiers, Financiers, Hochfinanz, Finanzlobbyisten, „Geldadel")... eventuell in naher Zukunft durch eine digitale Kryptowährung (z.B. Bitcoin)!"
Die Banken sind schon dabei, auf den Zug Kryptowährung aufzuspringen. Die Kryptowährungen werden keinen „Machtverlust der Banken" zur Folge haben – noch dazu, wo das auch in absehbarer Zukunft eine Nische bleiben wird.

Bist du dir da sicher?

idefix2 hat geschrieben:
„Phase 4: Ende der Staatshoheit/ Machtverlust der Regierungs-, Behörden- und Verwaltungselite"
Du solltest dir eine neue Kristallkugel zulegen, deine taugt nichts ;-)

:-(;-)

—

Nasobēm *hat geschrieben:*
*Interessieren würde mich noch, was denn so negativ
an Eliten ist?*

Kommt darauf an, welche Elite du meinst. Die Negativ-
seiten einer Priesterelite brauche ich nicht zu beschreiben – dieses Forum ist voll von Fakten, Urteilen
und Meinungen gegen diese Art von „Elite"! Für die
Beurteilung von Finanz- und Politikerelite reicht ein
Blick in die aktuellen Medien, um die Problematik zu
erkennen. Bei der Wissenselite tue ich mir schon
schwerer, Negatives zu finden... Menschen mit sehr
viel Wissen können im Idealfall anderen Menschen helfen und Wissen vermitteln – okay, dagegen kann keiner etwas haben. Bei der Meinungs- und Deutungshoheit fängt es an, problematisch zu werden. Wir brauchen meiner Ansicht nach keine Meinungsvermittler
(mehr). Eine Meinung zu einem Thema kann ich mir
selbst (ganz ohne Eliten) bilden. Ich rede von dezentraler Kommunikation und Diskussion in Sozialen Netzen, Foren und Communities auf Augenhöhe. Da
braucht es keine Eliten mehr.

Nasobēm *hat geschrieben:*
*Anarchismus würde einen Menschen brauchen, den es
nicht gibt – nicht geben kann. Dann wäre er nämlich
kein Mensch, wäre auch nie einer geworden.*

Wie meinst du das? *Anarchie* bedeutet vom Wortur-
sprung her Mangel eines Herrn. Unter *Anarchie* versteht man also einen Zustand der Herrschaftslosigkeit.
Warum sollte es keine Menschen geben, die keinen
Herrn brauchen? Warum sollte es nicht reife, mündige,
eigenverantwortliche Persönlichkeiten geben, die selbständig denken, entscheiden und handeln können? Ich
behaupte ja nicht, dass das die Mehrheit ist. Aber es
sind meiner Ansicht nach schon sehr viele...

—

...selbstverständlich ist die "Wissenselite" kompetenter in Sachen "Meinungs- und Deutungshoheit", oder bist Du anderer Meinung?

Nein. Was ich thematisieren will, ist der mögliche Machtverlust der verschiedenen Eliten im Zeitalter des Internets, weil zunehmend die Autorität und die öffentliche Akzeptanz einiger Eliten abhanden kommt. Die Wissenselite ist – auch für mich – noch die einzig wichtige Elite von allen. Ohne freien Zugang zum Wissen (heute noch immer meistens in Buchform) gäbe es keine Möglichkeit, ein reifer, mündiger und aufgeklärter Mensch zu werden – aber wem sage ich das. Ich vermute einfach, dass mit Hilfe des Internets immer mehr kritische Menschen heranwachsen können. Natürlich sind das, im Vergleich zur großen Masse, nur relativ wenige – aber in Summe und global gesehen wahrscheinlich schon sehr viele. Und darauf baue ich meine Hoffnung – keine sehr große, aber immerhin...

manniro *hat geschrieben:*
Zum generellen Problem bei der Bestimmung von Eliten können die verwendeten Parameter werden. In unserer Gesellschaft werden beispielsweise bestimmte Menschen nicht aufgrund ihrer Fähigkeiten, sondern ihres Einkommens als "Elite" bezeichnet.

Ja – aber wie wichtig sind sie für dich? Also für mich spielt es keine Rolle, wie vermögend jemand ist. Ich begegne jedem Menschen mit Respekt und auf Augenhöhe. Das heißt aber nicht, dass ich jede sogenannte Autorität als solche akzeptiere – da zählen für mich schon die menschlichen Merkmale und Fähigkeiten einer Person.

—

Nasobēm *hat geschrieben:*
Vielleicht müsste man kurz festlegen, was man unter
Elite versteht.

Mit meinem Eingangsbeitrag habe ich eher herrschende bzw. einflussreiche Machteliten und weniger die
Bildungs- bzw. Wissenseliten gemeint – was ja leider
relativ selten zusammenfällt.

Nasobēm *hat geschrieben:*
Eventuell finden sich unter der Wissens"elite" mehr
Leute, die ich zu einer Elite zählen würde. Hat für mich
viel mit Bildung zu tun – die sich meiner Meinung nach
vom reinen „Wissen" unterscheidet.

Ja – da gebe ich dir recht. So sehe ich das auch.

Nasobēm *hat geschrieben:*
„... ein reifer, mündiger und aufgeklärter Mensch zu
werden – aber wem sage ich das. Ich vermute einfach,
dass mit Hilfe des Internets immer mehr kritische
Menschen heranwachsen können."
Es ist ja nicht so, dass es vor dem Internet nicht auch
Möglichkeiten zur Bildung gegeben hätte. Und nein,
wir haben damals nicht alles in Stein gehauen. Daher
sehe ich auch nicht, dass dieser Wunsch in Erfüllung
geht.

Mit dem Internet kam aber auch u.a. die Möglichkeit
dazu, dass sich Menschen viel mehr vernetzen, austauschen und unterhalten können – und das dezentral
bzw. ortsunabhängig. Das gab es *vor* dem Internet
einfach nicht in diesem Ausmaß. Man konnte mit
Freunden und gleichgesinnten Bekannten in derselben
Stadt kommunizieren bzw. diskutieren und manchmal
auch Brieffreundschaften haben. Aber mit den heutigen Möglichkeiten ist das überhaupt nicht vergleichbar. Nimm dieses Forum z.B. her. Hier diskutieren verschieden alte Leute aus mehreren Ländern, mit unterschiedlichen Berufs- und Lebenserfahrungen mitein-

ander – und das mehr oder weniger in Echtzeit sehr effizient und manchmal auch konstruktiv.

Der Traum vom reifen, mündigen und aufgeklärten Mensch setzt vor allem einen breit interessierten Menschen voraus. Und es ist nicht alles autodidaktisch via Internet zu lernen.

Ja, auch da gebe ich dir recht. Ich habe keine Ahnung, wie bzw. warum manche Menschen breit interessiert werden und manche nicht. Meine Ansicht ist die, dass wenn jemand einmal diesen Funken Neugier bzw. Interesse in sich trägt, kann er heute mit Hilfe des Internets ungleich schneller bzw. effizienter dieses Interesse befriedigen als früher. D.h. dieser (meist autodidaktische) Prozess verläuft viel dynamischer und zielgerichteter.

Und was die mündigen und reifen Bürger in politischer Hinsicht angeht... die wissen natürlich alles besser als Politiker.

Irrtum. Wer so denkt, ist meiner Ansicht nach noch nicht mündig und reif. Mir kommen empörte Bürger so vor wie pubertierende Jugendliche, die ihre Eltern kritisieren – meist völlig pauschal, undifferenziert und oft auch ungerecht. Politiker haben und machen einen Job, nicht mehr und nicht weniger. Diese Arbeit sollte konstruktiv kritisiert werden können – wie und wo auch immer. Was passiert aber meistens? Politiker dienen eher als Projektionsfläche für eigene Unzulänglichkeiten, Ängste und Besserwisserei.

Was mich wundert ist – warum engagieren sie sich nicht verstärkt in politischen Parteien? Warum treten sie nicht den Marsch durch die Institutionen an?

Politiker sollten am besten anonym bleiben und ein Pseudonym verwenden (ein völlig naiver und weltfremder Vorschlag ;-), wenn sie an der Lösung von Problemen arbeiten oder politische Entscheidungen treffen und damit die Zukunft gestalten. Es sollte viel mehr um den Inhalt gehen und nicht um die Person. Die mediale Bühne der heutigen Politiker, auf der sie machtversessen und eitel versuchen, das stimmberechtigte Volk davon zu überzeugen, (wieder) gewählt zu werden, nehmen immer weniger Menschen ernst – gehört also im Grunde ignoriert. Es verbraucht viel zu viel unnötige Zeit und Energie, die besser genutzt werden könnte bzw. sollte, um anstehende Probleme sachlich und konstruktiv zu lösen.

Nasobēm _hat geschrieben:_
„Ich begegne jedem Menschen mit Respekt und auf Augenhöhe. D.h. aber nicht, dass ich jede sogenannte Autorität als solche akzeptiere – da zählen für mich schon die menschlichen Merkmale und Fähigkeiten einer Person."
Jedem Menschen auf Augenhöhe zu begegnen ist ein schönes Vorhaben. In welcher Hinsicht denn? Ganz allgemein? Wie soll das gehen? Mit einem Neonazi? Mit einem Gert Wilders? Mit Leuten, die sagen, Lesben oder Schwule könnten nicht zum „Erhalt unseres Volkes, unseres Staates und unserer Nation" beitragen?

Ich begegne normalerweise (zum Glück) weder einem Neonazi, noch _Gert Wilders_. Ich meinte die allgemeinen Begegnungen mit normalen und einfachen Leuten im Alltag, wo ich das versuche zu leben – eigentlich nichts Besonderes. Sollte ich wirklich im _Real Life_ Leuten begegnen, die eine solche Haltung an den Tag legen, wie du sie beschreibst, dann würde ich schnell abchecken, ob es sich lohnt zu diskutieren oder nicht. Kann leicht sein, dass ich einfach mit den Schultern zucke, mich abwende und weitergehe. Das hat nichts mit mangelndem Respekt zu tun, nur ist es manchmal sinnlos, mit Leuten zu reden, die verblendet und uneinsichtig sind.

—

Nasobēm hat geschrieben:
*... Bei Bildung geht es meiner Meinung nach nicht nur
um Wissenserwerb (obwohl das auch dazu gehört – es
ist nicht alles zu googeln) sondern auch um kritisches
Denken, Beurteilung von Quellen usw.*

Ja, das ist wie bei jedem neuen Medium – man sagte
schon über das TV: „Fernsehen macht Kluge klüger
und Dumme dümmer." Das trifft wohl auch auf die
Möglichkeiten des Internets zu. Mein Optimismus beruht darauf, dass immer mehr junge Leute (im sogenannten „Westen") eine gute Schulbildung und Grundlage erhalten, um das Internet selektiv und kritisch zu
nutzen. Man kann mir natürlich immer Naivität vorwerfen und mit Negativbeispielen (z.B. dumme
Hasspostings auf *Facebook* und anderswo) das Gegenteil vorhalten, aber andererseits gibt es so viele interessante Quellen (z.B. private *Blogs* und *Youtube*-
Dokumentationen) im Internet, die weit über das An-
gebot früherer Jahrzehnte hinausreichen. Da kann das
herkömmliche TV nicht mithalten – und über die aktuelle News- und Faktenlage kann man sich leicht bei
diversen Online-Zeitungen (kostenlos) einen Überblick
verschaffen.

Nasobēm hat geschrieben:
*„Mit meinem Eingangsbeitrag habe ich eher herr-
schende bzw. einflussreiche Machteliten und weniger
die Bildungs-/ Wissenseliten gemeint – was ja leider
relativ selten zusammenfällt."*
*So einfach ist das leider nicht zu sagen, denke ich. Du
unterschätzt da die „herrschende" und einflussreiche
Schicht. Die haben in der Regel eine ausgezeichnete
Ausbildung genossen und „wissen" in ihrem Bereich
meistens viel.*

Ja, z.B. *Trump* weiß sicher über Immobiliengeschäfte sehr viel Bescheid. Er sagte auch: „Belgien ist eine sehr schöne Stadt" ;-)
Im Ernst: Ich weiß ja, dass es weltweit einige sogenannte Eliteuniversitäten gibt, deren Absolventen eine ausgezeichnete Ausbildung genießen und selbstverständlich oft in einflussreiche (eher öffentlich unsichtbare) Machtpositionen kommen – aber in der öffentlichen (Partei-)Politik gibt es in der Regel nur machtgeile und eitle Menschen.

Nasobēm *hat geschrieben:*
„Mit dem Internet kam aber auch u.a. die Möglichkeit dazu, dass sich Menschen viel mehr vernetzen, austauschen und unterhalten können ..."
Ach, ich befürchte hier irrst du ein wenig. „Vernetzt" war schon der Mensch in der Steinzeit. Und die Vernetzung ist über die Jahrhunderte nicht weniger geworden. Der einzige Unterschied war meiner Meinung nach die Zeit, die der Informationsaustausch gebraucht hat. Und hier kann man sich anfangen zu fragen, ob die längere Zeit nicht auch ihre Vorteile hatte.

Die sehr lokale und einsame Langsamkeit der Steinzeit mit der heutigen Info-Gesellschaft mit globaler Echtzeitkommunikation zu vergleichen ist schon sehr mutig. Aber ja doch, ich vermisse auch manchmal die Langsamkeit und Muße meiner Schul- und Studienjahre (irgendwann im letzten Jahrhundert), in der die „Info-Lawine" erst zögerlich begonnen hat, abzurutschen. Heute begräbt die Schnelligkeit dieser riesigen Lawine so ziemlich alles – es ist eine Kunst, auf dieser Lawine zu surfen und nicht unterzugehen.

Nasobēm *hat geschrieben:*
„Das gab es in vor dem Internet einfach nicht in diesem Ausmaß. Man konnte mit Freunden und gleichgesinnten Bekannten in derselben Stadt kommunizieren bzw. diskutieren und manchmal auch Brieffreundschaften haben. Aber mit den heutigen Möglichkeiten

ist das überhaupt nicht vergleichbar, nimm z.B. dieses Forum her. Hier diskutieren verschieden alte Leute aus mehreren Ländern, mit unterschiedlichen Berufs- und Lebenserfahrungen miteinander – und das mehr oder weniger in Echtzeit sehr effizient und manchmal auch konstruktiv."

Vielleicht solltest du dir mal die Briefwechsel berühmter Leute anschauen. Darwin z.B. schrieb mehr als 14.500 Briefe an über 2.000 verschiedene Leute – und die weltweit –, Goethe weit über 15.000 Briefe... Und es gab eben andere Formen der Kommunikation. Man reiste, manchmal Monate oder sogar Jahre (heute rast man zu Kongressen ans andere Ende der Welt, muss aber sofort nach seinem Vortrag wieder nach Hause, weil man Vorlesungen hat). Es gab Debattierklubs, öffentliche Vorträge, ...

Ja, das gab es alles – das bestreite ich ja gar nicht. Aber was sind schon 15.000 Briefe (ca. ein geschriebener Brief pro Tag bei angenommen 50 Jahren aktiver Lebenszeit) gegen die Forenlegenden hier, die 10.000+ Beiträge in wenigen Jahren schaffen? ;-) Und was sind ein paar Weltreisen, die vielleicht monate- oder jahrelang dauerten, von ein paar bekannten Persönlichkeiten gegen die Massenreiselust heutiger Menschen? Was sind ein paar lokale Debattierklubs und Vorträge im Vergleich zu unzähligen sozialen Internetplattformen, wo Millionen Texte, Fotos und Videos geteilt werden? Ich befürchte, da irrst du ein wenig mit deiner Einschätzung, wenn wir die realen Zahlen und den Durchsatz in heutigen Medien mit früher vergleichen.

Nasobēm hat geschrieben:
„Meine Ansicht ist nur die, dass, wenn jemand einmal diesen Funken Neugier bzw. Interesse in sich trägt, dann kann er heute mit Hilfe des Internets ungleich schneller/effizienter dieses Interesse befriedigen als früher. D.h. dieser (meist autodidaktische) Prozess verläuft viel dynamischer und zielgerichteter."

Na ja, das Problem ist, dass sich das Internet mit Ein-schränkungen noch zum Wissenserwerb eignet, zu-mindest wenn es von einer „gelenkten Ausbildung" begleitet wird. Aber zum Erwerb von Bildung eignet es sich eher nicht.

Ja, da gebe ich dir recht. Bildung braucht Zeit, Tiefe und Konzentration. Alles Dinge, die das Internet nicht unbedingt fördert.

Nasobēm *hat geschrieben:*
Und am Anfang hast du ja ein recht positives Zu-kunftsbild gezeichnet:
„Es kommt vielleicht im sogenannten „Westen" das schrittweise Ende der herrschenden Eliten bzw. der machtvollen Oberschicht auf friedlichem Weg (d.h. oh-ne Revolution, größere Reibereien, Klassenkämpfen oder Bürgerkrieg) – und zwar mit Hilfe des Internets, weil
... immer mehr Menschen reif, aufgeklärt, autonom und mündig sind/werden
... eine neue Generation das Internet und die innovati-ven Technologien dahinter (z.B. Blockchain) ganz selbstverständlich akzeptieren und verwenden/nutzen (werden)
..."
Und in so einer Welt würdest du genau mit so Leuten wie Wilders und Neonazis diskutieren müssen und mit „einfachen" an sich netten Menschen, die aber gar nicht mündig sein wollen, weil es eben auch anstren-gend ist.

Mein positiver Ansatz ist folgender. Menschen, die reif, aufgeklärt, autonom und mündig sein wollen, scheuen auch die Anstrengung nicht, die so ein langer Prozess verlangt und auf deren Weg auch eher unan-genehme Kontakte und Gespräche notwendig sind. Wer einmal *anarchistische* Luft geschnuppert hat, ak-zeptiert keinen „Herrn" mehr über sich und wird seine Freiheit in jeder Hinsicht versuchen (friedlich) zu opti-

mieren. Ob das jetzt z.B. eine atheistische Weltanschauung, ein selbstbestimmter Beruf, *Bitcoin* oder
Bitnation (*bitnation.co*) ist – das verstehe ich unter *Anarchismus 2.0.*

Nasobēm *hat geschrieben:*
*Es gibt ein ganz nettes Buch aus den 1970ern „Ökoto-
pia". ... Vielleicht etwas für dich.*

Danke, dieses Buch kannte ich noch nicht – ich werde
es mir vielleicht zulegen.

—

manniro *hat geschrieben:*
*Zugespitzt lautet die Frage: "Kann Urteilskraft vermit-
telt werden?". Klar ist, dass Begabungen und Talente
durch mangelnde Förderung und ein mieses Bildungssystem verkümmern und an ihrer Entfaltung gehindert
werden können. Aber lernt nicht ein begabter Mensch
auch ohne jedes Bildungssystem etwas über seine
Umwelt?*

„Kann Urteilskraft vermittelt werden?" – eine große
Frage! Meiner Ansicht nach kann Urteilskraft wahrscheinlich nicht vermittelt werden. Zumindest nicht so
einfach als Fach in der Schule, bei Vorlesungen, Vor-
trägen oder Wochenendseminaren – undenkbar. Man
muss sie sich langsam erarbeiten. Durch Lesen, Nachdenken, Diskutieren. Für mich ein langwieriger Prozess. Und wenn man glaubt sie zu haben, weiß man
wahrscheinlich nicht, wie es dazu im Detail kam. War
es ein bestimmter Autor? Ein bestimmtes Buch? Ein
bestimmter Gesprächspartner? Nein, es war die Summe davon. Und ja, ich glaube auch, dass ein begabter
Mensch auch ohne jedes Bildungssystem etwas über
seine Umwelt lernen kann – heute noch mehr als früher.

manniro *hat geschrieben:*

„Ja, das ist wie bei jedem neuen Medium – man sagte schon über das TV: ‚Fernsehen macht Kluge klüger und Dumme dümmer.' Das trifft wohl auch auf die Möglichkeiten des Internets zu. Mein Optimismus beruht darauf, dass immer mehr junge Leute (im sogenannten „Westen") eine gute Schulbildung und Grundlage erhalten, um das Internet selektiv und kritisch zu nutzen."

*Da war **Schopenhauer** zu seiner Zeit deutlich pessimistischer: "Den Menschen verwirren nicht die Dinge, sondern die Meinungen über die Dinge". ;-)*
Ein Phänomen, mit dem wir im Internet-Zeitalter in geballter Form konfrontiert sind. Es gibt keine auch noch so bescheuerte Meinung, für die sich im Netz nicht irgendwelche „Quellen" mit Autoritätsanspruch auftreiben lassen, wie soll sich ein Simpel da durchfinden?

Weil ich dieses Argument schon jahrelang immer wieder höre bzw. lese, muss ich ein wenig ausholen. Du kennst sicher eine sehr große Buchhandlung im *Real Life*. Da funktioniert es doch ähnlich. Es gibt Regale mit Beschriftungen und darin Bücher, die entweder alphabetisch nach Autor geordnet sind oder nach Sachgebieten. Dann gibt es verschieden Tische mit Neuerscheinungen oder themenorientiert. Falls man trotzdem nicht fündig wird, fragt man eben einen Verkäufer (die menschliche „Suchmaschine"), der einem hilft oder das gewünschte Buch bestellt. Manchmal stöbert man auch nur herum und lässt sich inspirieren. Jeder „Simpel" findet sich da zurecht – wobei, wer ist schon ein Simpel? Geht ein Simpel überhaupt in eine Buchhandlung? ... Eben. Aber jeder Simpel benutzt irgendwie heute das Internet... *Googeln* (ich benutze aus Datenschutzgründen lieber *startpage.com*) bzw. Suchen ganz allgemein will gelernt sein, klar. Wen interessiert schon eine bescheuerte Meinung im Netz? Schnell wegklicken und fertig. Eben auch wie im *Real Life*. Da interessiert auch ein zufällig mitgehörtes Gespräch in

einem Lokal, Geschäft oder in der U-Bahn nicht wirklich. Einfach weggehen und fertig.

Weil du **Schopenhauer** zitiert hast – hier ein passendes Zitat (bezogen auf den *Anarchismus 2.0*) von deinem Lieblingsphilosophen ;-)

*"Das Gute missfällt uns, wenn wir ihm nicht gewach-
sen sind."* **Friedrich Nietzsche**

—

soynadie hat geschrieben:
*Meines Erachtens nach ist An-archie, also Nicht-
Herrschaft sehr wohl möglich, und durchaus alltäglich,
allerdings nur in kleinen Gemeinschaften oder Gesellschaften, wo man sich kennt und die Dinge gemein-
sam diskutiert und dann entscheidet. Ob in einer Horde von Jägern und Sammlern oder im Gesangsverein
oder im Kibbuz, „Herrschaft" gibt es dort nicht. Es gibt
Respektspersonen, deren Wort mehr Gewicht hat, weil
sie mehr Erfahrung haben oder sich sonstwie als zu-
verlässig und integer erwiesen haben, aber eine „Herrschaft" üben diese Leute nicht über die anderen aus.*

Soweit so klar. Im Link, den **Nasobēm** in seinem Beitrag geschrieben hat, fand ich folgende Aussage von
Ernst Pöppel (Psychologe und Biologe):

*„Aufgrund unseres evolutionären Erbes sind wir nur in
der Lage, maximal 100 Personen zu überschauen und
mit ihnen solide zu kommunizieren."*

Ähnliches habe ich auch in Diskussionsforen im Internet beobachten können. Nur wenn eine Mailingliste
oder ein Forum weit unter 100 aktive Mitglieder hat,
die regelmäßig schreiben, kann eine lebhafte, konstruktive und solide Kommunikation auf Augenhöhe
zustande kommen. Alles andere würde nicht funktionieren und uns überfordern.

Das kann z.B. als Vorbild bzw. Regel dienen für ein
anarchistisches Konzept. Bilde Menschengruppen in
den verschiedensten Bereichen, Institutionen und Organisationen mit max. 100 aktiven Beteiligten (passiv

können natürlich je nach Bedarf viel mehr teilhaben) – das wird wahrscheinlich schon meistens in noch viel kleineren Gruppengrößen verwirklicht.

soynadie hat geschrieben:
Von daher bräuchte es eine Herrschaftsform erst, als die Menschen in größeren Verbänden lebten, wo man jemanden braucht, der das Gemeinwesen organisiert.

Warum sollte es heute im 21. Jahrhundert mit den Technologien, die wir haben, noch immer jemanden brauchen, der sich anmaßt, große gesellschaftliche Verbände zu organisieren? Warum sollten dezentrale und vernetzte Kleinverbände nicht ebenso in der Lage sein, gemeinschaftliche Aufgaben zu lösen und Ziele zu erreichen? Beruhend auf Kooperation, sehr flachen Hierarchien und auf dem Prinzip der gleichberechtigten Arbeitsteilung je nach Kompetenz?

soynadie hat geschrieben:
Manche Anarchisten verweisen gerne auf den Ameisenstaat, der auch ohne Herrscher gut funktioniert. Doch hier wird übersehen, dass die einzelnen Ameisen keine Individuen sind, die auch ihre eigenen Ziele verfolgen, sondern sie funktionieren wie die Zellen eines Körpers, eines Superorganismus.

Menschen sind keine Ameisen – höchstens ARMeisen ;–)
Ich gehöre jedenfalls nicht zu denen, die eine ganze Gesellschaft von heute auf morgen ändern wollen. Das ist anmaßend, unklug und fast eine Art Größenwahn von „Revolutionären". Ich vermute, dass kooperative Zusammenarbeit auf unterschiedlichen Ebenen ganz von alleine im Lauf der Zeit entstehen wird.

soynadie hat geschrieben:
Auch Menschengruppen können wie ein Superorganismus funktionieren, aber dazu bedarf es einer strengen Herrschaft, top–down, um jeden, der es

wagt, aus der Reihe zu tanzen, zu bestrafen (Armee, religiöser Orden...).

Ich denke, da irrst du. Eine strenge *Top-down-*Herrschaft ist nur dort notwendig, wo „höhere" Ziele von einer Machtelite durchgesetzt werden müssen, die nicht von allen immer und überall geteilt werden – sowie kritisches Hinterfragen dieser Ziele unerwünscht ist (z.B. wie du schreibst in Armeen oder diktatorischen Regimen). In normalen (auch relativ großen) demokratischen Gesellschaften gilt das nicht. Kooperative (auch öffentliche) Mitarbeit und kritisches Hinterfragen von gesellschaftlichen bzw. politischen Zielen sollte erwünscht und angestrebt werden. *„Anarchismus 2.0"* auf dem höchsten (Internet-) technischen Niveau wäre nur der nächste logische Schritt – und das alles ohne „Herrschaft" von irgendwelchen Eliten.

Entscheidende und wichtige (schon sehr alte) Fragen in jeder Menschengruppe wären z.B.:

Wie schafft man die Balance zwischen der Freiheit des Einzelnen und der Notwendigkeit, in einer Gesellschaft Gesetze und Regeln umzusetzen?

Wer schafft diese Gesetze und Regeln in welchem Rahmen?

Wer kontrolliert die, die Gesetze und Regeln schaffen?

Wer kontrolliert die Einhaltung der Gesetze und Regeln?

—

Der böse Wolf hat geschrieben:

Ich denke, dass Anarchie (in allen Varianten) vor allem von Menschen diskutiert wird, die den Wert der Ordnung entweder nicht begreifen oder tatsächlich nicht von ihr profitieren.

Bei der Anarchie 1.0 waren es Leute, die ein Haus besetzten, wenn sie ein Dach über dem Kopf brauchten, die ein Fahrrad klauten, wenn sie kein Geld für den Bus hatten, die lieber Sozialhilfe kassierten, als sich

einem Chef unterzuordnen, etc.
Bei der Anarchie 2.0 sind es meines Erachtens Leute,
die in der realen Welt nicht besonders fest verankert
sind.
Wir kennen ja alle die Berichte über Jugendliche, die
quasi nur im Netz leben und am Ende meinen, die
Realität ließe sich vollständig auf ihrer Festplatte si-
mulieren. Spätestens mit dem Eintritt ins Berufsleben
stellt sich aber die Erkenntnis ein, dass reale Wert-
schöpfung ein hohes Maß an Ordnung, an Hierarchie
erfordert und dass ein Gemeinwesen ohne Ordnung
völlig unpraktizierbar ist.

Tja, dich werde ich wohl nicht für ein anarchistisches
Projekt gewinnen können. ;-)

"... Wert der Ordnung ... sich einem Chef unterzuord-
nen ... hohes Maß an Ordnung ... Hierarchie ... Ord-
nung ..."
Ich möchte natürlich deine Welt mit meinen Gedanken,
Vermutungen und Thesen nicht in Unordnung bringen,
aber wir alle leben in extrem dynamischen und komplexen Zeiten, die sehr von neuen Technologien ge-
prägt sind. Ich habe nur versucht, ein mögliches für
mich positives Zukunftsszenario zu strukturieren und
zu beschreiben.
Wollen wir einmal festhalten: Ich bin weder jugendli-
cher Computerfreak, noch stehle ich Fahrräder oder
bekomme Sozialhilfe. Ich verstehe gesellschaftliche
Ordnung im Großen und Kleinen gut genug – profitie-
re natürlich auch von ihr – und will sie natürlich auch
nicht von heute auf morgen abschaffen.
Was ich prognostiziere ist, dass reife, aufgeklärte, autonome und mündige Menschen immer weniger sogenannte *Eliten* akzeptieren und deshalb versuchen werden, unabhängig von ihnen zu leben und zu arbeiten –
in möglichst flachen und flexiblen Strukturen sowie
vernetzter Kommunikation auf Augenhöhe. Dass dieses Modell nicht für jeden geeignet ist, versteht sich
von selbst – aber es sind weltweit gesehen wahr-

scheinlich relativ viele und irgendwann auch eine kritische Masse, die sichtbar ist. Und das gemeinsame Merkmal ist, dass sie innovative Technologien ganz selbstverständlich nutzen, um an kleinen oder großen bzw. privaten oder beruflichen Projekten zu arbeiten – wenn du so willst auch ab und zu oder regelmäßig reale Wertschöpfung schaffen.

—

Ach ja, was mir noch zum Stichwort *Elite* auffällt: Ich bin leider nicht der Einzige, der zur Zeit die Eliten kritisiert. Es liegt offensichtlich „in der Luft", gegen Eliten zu sein – aber aus ganz unterschiedlichen Gründen und mit ganz unterschiedlichen Verhaltenskonsequenzen.

Was wir beobachten können ist, dass sich sehr viele Menschen über „die da oben" empören – und dann als Konsequenz den etablierten (Alt-)Parteien einen Denkzettel geben wollen und Rechtspopulisten wählen (ein weltweiter Trend), die dem Volk nach dem Mund reden und meist sehr pauschal das Establishment und den Status quo kritisieren. Die Mehrheit wünscht sich offenbar einen politischen Führer, der es „denen da oben" einmal so richtig zeigt und „das System" aufbricht und in die Knie zwingt.

Was für ein Kurzschlussverhalten und Widerspruch! Gehören die gewählten politischen Führer und Parteien dann nicht auch zur Elite? Zum Establishment? Zum System? Warum sollte dann alles anders sein?

Nichts wird sich ändern, solange wir nur (Rechts-)Populisten, Scharlatane, Politclowns und sonstige „Alternativen" wählen.

Wir brauchen von Grund auf andere Formen, Modelle und neue Konzepte für die Organisation von Gemeinschaften. Der Punkt ist: Kein reifer, mündiger und aufgeklärter Mensch will von einem Politiker geführt werden! Also wozu das ganze absurde und groteske Schauspiel bzw. Theater noch?

„Zur Beruhigung der Massen werde eine Scheindemo-

kratie als Showveranstaltung inszeniert" hat **Colin Crouch** einmal geschrieben.

Langfristiges (liberales/anarchistisches?) Ziel kann meiner Ansicht nach nur der kleine „soziale Minimalstaat" sein mit Verfassung und Grundrechten. Dieser „unsichtbare Staat" (wenn man ihn überhaupt noch so nennen kann) soll nur stark genug sein (Gerichte, Polizei, Streitkräfte, Gefängnisse), die Freiheit und das Eigentum jedes Individuums zu beschützen. Der Rest sollte so unbürokratisch wie möglich organisiert sein. Eher so ähnlich wie eine *Technokratie*, in der *„alle Handlungen auf wissenschaftlichem und technischem Wissen aufbauen sollen. Wissenschaftler, Ingenieure und andere naturwissenschaftlich und technisch fähige Personen, oft auch aus der Praxis der Wirtschaft, ersetzen dabei Politiker. Im Vordergrund steht die rationale, effektive Planung und Durchführung zielorientierter Vorhaben."* (*Wikipedia*)
Es sollte aber auf keinen Fall eine elitäre „Herrschaft der Experten" herauskommen, sondern viele kooperative, soziale, dezentrale Gemeinschaftsprojekte, wo sich jeder engagierte Mensch einbringen kann, wie er will. Und das alles möglichst unter Ausnutzung von innovativen (Internet-)Technologien, die dabei helfen sollen, Ziele so einfach wie möglich zu verwirklichen. Na ja, ich bin gerade beim Träumen vor meiner Kristallkugel ;-)

Was sollte die eigentliche Idee der Demokratie ursprünglich (in der Aufklärung) sein? Demokratie ist, wenn jeder Bürger einen angemessenen Anteil an Entscheidungen hat, die sein Leben und die Gestaltung seiner Gemeinschaft bestimmen. Das bedeutet Selbstbestimmung und radikale Demokratie in allen Bereichen. Haben wir das schon verwirklicht? Ich denke nicht.

—

Athus *hat geschrieben:*
„Phase 2: Ende der Meinungs- und Deutungshoheit /
Machtverlust der Wissenselite
(manche professionelle Journalisten und Kommentato-
ren in den Leitmedien, manche Gelehrte und Main-
stream-Intellektuelle)
... in vollem Gang! (-> Zeitungs-, Medien- und Bil-
dungskrise)
... viele Menschen suchen/recherchieren/informieren/
bilden sich im Internet! ..."
Das war mal ... :-(
Mittlerweile vollkommen sinnlos – das Internet wurde
unter dem Vorwand „Internetkriminalität" längst vom
Staat okkupiert.

Ja, die Fronten sind schon seit ein paar Jahren klar
umrissen.

Cypherpunk & *Krypto-Anarchismus* -> Freiheit, Anonymität und Privatsphäre (offene Gesellschaft) im Internet
versus
Big Brother-Überwachungs- und Kontrollstaat (weltweite NSA-Datenspionage und Massenüberwachung
-> Totalüberwachung, die nicht reguliert bzw. kontrolliert wird) -> neue subtile Form des Totalitarismus
in einer Scheindemokratie.

Benutze doch das *Darknet* ;-) ... es ist nicht nur dun-
kel, illegal und böse (für Terroristen, Drogenabhängi-
ge, Pädophile, Geldwäscher, Verrückte), sondern ein
relativ sicherer Ort, wo Informationen frei und anonym
ausgetauscht werden können mit dem Ziel, ein freies
virtuelles staatenloses Territorium mit schützenden
Mauern zu schaffen (z.B. für regierungskritische Men-
schenrechtsaktivisten in Afrika oder Naher Osten,
Whistleblower a la *Snowden* im Westen)

Athus *hat geschrieben:*
Die Vielfalt der Meinungsfälschung...

„Reputation hat etwas mit Offenheit und Transparenz zu tun." Genau daran wird mit Hochdruck gerade geforscht, entwickelt und gearbeitet. Wie kann man Reputation, Vertrauen und Sicherheit technisch im Internet (genauer: in *Peer-to-Peer*-Netzen) realisieren?

—

Nasobēm hat geschrieben:
... die Masse ist dumm. Und wenn du dir z.B. das Verhalten von vielen Leuten anschaust, die anonym im Netz unterwegs sind...

Was bedeutet schon „die Masse ist dumm"?
...aus deinem verlinkten Interview mit **Ernst Pöppel** *„Schwarmdummheit"* geht richtigerweise hervor:
„Wie lässt sich Dummheit definieren?
Alle abstrakten Begriffe sind nicht definierbar. Sie sind kernprägnant und randunscharf. Das heißt, wir wissen, worüber wir sprechen, können das aber nicht exakt definieren. Wie unscharf die Definition Dummheit oder Intelligenz ist, zeigt etwa die Messung des IQ-Wertes."

...und ein witziges Beispiel aus deinem verlinkten Artikel *„Werden wir immer klüger?"* (*Flynn-Effekt*):
"Ich wollte meiner Großmutter erklären, wie sie ihren Computer herunterfahren kann, und sagte: Du drückst auf den Startknopf und wählst Herunterfahren. Daraufhin knallte sie die Maus gegen den Bildschirm."

Fest steht: ich werde mit meinen *„Anarchsimus 2.0"*-Ideen und Prognosen die sicher nicht „dummen" Großmütter und Großväter (sagen wir mit einem Alter 75+) wahrscheinlich nicht erreichen, weil sie in der Regel gar nicht Smartphone, Computer und Internet nutzen können bzw. werden. Und die vielen Leute sehr unterschiedlichen Alters, die anonym im Netz unterwegs sind und dort manchmal merkwürdige bis trollige (Hass-)Postings in *Facebook* oder unter Zeitungsartikeln hinterlassen, werde ich wohl auch kaum von ei-

80

nem konstruktiven *Anarchismus*-Konzept überzeugen können, weil es denen meist leider nur ums Trollen geht. Wer bleibt dann noch übrig? Ich denke die vielen Unzufriedenen und Kritischen, die das Netz ganz selbstverständlich, fair und meist konstruktiv nutzen und nach Wegen suchen, ein freies, selbstbestimmtes und herrschaftsloses Leben zu leben. Und das sind meiner Ansicht nach wahrscheinlich gar nicht so wenige...

—

Der böse Wolf *hat geschrieben:*
„Tja, dich werde ich wohl nicht für ein anarchistisches Projekt 2.0 gewinnen können. ;-)"
Bingo! Aber falls die Entwicklung tatsächlich in diese Richtung gehen sollte, wird es an meiner fehlenden Teilnahme sicher nicht scheitern ... ;-)

D.h. *Anarchie* ist dir von der Grundidee her gar nicht unsympathisch? Prima! :-)

Der böse Wolf *hat geschrieben:*
„Was ich prognostiziere ist, das reife, aufgeklärte, autonome und mündige Menschen immer weniger sog. "Eliten" akzeptieren und deshalb versuchen werden, unabhängig von ihnen zu leben/arbeiten – in möglichst flachen und flexiblen Strukturen sowie vernetzter Kommunikation auf Augenhöhe."
Mir fällt auf, dass Du den Schwerpunkt sehr auf den Begriff der Eliten legst. Unter diesem Aspekt habe ich Anarchie bisher wenig bis gar nicht betrachtet.

Das liegt möglicherweise daran, dass diese von mir kritisierten (Wissens-)Eliten u.a. schon sehr lange eben die Deutungshoheit vom Begriff *Anarchismus* haben und ihn deshalb aus naheliegenden Gründen eher negativ auslegen, erklären und beschreiben. D.h. in Lexika, Zeitungen und Medien wirst du fast immer unter *Anarchie* Dinge erfahren, die Angst, Unsicherheit,

Chaos oder sonstige Negativassoziationen erzeugen.

Der böse Wolf *hat geschrieben:*
Mein – möglicherweise recht konservatives – Verständnis von Anarchismus ist eine weitestgehende grundsätzliche Ablehnung von Vorschriften und Regelungen und deren Überwachung und Durchsetzung.

Wie ich oben sagte, ein eher negatives Verständnis, das ich so ganz und gar nicht teile...

Der böse Wolf *hat geschrieben:*
Die Kritik der Eliten zielt meines Erachtens aber eher auf eine Infragestellung der Qualifikation und des Machtanspruchs der Eliten. In diesem Sinne würde ich Dir zustimmen.

Fein :-)

Der böse Wolf *hat geschrieben:*
Ein Kabinett, in dem jeder Minister anstelle seines Ressorts auch jedes beliebige andere Ressort führen könnte, zeugt nicht unbedingt von den universellen Fähigkeiten der Figuren. Vielmehr ist es ein Beleg für die Vermutung, dass Politiker vorrangig politisch agieren sollen, ohne sich dabei von allzuviel Fach- und Sachwissen beeinflussen zu lassen. Aber diese Kritik halte ich eben nicht für ein relevantes Argument pro Anarchie.

Was heißt „politisch agieren"? Noch dazu ohne Einfluss von Fach- und Sachwissen? Klingt für mich eher wie eine Androhung von Inkompetenz, auf die ich gerne verzichten kann.
Politiker agieren meiner Ansicht nach im luftleeren (elitären) Raum, wo sie entweder Narrenfreiheit genießen oder marionettenhaft Interessen (meist nicht unbedingt die des Wahlvolks) vertreten (müssen?). So gesehen ist diese Kritik sehr wohl ein relevantes Argument pro Anarchie.

Der böse Wolf hat geschrieben:
„Kein reifer, mündiger und aufgeklärter Mensch will von einem Politiker geführt werden!"
Das wäre aber ein gutes Argument für Populismus! Denn: reife, mündige und aufgeklärte Menschen haben offenbar ein zunehmendes Interesse daran, dass ihre "Anführer" genau das in praktische Politik umsetzen, was sie erkennbar wollen, und nicht das, was ein Parteiprogramm vorgibt. Der weltweit zu beobachtende Populismus strebt eher nach mehr als nach weniger Regulierung. Linke Populisten fordern strenge Regeln für alles, was mit Kapital zu tun hat (Kapitalverkehr, Steuergesetzgebung, Investmentbanking, etc.), rechte Populisten fordern strengere Regeln für alles, was mit Migration und "kultureller Globalisierung" zu tun hat. Ich kann mich natürlich irren, aber eine Hinwendung zur Anarchie scheint mir tatsächlich eher ein Randgruppen-Thema zu sein.

Ich denke bzw. hoffe du irrst dich. Wer sich wirklich unvoreingenommen mit *Anarchismus* beschäftigt, bekommt ein ungleich differenzierteres und positiveres Bild von ihm und erkennt vielleicht, dass darin in Verbindung mit Internet-Technologien viel (Zukunfts-)Potential liegt und es kein Randgruppen-Thema ist. In Leitmedien wirst du aber – warum auch immer – eher nichts davon lesen, hören und sehen.

Der böse Wolf hat geschrieben:
„Es sollte aber auf keinen Fall eine elitäre ,Herrschaft der Experten' herauskommen, sondern viele kooperative soziale dezentrale Gemeinschaftsprojekte, wo sich jeder engagierte Mensch einbringen kann, wie er will. Und das alles möglichst unter Ausnutzung von innovativen (Internet-)Technologien, die dabei helfen sollen, Ziele so einfach wie möglich zu verwirklichen."
Nichts gegen soziale dezentrale Gemeinschaftsprojekte, aber eine funktionierende Infrastruktur kannst Du damit nicht schaffen oder ersetzen. ...

Wie lange hat es in Staaten gedauert, eine funktionierende Infrastruktur zu schaffen? Von Ersetzen rede ich
ja gar nicht – wäre ja vollkommen unsinnig und un-
realistisch. Von daher sehe ich das relativ locker und
gelassen. Dezentrale Gemeinschaftsprojekte gibt es
seit vielen Jahren schon einige: z.B. verschiedene
weltweite „Open Source"-Projekte.

Der böse Wolf hat geschrieben:
...Aber Ihr könnt Euch alle beruhigt zurücklehnen. Ich
habe keine politischen Ambitionen. Von mir geht keine
Gefahr aus. ;-)

;-)

—

Rolo hat geschrieben:
Anarchie 0.0
Eine gewaltsam herbeigeführte Anarchie, aus dem In-
neren eines Staatsgefüges heraus, etwa durch eine Re-
volution herbeigeführte Anarchie (Französische Revo-
lution); oder eine durch Krieg herbeigeführte Anarchie
(Zerstörung des NS Regimes).
Eine in dieser Form gewaltsam herbeigeführte Anar-
chie, die in der Hinterlassenschaft einer zerstörten Ge-
sellschaft liegt, kann niemand ernsthaft wollen, wenn
er in ihr leben soll. In beiden Fällen ist durch Vertrei-
bung, Flucht und der erbärmliche Versuch des nackten
Überlebens die treibende Kraft.
Anarchie 1.0
Eine innerhalb eines Staatsgefüges tolerierte Form von
Anarchie. Etwa bei Aussteigern, oder Hausbesetzern
und oder einer Kommune. Diese Bürger würden aller-
dings ohne das umliegende Staatsgefüge nicht weit
*kommen. Und da schließe ich mich gerne dem **bösen***
***Wolf** an. In einem schweren Krankheitsfall, benötigen*
sie dann doch wieder die Ordnung eines Systems, um
ihr Überleben zu sichern.

Ja, so in etwa sehe ich das auch.

Rolo hat geschrieben:
Anarchie 2.0 (?)
Deine Form von Anarchie erscheint mir eher aus einer marxistischen, oder gar aus einem utopischen Sozialismus geformt. Das Ziel einer marxistischen Idee, liegt ja in der Auflösung eines Staates, bei der es keine politische Bürokratie mehr geben soll. In ihm können sich dann mündige Bürger in einer Selbstverwaltung einbringen.

Na ja, *Marxismus* oder *Sozialismus* hat ja mit *Anarchismus* nicht wirklich viel zu tun – trotz teilweiser gemeinsamer Wurzeln im 19 Jahrhundert – soweit ich weiß. Und nein, ich will den Staat nicht auflösen – ernst nehmen muss ich ihn aber deswegen nicht ;-) Überbordende bzw. unnötige (Staats-)Verwaltung und Bürokratie kann bzw. soll natürlich immer einfacher, dezentraler und schlanker gemacht werden – mit oder ohne Internet.

—

Rolo hat geschrieben:
„Und nein, ich will den Staat nicht auflösen – ernst nehmen muss ich ihn aber deswegen nicht ;-)"
Du siehst deine Anarchie 2.0, wenn ich dich richtig verstehe, ähnlich wie Anarchie 1.0, allerdings mit dem Unterschied, dass er nicht zentral, sondern dezentral zu sehen ist?

Der Zusatz „2.0" ist eher angelehnt an das *„Web 2.0"* – das sogenannte „Mitmach-Web" in sozialen Netzen, Plattformen und Foren usw. – wo es darum geht, Multimedia-Inhalte (kostenlos) zu schaffen und zu teilen. Nun gibt es also einerseits dieses „Web 2.0" und andererseits mit der Kryptowährung *Bitcoin* und der dahinter liegenden *Blockchain* innovative, revolutionäre und faszinierende Möglichkeiten, bisherige (lange gewach-

sene) Ordnungen und Strukturen zu überdenken und ganz neu zu schaffen. In meinem Eingangsbeitrag habe ich ja einige Bereiche angedeutet, die in Zukunft betroffen sein könnten.
Und der Begriff *Anarchismus* ist für mich positiv besetzt – wie du aus meinen bisherigen Beiträgen unschwer erkennen kannst.

Rolo *hat geschrieben:*
Etwa so wie ein „Wutbürger" oder ein Anhänger der „Antifa" der jeweils nicht zentral aus einer Kommune heraus rebelliert, sondern der trotz seines politischen Rebellisch-seins, wie alle anderen seine Verpflichtungen und seiner Arbeit, Hobbys und Vergnügen innerhalb der Gesellschaft nachkommt. ;-)

Nein, ich sehe mich weder als „Wutbürger" noch als „Antifa"-Anhänger oder sonstiger Rebell. Du wirst mich nicht leicht in eine Schublade stecken können. ;-) Und ja, natürlich lebe ich eingebettet in der Gesellschaft mit vielfältigen Rechten, Möglichkeiten und Verpflichtungen. Das hindert mich aber nicht, gewisse (staatliche) Ordnungen und Entwicklungen genau zu beobachten, kritisch zu hinterfragen und mir neue Konzepte bzw. Modelle zu überlegen – ist ja alles im Grunde menschengemacht und kann durch Menschen hoffentlich auch wieder (schrittweise) geändert werden.
Einfach wütend und empört über die politischen Verhältnisse zu sein, ist mir zu wenig – das bringt gar nichts. Und zum hoffnungslosen Zyniker will ich auch nicht werden.

—

Rolo *hat geschrieben:*
„Und der Begriff „Anarchismus" ist für mich positiv besetzt – wie du aus meinen bisherigen Beiträgen unschwer erkennen kannst ;-)"
„Nein, ich sehe mich weder als „Wutbürger" noch als

*„Antifa"-Anhänger oder sonstiger Rebell. Du wirst
mich nicht leicht in eine Schublade stecken können.
;-)"*

*Sorry, wenn ich den Eindruck hinterlassen habe, als
wolle ich dich in eine Schublade stecken. Ich gehöre
nicht zu denen, die leichtfertig andere in eine Schublade reinpressen möchten.*

Schon okay – ich konnte es ja klarstellen. ;-)

Rolo hat geschrieben:

*Für mich denke ich,... je weiter weg die Regularien von
Institutionen getroffen werden, desto unverständlicher
wird es für die Bürger. Umso mehr brodelt es in den
Köpfen der Bevölkerung, die sich aus dieser Prozessfindung von neuen Regularien ausgeschlossen fühlen.*

Ja genau. Hier sehe ich z.B. einen anarchistischen Ansatz, weil *Anarchie* „Herrschaftslosigkeit" heißt und
das bedeutet konkret, dass die notwendige Verwaltung
einer Gemeinschaft möglichst lokal strukturiert (bis
auf die Ebene eines Stadtteils oder eines Ortes hinun-
ter, der für die Menschen gerade noch überschaubar
ist), aber virtuell natürlich auch überregional vernetzt
sein sollte (ganze Städte, Regionen, Bundesländer
usw.). Die Bevölkerung kann sich so mehr mit den eher
nahen Problemen und Entscheidungen identifizieren
und in die Prozessfindung von neuen Regularien konstruktiv einbringen – und sich dann wahrscheinlich
weniger ausgeschlossen fühlen. Diese Prozessfindung
sollte so klar und transparent wie möglich sein und
könnte komplett via Internet abgewickelt werden.

Rolo hat geschrieben:

*Spätestens ab dann, wenn Sprachbarrieren erst einmal
überwunden sind, haben die politisch Handelnden es
noch schwerer, ihre Bürger auf Linie zu bringen. Der
zumindest stille Protest ist da geradezu unausweichlich.*

Ja – auch da schimmern im Grunde anarchistische Ideen durch. Wenn Politiker ihre Bürger immer weniger „auf Linie" bringen können, dann wird das politische System als Ganzes tröpfchenweise ausgehöhlt bis es irgendwann überflüssig wird. Und dieser Zustand heißt eben dann *Anarchie* – im positiven Sinn: die Menschen denken dann global und entscheiden/handeln lokal.

***Rolo** hat geschrieben:*
Heute ist es noch mühselig, aus einer Moskauer, New Yorker, Pekinger oder Pariser Tageszeitung sich seine Meinung über das Weltgeschehen herauszulesen. Aber die Zukunft des Internet wird auch diese Barriere überwinden, so dass man in Zukunft eine beliebige Onlinezeitung von irgendwoher auf der Welt wird aufschlagen können, und die sofort in der Sprache übersetzt wird, von wo aus der User sie eröffnet hat.

Klingt zwar alles gut und könnte durchaus relativ bald realisiert werden, aber ich denke, es wird nur sehr wenige Leute geben, die Onlinetageszeitungen aus Moskau, New York, Peking oder Paris lesen werden, weil da einfach die nötige Zeit dafür fehlt. Aber wer weiß – vielleicht doch :-) Ich lese eigentlich täglich nur eine Onlinezeitung intensiver, um mich am Laufenden zu halten. Andere Onlinezeitungen (im gleichen Sprachraum) klicke ich nur unregelmäßig an, „scanne" schnell die Überschriften und lese nur sehr oberflächlich quer – bis ich vielleicht bei einem interessanten Artikel oder Kommentar hängen bleibe.

***Rolo** hat geschrieben:*
Dies bringt nicht nur neue Möglichkeiten von unterschiedlichen Akteuren und ihre unterschiedliche politische Propaganda ins Blickfeld, sondern lässt auch Fakten schneller aufdecken und verbreiten, die die Propaganda z.B. zu einem ungerechtfertigten Angriffskrieg geradezu unmöglich machen werden.

Da fällt mir ein passendes Zitat ein ;-)

„Journalismus ist etwas zu veröffentlichen, was andere nicht wollen, dass es veröffentlicht wird. Alles andere ist Propaganda." **George Orwell**

Rolo hat geschrieben:
Wo aber (aus meiner subjektiven Sicht) in diesem Kontext eine objektiv positives Bild zum Anarchismus zu suchen sein soll, kann ich nicht herausfiltern. Ich neige eher zu glauben, dass durch das zukünftige Internet, Anarchismus keine Rolle mehr spielen wird. ;-)

Wie oben schon kurz angeschnitten: Diese Entwicklungen können sehr wohl durch die „anarchistische Brille" gesehen werden, weil Hoheiten, Herrschaftsstrukturen und Eliten durch das zukünftige Internet ihre Macht verlieren könnten. Es ist für mich ein positives Zukunftsbild – andere sehen unseren Status quo schon eher zynisch als eine wunderbare Mischung zwischen *Orwell* (Sicherheits- und Überwachungsstaat) und *Huxley* (hedonistischer Vergnügungsstaat, der uns ablenken soll), die in Zukunft noch perfekter, subtiler und unangreifbarer funktionieren wird...

—

manniro hat geschrieben:
Wie ich weiter vorne schon schrieb werden die "Eliten" niemals "...ihre Macht verlieren", weil sie eben dadurch "Elite" werden, dass sie die jeweils aktuellen Verhältnisse besser durchschauen und handeln können.

Ja, grundsätzlich muss ich dir hier recht geben. Meine Hoffnung gründe ich auf der Beobachtung bzw. Erkenntnis, dass sich die Entwicklung des Internets (vor allem die *Brain-* und *Software*produkte dahinter) längst verselbständigt hat, die *Hardware-*Grundstruktur des Netzes dezentral organisiert ist und längst der *„Point of no return"* meiner Ansicht nach erreicht ist. D.h. keine *Elite* (von totalitären Regimen mal abgesehen) kann von heute auf morgen das ganze In-

ternet „abschalten", weil es schon zu viele Abhängig-
keiten in Wirtschaft und Gesellschaft gibt.

***manniro** hat geschrieben:*
*Wenn die sich ändern, gelten eben andere Parameter.
Wenn dem Internet zukünftig größere Bedeutung bei
der Meinungsbildung zukommen sollte, wird es die
"Elite" sein, die es handhaben und manipulieren kann.*

Das ist eben die entscheidende Frage, für deren positive Antwort es sich zu kämpfen lohnt. Kann das Internet eine *freie* Infrastruktur für *alle* bleiben oder nicht?

***manniro** hat geschrieben:*
*Außerdem sprichst Du nicht von "Anarchismus", son-
dern von kleinteiliger, lokaler Herrschaftsorganisation.*

Es gibt meiner Ansicht nach nicht *den* Anarchismus.
Für mich haben kleinteilige, lokale Organisationen
nichts mit Herrschaft zu tun, sondern beruhen auf
freiwilliger Teilnahme z.B. in einem *Rat*. Was liegt näher, als sich zusammenzusetzen und zu beratschla-
gen? Das anstehende Problem wird benannt, besprochen, man einigt sich auf eine Vorgehensweise, und
wenn die Gruppe sehr groß ist, bestimmt man ein paar
Personen des Vertrauens mit der Ausführung dessen,
was beschlossen wurde. Und die Gruppe passt auf,
dass alles auch so gemacht wird – bis zum nächsten
Treffen. So einfach ist die Grundidee eines Rates. Das
funktioniert aber nur wirklich gut in kleinteiligen, lokalen Organisationen, wo Reputation, Vertrauen und
Sicherheit noch vorherrschen und nicht mehr so gut in
großen, weit entfernten, entfremdeten, abgehobenen,
intransparenten oder korrupten "Räten".

—

***idefix2** hat geschrieben:*
*„... d.h. keine Elite (von totalitären Regimen mal abge-
sehen) kann von heute auf morgen das ganze Internet*

,abschalten'"
Die Rede ist nicht vom „Abschalten", sondern vom Be-
nützen, um die eigenen Interessen durchzusetzen.
...
Auch wenn das Internet eine (halbwegs) freie Infra-
struktur für alle bleibt, werden sich „Eliten" finden, die
diese freie Infrastruktur für ihre Zwecke
ge(miss)brauchen.

Wie sollte das z.b. bei der alternativen Kryptowährung
Bitcoin funktionieren: "...die eigenen Interessen durchsetzen"? *Bitcoin* gibt es seit 2009 – und funktioniert
offensichtlich in den letzten Jahren ganz gut. Vor allem die dahinter liegende Technologie gibt Hoffnung,
dass kryptographische Lösungen bei ganz anderen
Anwendungen gefunden werden können, die niemand
mehr missbrauchen kann. Es reicht, dass es diese
neuen Anwendungen gibt bzw. geben darf. Der Erfolg
kommt meiner Ansicht nach eigendynamisch von alleine.

***idefix2** hat geschrieben:*
„Für mich haben kleinteilige, lokale Organisationen
nichts mit Herrschaft zu tun, sondern beruhen auf
freiwilliger Teilnahme z.b. in einem Rat."
So etwas wie die basisdemokratischen Versammlungen
der Grünen? ;-) Wo solange palavert wird, bis fast alle
den Hut drauf hauen, und dann diejenigen, die kapiert
haben, wie das funktioniert, ihre Agenda durchdrü-
cken?

:-) na ja, basisdemokratische Versammlungen auf verschiedensten Ebenen sind immer noch besser als die
üblichen Parteihierarchien – auch wenn es schwer ist,
bei umstrittenen Fragen bzw. Problemen immer einen
Konsens herzustellen. Aber was ist deiner Meinung
nach die Alternative?

—

Der böse Wolf *hat geschrieben:*
Das, was Du in solchen kleinteiligen administrativen Einheiten regeln kannst, wird doch auch heute schon dort geregelt. Jede Stadt und jeder Landkreis kann über Belange, die ausschließlich lokale Bedeutung haben, frei entscheiden.

Na immerhin.

Der böse Wolf *hat geschrieben:*
Die Dinge, die in den Landes- und Staatsparlamenten und auch im europäischen Rahmen beraten und beschlossen werden, sind aber ganz andere. Da geht es um unverzichtbare interregionale Koordination.

Ja, soll so sein – wobei „unverzichtbar" so eine Sache ist. Ich behaupte einmal, dass da sehr viel Einsparungs- und Verbesserungspotential besteht. Interregionales bzw. internationales Koordinieren und Verhandeln ist natürlich jedenfalls notwendig und sollte auch transparent (möglichst via Internet) für die interessierte Bevölkerung nachvollziehbar sein.

Der böse Wolf *hat geschrieben:*
Wie sollte denn "anarchistische" Bildungspolitik, Wirtschaftspolitik, Steuer- und Finanzpolitik, Verteidigungspolitik, Umwelt- und Verkehrspolitik, Sozialpolitik, etc., etc. aussehen?

Anarchistische „xPolitik" gibt es prinzipiell nicht – die von dir genannten Bereiche müssten im Detail wahrscheinlich nicht neu erfunden, aber genau geprüft bzw. analysiert werden, was deren eigentlicher Sinn ist.

Der böse Wolf *hat geschrieben:*
Ich sehe keine Alternative zu der weltweit gebräuchlichen Lösung, hierfür Mandatsträger zu bestimmen und ihnen dann auch einen gewissen Freiraum einzuräumen.

Brav ;-)

Der böse Wolf *hat geschrieben:*
*Die gängige Politiker-Schelte beinhaltet unterschwellig
eigentlich immer die Grundannahme, dass von "denen"
keine vernünftige Arbeit geleistet wird und man auch
gut auf "die" verzichten könnte.*

Alleine aus ganz rationalen Effizienzgründen schätze
ich, dass man auf 50% der Regierungs-, Behörden-
und Verwaltungselite (Politiker, hohe Beamte, hochrangige Diplomaten, bürokratische Vermittler) in jedem Land ad hoc verzichten könnte, ohne dass es jemanden auffallen würde. Viele könnte man dann auch
noch mit intelligenten Internet-Lösungen wegrationa-
lisieren.

Der böse Wolf *hat geschrieben:*
*Aber stell Dir mal vor, jeder Landkreis würde seine ei-
genen Abituraufgaben verfassen,...*
Ja, das kann ich mir vorstellen – das sollte meiner Ansicht nach auch jede Schule selbst machen dürfen.

Der böse Wolf *hat geschrieben:*
*jeder Landkreis würde eine Armee aufstellen, die die
Kreisgrenzen hinlänglich verteidigen könnte,...*

8-) ;-)

Der böse Wolf *hat geschrieben:*
*jeder Landkreis würde eigene Gewerbe- und Einkom-
menssteuersätze festlegen,...*

Ich bin in diesem Fall für Staatenlosigkeit ;-)

Der böse Wolf *hat geschrieben:*
jede Zugfahrt wäre nach 50 km beendet,...

8-) ;-)

Der böse Wolf hat geschrieben:
*jeder Landkreis würde eigene Straßenbenutzungsge-
bühren erheben ...!*

... die gibt es in einer Anarchie wahrscheinlich eh nicht
– ich meine die Gebühren, nicht die Straßen. ;–)

Der böse Wolf hat geschrieben:
*Anarchie (auch die, die nichts mit infantilem Revoluti-
onsfetischismus zu tun hat) funktioniert meines Erachtens nur in Bereichen, in denen überhaupt keine
Koordination erforderlich ist. Und da fällt mir außer
der individuellen Freizeitgestaltung eigentlich fast
nichts ein.*

Nicht? Ich schrieb ja schon meine Vermutung, dass ich
mit dir wahrscheinlich keine „Anarchie 2.0" konzipie-
ren und verwirklichen könnte. ;–)

Der böse Wolf hat geschrieben:
*Hilf mir mal weiter. In welchen Belangen fühlst Du Dich
denn von staatlichen Behörden gegängelt? ...Was wird
konkret von Politikern geregelt, ohne dass Deines Erachtens dafür ein Regelungs– oder Koordinationsbe-
darf besteht?*

Ich habe es irgendwie geschafft, fast gar nicht mit
staatlichen Behörden bzw. Politikern in Berührung zu
kommen. Genau das macht mich ja stutzig. Wozu
dann der ganze Apparat?
Aber es ist müßig, darüber nachzudenken. „Anarchie
2.0", wie es mir vorschwebt, gibt es (zuerst) am ehesten ganz virtuell im Internet (z.B. *bitnation.co*) und
ganz individuell als Lebensphilosophie einzelner Menschen...

—

Atheos2011 hat geschrieben:
„Na ja, Marxismus/Sozialismus hat ja mit Anarchismus

94

nicht wirklich viel zu tun – trotz teilweise gemeinsamer Wurzeln im 19 Jh. – soweit ich weiß. Und nein, ich will den Staat nicht auflösen – ernst nehmen muss ich ihn aber deswegen nicht ;-)"

Das ist doch Blödsinn. Selbstverständlich ist das "Ziel einer marxistischen Idee die Auflösung eines Staates". Das ganze nennt sich dann Kommunismus und ist dann Anarchie (im Sinne einer Herrschaftslosigkeit und nicht im Sinne eines "failed state") und die Wurzel wird nicht nur der Philosoph Marx in irgendwelchen antiken griechischen Stadtstaaten gesehen haben.

Sagen wir so: Ich nenne meine Idee bzw. mein Konzept nicht umsonst „Anarchismus 2.0", weil ich mich einerseits von diversen Strömungen des historischen und auch noch aktuellen *Anarchismus* unterscheiden und andererseits die (zukünftigen) Möglichkeiten des Internets hervorheben will. Dieses Konzept ist übrigens noch lange nicht ausgereift und mit historischen Studien und Vergleichen habe ich noch gar nicht begonnen – das hat Zeit. Da bist du mir vielleicht voraus. Mit Kommunisten habe ich jedenfalls nichts am Hut – in diese Schublade passe ich nun einmal nicht.

Und wie bzw. wozu sollte man schon einen Staat auflösen wollen? Ihn durch technische Innovationen, friedliche Dezentralisierung und menschliche Kooperation auf Augenhöhe ein bisschen besser machen, ist doch ein erstrebenswertes Ziel, oder?

—

Der böse Wolf hat geschrieben:

Danke für Deine Antwort. An dieser Stelle steige ich aus der Diskussion aus, denn es ist genau der Moment, an dem ich meine grundsätzlich vorurteilsfreie, sachliche, höfliche und vor allem respektvolle Position nicht länger halten könnte.
Liebe Grüße nach Wien und schönen Sonntag noch! ;-)

Uups, da habe ich wohl mit meiner Antwort übers Ziel

geschossen – sorry, es war nicht respektlos gemeint. Ich fand deine sachlichen Bedenken nur teilweise witzig, weil z.b. die Bahninfrastruktur nichts mit dem Staat zu tun hat (zu tun haben sollte) und die Armee, genauso wie die Polizei natürlich in einer größeren, praktikablen Organisationseinheit eingebettet sein muss – das habe ich in einem früheren Beitrag aber schon geschrieben: Langfristiges Ziel kann meiner Ansicht nach nur der kleine „soziale Minimalstaat" sein mit Verfassung und Grundrechten. Dieser „unsichtbare Staat" (wenn man ihn überhaupt noch so nennen kann) soll nur stark genug sein (Gerichte, Polizei, Streitkräfte, Gefängnisse), um die Freiheit und das Eigentum jedes Individuums zu beschützen. Der Rest sollte so unbürokratisch wie möglich organisiert sein.

Im Übrigen kannst du nicht wirklich von mir verlangen, eine Jahrhunderte gewachsene Staats(Herrschafts-)struktur mit wenigen Worten und Beiträgen umzustrukturieren. Sorry, das kann kein einzelner Mensch.

Liebe Grüße aus Wien und ja, ich gehe heute wählen – im Gegensatz zu so manchen anderen „Anarchisten".
;-)

—

Der böse Wolf _hat geschrieben:_
„Uups, da habe ich wohl mit meiner Antwort übers Ziel geschossen – sorry, es war nicht respektlos gemeint."
Nein, nein, so würde ich das nicht sagen. Ich fürchtete eher einen schwer zu bändigenden Drang zur Respektlosigkeit meinerseits. Unser Problem ist aus meiner Sicht, dass wir wirklich zwei absolut konträre Standpunkte vertreten.

Ja, sehe ich (leider) auch so. Wobei ich hier ja gar keinen richtigen Standpunkt vertrete, sondern mit diesem Thread ein vielleicht mögliches Zukunftsszenario diskutieren wollte. Auf den Namen _„Anarchismus 2.0"_ kam ich ganz spontan – da steckt keine jahrelange Beschäftigung dahinter.

96

***Der böse Wolf** hat geschrieben:*
*Viele Deiner Äußerungen erinnern mich eben doch
stark an die Argumentationsweise und das Weltbild
von Zwölfjährigen.*

Das liegt wohl daran, dass ich gerade mit meiner
Tochter, die etwa so alt ist, für die Schule politisches
Grundlagenwissen, das sie gerade lernt, wiederhole
und auch darüber diskutiere. ;-)
Was mich betrifft, bin ich politisch gesehen sicher ein
„Spätstarter", weil mich Politik ganz allgemein ein hal-
bes Leben lang (fast) nicht interessiert hat. Daher klingen einige meiner Argumente vielleicht naiv. Der Vorteil dabei ist aber, dass ich aus dieser Unbeschwertheit
heraus vielleicht zu neuen Sichtweisen gelangen kann.
Viele Dinge übernehmen wir ja meist kritiklos, leben
ganz selbstverständlich damit – ärgern uns zwar über
dieses und jenes, aber (von Menschen gemachte) gesellschaftliche und politische Grundstrukturen in Frage
zu stellen, auf die Idee kommen wir viel zu selten. In
der Wirtschaft bzw. Technik nennt man so etwas *Innovation*, ohne die eine Weiterentwicklung unmöglich ist.
Politisch gesehen sind solche Innovationen meist undenkbar, naiv oder weltfremd und der Staus quo alter-
nativlos.

***Der böse Wolf** hat geschrieben:*
*Aber natürlich bin ich mir dessen bewusst, dass Dir
viele meiner Statements als Inbegriff eines Weltbildes
aus dem 19. Jahrhundert vorkommen, als Persiflage
auf einen aus der Zeit gefallenen Kaisertreuen.*
*Da ist irgendwie überhaupt kein Konsens–Potential in
Sicht.*
*Und deshalb würde ich das Thema von meiner Seite
aus ruhen lassen, denn das Streben nach einem Konsens gehört auch zu meinem altmodischen Diskussi-
onsverständnis ;-)*

Okay, ich akzeptiere selbstverständlich deinen Entschluss und bin froh, dass wir darüber geredet haben.

Thema: *"Fragen über Fragen"*

[...]
Nasobēm hat geschrieben:
Ich frage mich, was Patriotismus ist und ob man's braucht?

Patriotismus als „Liebe zum eigenen Land" finde ich persönlich unpassend und überflüssig. Unpassend, weil: Ein Land lieben? Wie soll das gehen? Ist das nicht nur eine unreflektierte Projektion in ein abstraktes Gebilde? So wie wenn man schnell einfach dahin sagt, ich liebe diese oder jene Musik, Literatur, Landschaft, Automarke usw.?
Ich kann mich nicht mit einem bestimmten Land identifizieren. Das geht einfach nicht. Ein Land kann mir vertraut sein, weil ich es gut kenne. Es kann mir landschaftlich bzw. kulturell gefallen. Ich kann die Mentalität der Leute sympathisch finden. Das gilt aber nicht nur für das Land, in dem ich zufällig geboren wurde, sondern prinzipiell und potentiell für jedes Land.
Überflüssig finde ich Patriotismus, weil es für mich nur die Liebe zur eigenen engsten Familie gibt, zum Partner bzw. zur Partnerin, zu Kind(ern), zu Eltern, Geschwistern – mehr nicht. Das ist positiv genug und ein kostbares Gut. Viele haben nicht einmal das.
Ich bin kein Patriot und fühle mich staatenlos... und möchte, dass das so bleibt.

—

Der böse Wolf hat geschrieben:
Musik, Literatur, Landschaft – das sind klar definierte Objekte für eine Präferenz! Sie sind nicht abstrakt, und die Liebe zu ihnen ist nicht unreflektiert.

Meinen „patriotischen" Bewusstseinshorizont als Erdoberflächenwesen hat der Philosoph **Peter Sloterdijk** in den 90er Jahren des letzten Jahrhundert nachhaltig gestört bzw. erweitert. Er schreibt:

98

„Ist aber das Bewußtsein erst einmal, und wäre es nur
für kurze Zeit, satellitengleich geworden, so ist das
schlichte Sichzurechnen zu einem politischen Grundstück auf der Erde dort unten für immer gestört. Es erscheint von da an unglaublich, daß Menschen sich
selbst zu tief einstufen konnten, wie national und ter-
ritorial Identifizierte es seit langem zu tun gewohnt
sind. Die Selbstzurechnung von Menschen zu Territo-
rien muß künftig wie eine flache Hypnose, eine willkürliche Besessenheit wirken. Nur in völliger Unkennt-
nis ihrer planetarischen Position können Erdoberflächenwesen sich für Ausgeburten eines kleinen Stück
Landes halten und sich im Bewußtseinshorizont von
politisierenden Wirbeltieren einrichten. Die Satelliten-
augen starren so großzügig wie Götter und so boshaft,
wie nur Unbeteiligte es können, über die kleinen Unterschiede hinweg, die für die Kinder von Blut und Boden die Welt bedeuten. Alles, was sich mit weniger als
der Erde insgesamt identifiziert, wird durch diese
Großräumigkeit der Sicht deklassiert."
Peter Sloterdijk in „Versprechen auf Deutsch. Rede
über das eigene Land", 1990, S. 58.

Nach solchen Gedanken tue ich mir schwer, patriotisch
zu sein. Eine Nation bzw. ein Staat ist für mich seit
dem nur mehr ein historisch gewachsenes „politisches
Grundstück auf der Erde", ein „kleines Stück Land", mit
dem ich mich genauso wenig identifizieren kann, wie
mit dem Gartengrundstück meiner Großeltern, obwohl
ich als Kind dort immer gespielt habe. Als erwachsener
Mensch sind das eher sentimental-nostalgische Gefühle. Ich will schon lange kein „politisierendes Wirbel-
tier" bzw. kein „Kind von Blut und Boden" mehr sein,
das sich „flachen Hypnosen" und einer „willkürlichen
Besessenheit" hingibt.
Da fühle ich mich schon eher als reflektierender Er-
denbewohner, der sich jederzeit und lange vorstellen
kann, in einer bemannten Raumstation am Fenster zu
sitzen und satellitengleich die atemberaubende Aussicht auf den Planeten zu genießen. ;-)

—

Der böse Wolf hat geschrieben:
Ich kann von niemandem auf der Welt verlangen, dass er meine Sicht teilt. Es hat aber auch niemand das Recht, den von mir als wichtig empfundenen Kriterien die Relevanz abzusprechen, weil er sie selbst für unwichtig hält, eventuell nicht wahrnimmt oder gar unsympathisch findet.

Das tut hier doch keiner. Ich nehme deine "als wichtig empfundenen Kriterien" sehr wohl wahr, finde sie weder unwichtig, noch gar unsympathisch – teile sie aber nicht (mehr). Ich habe nur meine persönliche Sichtweise ganz allgemein näher erläutert und mit einem Zitat untermauert.

—

Sloterdijk hat übrigens im selben Buch die aktuelle Flüchtlingsproblematik im Zusammenhang mit der Problematik von Nationen prophetisch beschrieben (immerhin 1989/1990!):
*„Sie [die Nationen] sind ihrem Wesen nach Einrichtungen zur Begrüßung und Integration von neu hinzukommenden Leben. [...] Einwanderer sind wir alle [...] Nur wenn wir imstande sind, auch Geburten als Einwanderungen zu denken und sie nicht mehr instinktiv als absolute nationale Produktionen mißzuverstehen, können wir hoffen, politisch und mental den Herausforderungen der kommenden Ära gewachsen zu sein: was vor uns liegt, ist das Jahrtausend der Migrationen. Die ungeheuer anwachsenden Wanderungspotentiale auf dem Planeten lassen sich mit der alten nationalstaatlichen Logik nicht mehr denken, geschweige denn steuern und integrieren. Schon jetzt ist absehbar, daß die Weltinnenpolitik der Zukunft substantiell eine Welteinwanderungspolitik sein wird.
[...]
Es ist die Pointe der modernen Geschichte, daß ihre*

Agenten – die Missionare, die Strategen, die Händler, die Forscher, die Hersteller, die Reporter – inzwischen den Globus umrundet und den imperialen Ring geschlossen haben. In eben dieser Schließungsphase leben wir gegenwärtig. Sie führt unaufhaltsam zu einer globalen Synchronisierung der lokalen Wirklichkeiten. [...]
In einer Synchronwelt jedoch tritt alles Herkunftsmäßige und Eigene in die zweite Reihe, um den Austauschbeziehungen mit dem Gegenwärtigen und Fremden den Vorrang zu überlassen. Das wird das Schicksal der Nationen im dritten Jahrtausend besiegeln: ihre Angehörigen werden sich einleben müssen in eine Welt, in der die fremden Lebenden wichtiger werden als die eigenen Toten."
Peter Sloterdijk in *„Versprechen auf Deutsch. Rede über das eigene Land",* 1990, S. 65ff

Wenn man das im Lichte der heutigen Flüchtlingsproblematik liest, dann versteht man besser, was er unter *„Jahrtausend der Migrationen"* gemeint haben könnte...

—

Der böse Wolf hat geschrieben:
In einer Synchronwelt ... möchte ich nicht leben.

Da hilft nur starkes Verdrängen oder Auswandern in eine (virtuelle) Raumstation. ;-)
Wir leben schon längst in einer (derzeit noch medialen, aber zukünftig auch realen) Synchronwelt!

—

Weil ich gerade weiterlese in dem Buch, hier noch ein gutes Zitat:

"Fragen wir also, was ist heute eine Nation?
[...]
Ich werde behaupten, daß die Nation ein Stimmenge-

wirr ist, ein Rauschen von Informationen in den Ohren und den Körpern einer Bevölkerung. Stellen Sie sich bitte vor, Sie betreten eine Halle, wo zwei-, dreitausend Menschen im Gespräch an Tischen sitzen; versuchen Sie, dieses Summen und Brausen im Saal zu imaginieren; betreten Sie diesen Geräuschteppich, aus dem kaum noch Einzelstimmen herauszuhören wären; spüren Sie diesen Klangnebel einer ganz von sich selbst und ihren Lebensäußerungen durchdrungenen Gesellschaft. Nun übertragen Sie dieses Geräuschbild ins Riesenhafte, hören Sie das Simultangeräusch von vierzig, sechzig, achtzig Millionen deutschen Stimmen, schaffen Sie in sich diese nationale Detonation, dieses historische Dröhnen über einem Territorium, dieses furchterregende Brausen einer Nationalsprache, die schon seit Hunderten von Jahren anschwillt. Mir scheint, man müßte für die Völker nicht nur optische Satelliten bauen, sondern auch akustische und sollte abends beim Wetterbericht eine Satellitenaufnahme vom Simultanton der Nationen ausstrahlen. Und wie die Wolkenspiralen über Europa, die wir fast täglich auf den Bildschirmen sehen, an den Staatsgrenzen nicht haltzumachen pflegen, so wäre es auch kaum möglich, aus dem ungeheuren Klangteppich der Kontinente den deutschen Sonderton so klar herauszufiltern, daß er allein zu hören wäre."
Peter Sloterdijk in *"Versprechen auf Deutsch. Rede über das eigene Land"*, 1990, S. 68f

Er kannte zu dieser Zeit das Internet noch nicht. Gar nicht auszudenken, wenn man sich vorstellt, man könnte das Internet nicht nur visualisieren, sondern auch akustisch umsetzen: was für ein *„Summen, Brausen, Dröhnen, Simultangeräusch, Geräuschbild, Klangteppich"*!

—

manniro hat geschrieben:
In der Kindheit hat man sich gefreut ... zu hören, dass

102

irgendwelche wichtigen Erfindungen oder Bücher von "Deutschen" gemacht und geschrieben wurden, weil einem vermittelt worden war, selbst "Deutscher" zu sein.

Das hört jeder in der einen oder anderen Form als Kind oder Schüler in seinem Geburtsland. In der Kindheit passieren offensichtlich Dinge, die einen ein ganzes Leben „verfolgen" (z.B. religiöser Glauben). *Indoktrination (lateinisch doctrina ‚Belehrung' – ist eine besonders vehemente, keinen Widerspruch und keine Diskussion zulassende Belehrung. Dies geschieht durch gezielte Manipulation von Menschen durch gesteuerte Auswahl von Informationen, um ideologische Absichten durchzusetzen oder Kritik auszuschalten; Quelle: Wikipedia)* gibt es ja nicht nur in religiöser, sondern eben auch in anderer ideologischer Hinsicht. Wie sonst würde man aus der Sicht des Staates zu einem patriotischen Staatsbürger werden? Man lernt zuerst etwas über seine Familie und Kultur, dann über seine lokale Region bzw. Heimat, über sein Land und seinen Kontinent. Erst sehr viel später lernt man über fremde Länder und Kulturen. Fest eingraviert in unser Gedächtnis ist die Familie und eben die sogenannte Heimat und die damit verbundenen Gefühle wie Liebe, Geborgenheit und Sicherheit. Viele sagen jetzt wahrscheinlich: und was ist daran so schlecht? Wir können (und wollen) uns wahrscheinlich gar nicht vorstellen, wie es wäre, wenn unser Bildungssystem ein radikal anderes wäre...

manniro hat geschrieben:
Aber kriegt man das so vollständig wieder aus dem Kopf heraus?

Ich denke nicht – wie man ja aus dieser und anderen Diskussionen gut erkennen kann. Durch Analyse und Reflexion kann man sich vielleicht (theoretisch) von diesen eingravierten Spuren aus der Kindheit distanzieren, aber in der Praxis wird einen das einstudierte

Denk- und Verhaltensmuster ein Leben lang verfolgen. Hier gilt für mich aber der liberale Grundsatz: soll doch jeder so leben, wie er will! Mit einem aufgeklärten und klaren Bewusstsein hat das aber dann nicht mehr viel zu tun und eine Basis für ein friedliches Zusammenleben in der Welt-Gemeinschaft schafft man so sicher auch nicht.

—

Der böse Wolf hat geschrieben:
...Und das kann ich nur mit „arroganter Dummschwätzer!" kommentieren. Sorry, manchmal muss ich auch beißen.

Ich habe ja mit Widerspruch gerechnet, aber als *„arroganter Dummschwätzer"* hat mich im *Real Life* noch keiner bezeichnet. Aber „Beißen" tut im Internet nicht weh. Jetzt weiß ich wenigstens, wie sich ein *Shitstorm* anfühlen muss, wenn eine Horde wildgewordener „Wölfe" auf jemanden losgeht. ;-)

Der böse Wolf hat geschrieben:
...Entstaatlichung, eine Entnationalisierung, eine Abkehr von territorialen Herrschaftsstrukturen, ist ja keine Utopie mehr. Wir können sie in Afrika und dem Orient live und real miterleben. In Somalia, im Sudan, in Libyen, in Syrien, im Norden Nigerias, in den angrenzenden Gebieten Kameruns und des Kongos, in Mali, in Afghanistan, im Irak.

Da missverstehst du etwas ganz Grundlegendes. In diesen Ländern existiert *gar kein* funktionierendes politisches System, schon gar kein gutes Bildungssystem. Ich spreche die ganze Zeit vom sogenannten „Westen", auch wenn ich es nicht immer dazu schreibe. Entstaatlichung, eine Entnationalisierung, eine Abkehr von territorialen Herrschaftsstrukturen ist ja nur dort eine sinnvolle (schrittweise) Weiterentwicklung, wo schon eine hochentwickelte stabile Infrastruktur existiert.

Der böse Wolf _hat geschrieben:_
Das ist Sloterdijks schöne neue Synchronwelt, ...

... von „schön" schreibt er nirgends etwas.
„Für eine Synchronwelt aber ist es typisch, daß in ihr der Austausch zwischen gleichzeitig Lebenden die Oberhand gewinnt über die Tradition der lokalen und nationalen Lebensformen. Wenn Synchronisations-zwang wirklich das Gesetz der Moderne ist, so läßt dies die Ideologie der Nationalität nicht unberührt."
Peter Sloterdijk _in "Versprechen auf Deutsch. Rede über das eigene Land", 1990, S._ 67

Der Austausch zwischen gleichzeitig Lebenden ge-schieht eben heute schon (und noch viel mehr in Zu-kunft) synchron und global via Internet – aber eben (einstweilen) nur in hochentwickelten westlichen Län-dern.

Der böse Wolf _hat geschrieben:_
... und die Angst vor dieser Welt treibt Millionen be-sorgte Bürger in allen zivilisierten Regionen in die Ar-me von Rattenfängern! Ihr Antipatrioten entrüstet Euch zurecht, wenn in Deutschland Menschen gejagt und Häuser angezündet werden. Aber Ihr leugnet, was je-der sehen kann: dass das der flächendeckende Nor-malzustand in den bereits erfolgreich entstaatlichten Gebieten ist! Zu Millionen flüchten die Menschen von dort, um Schutz in unserer ach so furchtbar rückstän-digen Zivilisation zu finden.
Von „ach so furchtbar rückständig" habe ich nichts ge-schrieben. In meinem letzten Beitrag habe ich nur ver-sucht anzudeuten, dass es eine Art von _Indoktrination_ ist, wenn wir an eine Heimat bzw. einen Staat glauben, weil wir es von klein an immer hören und in der Schule (mit staatlich verordnetem Lehrplan) lernen.

Der böse Wolf _hat geschrieben:_
Und dann hat er die Dreistigkeit, zu behaupten, das

Festhalten an Begriffen wie Staat und Nation, das Ein-
treten für das Selbstbestimmungsrecht souveräner
Völker, sei ein Relikt aus grauer Vorzeit, ein Beleg für
ein unaufgeklärtes Bewusstsein und eine Gefahr für
das friedliche Zusammenleben in der "Weltgemein-
schaft". Das schlägt dem Fass den Boden aus!

Man glaubt gar nicht wie „mächtig" libertäre Menschen
manchmal sind, indem sie virtuellen Fässern den Boden ausschlagen können...

—

manniro hat geschrieben:
„In meinem letzten Beitrag habe ich nur versucht an-
zudeuten, dass es eine Art von Indoktrination ist,
wenn wir an eine Heimat und einen Staat „glauben",
weil wir es von klein an immer hören und in der Schule
(mit staatlich verordnetem Lehrplan) lernen."
Und das ist der „Glaube" an etwas anderes nicht? Die
Alternative zur Indoktrination heißt „Mündigkeit" und
nicht „anderer Glaube".

Einverstanden. Ich habe auch schon in anderen Beiträgen von mündigen Menschen geschrieben, von denen
es meiner Ansicht nach schon relativ viele gibt – jedenfalls viel mehr als in früheren Zeiten – und die
„glauben" an nichts besonderes mehr, außer vielleicht
an sich selbst und die eigenen Fähigkeiten.

manniro hat geschrieben:
Meine frühere Signatur hier lautete: „Schont die Sockel,
wenn ihr die Denkmäler stürzt, sie werden noch ge-
braucht" – ebenfalls von Lec. Denk' mal drüber nach.
;-)

Was **Lec** nicht wissen konnte, als er das schrieb, und
auch du nicht, indem du ihn zitierst, ist, dass es mit
den Möglichkeiten des Internets neue Arten von „Re-
volutionen" geben kann, bei denen es nicht darum

geht, einer bekannten realen Person ein Denkmal zu widmen, sondern die „virtuelle Idee" mehr zählt als die realen Menschen dahinter, die diese Idee umsetzen. Ein Beispiel einer Idee, wo nicht einmal die konkrete Person dahinter bekannt ist, ist *Bitcoin*. Die virtuelle Währung *Bitcoin* wurde 2009 als Antwort auf die Finanzkrise von einem unbekannten Programmierer (Pseudonym: **Satoshi Nakamoto**) erfunden, um eine von Staaten, Zentralbanken und anderen Finanzinstituten unabhängige Währung zu schaffen. Dieser anonyme Programmierer hat seine Idee einfach in einer Mailingliste veröffentlicht – und legt offensichtlich überhaupt keinen Wert, berühmt zu werden, geschweige denn einmal ein Denkmal zu bekommen, obwohl er vielleicht mit der dahinter liegenden Technologie eine bahnbrechende Innovation schaffte. Andere Beispiele wären die freie (oft kritisierte) Online-Enzyklopädie *Wikipedia* oder das Betriebssystem *Linux* – alles unentgeltliche, aber sehr nützliche Werkzeuge, die von unzähligen meist anonymen Mitarbeitern bzw. Entwicklern geschaffen werden, wo sicher keiner ein Denkmal bekommt, nicht einmal der Erfinder selbst, weil nur das Produkt und nicht die Person im Vordergrund steht. Warum sollte es nicht einmal auch gesellschaftlich–politische Innovationen (das Wort *Revolution* passt wahrscheinlich hier nicht ganz) geben, die von (anonymen) vernetzten Gruppen im Internet erdacht, entwickelt und umgesetzt werden? Natürlich braucht man etwas Phantasie, sich das vorzustellen, weil es so ganz anders werden wird. Eines traue ich mich aber schon vorherzusagen: es wird mit Sicherheit kein neues Denkmal gesetzt – also brauchen wir auch keine Sockel mehr, weil auch sie ihre Funktion verloren haben. ;-)

—

Der böse Wolf hat geschrieben:
Ich bin glücklich darüber, dass ich zufällig Deutscher bin und dass ich dadurch zufällig einen Anspruch dar-

auf habe, in dem Land zu leben, das ich gegen kein
anderes auf der Welt eintauschen möchte, das ich also
in diesem Sinne liebe. Ich halte das für ein sehr be-
wusstes und reflektiertes Bekenntnis.

Ich bin glücklich darüber, dass ich mir zufällig ein
iPhone leisten kann und dass ich dadurch zufällig einen Anspruch darauf habe, ein Smartphone zu benutzen, das ich gegen kein anderes auf der Welt eintauschen möchte, das ich also in diesem Sinne liebe. Ich
halte das für ein sehr bewusstes und reflektiertes Bekenntnis.
Sorry, das musste jetzt sein. ;-)

"Wenn es nichts zu lachen gibt, kommen Satiriker auf
die Welt."
"Die Satire hat auszugraben, was das Pathos zuge-
schüttet hat."
beides von: **Stanislaw Jerzy Lec**

—

Der böse Wolf hat geschrieben:
Wenn sich Dein Leben zu 98% der im Wachzustand
verbrachten Zeit auf einem iPhone abspielt, dann ist
die Satire treffend. Wenn aber nicht, dann ist sie ein-
fach nur polemischer Unsinn.
Das deckt sich übrigens mit der zuvor von Dir verwen-
deten Analogie. Wenn der Blick aus dem Fenster einer
Raumstation Dir ein hinreichend detailreiches Bild von
der Welt liefert, dann ist der Vergleich für Dich zutref-
fend. Wenn aber nicht, dann wäre es ein Bekenntnis zu
einer Oberflächlichkeit, die ich Dir gar nicht unterstel-
len mag.

Ich habe am Wochenende auch weniger Zeit zum
Schreiben, deswegen nur kurz: ich finde, dass mein
„polemischer Unsinn" gut zeigt, dass deine Liebe zum
Land Deutschland leicht ins Lächerliche überhöht werden kann. Ich kann eben alles mögliche lieben und das

auch meist bewusst/reflektiert begründen. Und das hat nichts mit der verbrachten Zeit, die man mit dem „Liebesobjekt/-subjekt" verbringt, zu tun. Ich werde z.B. meine Tochter auch dann noch lieben, wenn sie ausgezogen ist und ich sie vielleicht nur mehr wenige Mal im Jahr sehen werde. Bei einem *„politischen Grundstück"* gelingt mir das eben nicht. Das wäre für mich dann doch eher eine *"flache Hypnose"* bzw. *"willkürliche Besessenheit"*, wie **Sloterdijk** es formuliert hat.

manniro *hat geschrieben:*
Kann man das Denkmal der "virtuellen Idee" schon irgendwo im Netz besichtigen oder ist es noch "under construction"? Etwas mehr Abstraktionsvermögen hätte ich Dir schon zugetraut.
Slight hint: Wenn Lec von "Denkmal" spricht, meint er nicht sowas wie "Kaiser Wilhelm zu Pferde". ;-)

Ich muss dich leider enttäuschen: von den „politischen Innovationen", wie ich sie (vorher)sehe, gibt es (noch) nicht viel im Netz. Wenn es dich interessiert, dann verfolge in den nächsten Jahren die Anwendungen der *„Blockchain"*-Technologie und die Literatur, die darüber publiziert wird.
Übrigens: du musst dir um mein Abstraktionsvermögen keine Sorgen machen – da ist zwar Luft nach oben, aber zum Verständnis von den meisten ***Lec***-Aphorismen reicht es, denk ich. ;-)

—

Der böse Wolf *hat geschrieben:*
„Bei einem ‚politischen Grundstück' gelingt mir das eben nicht. Das wäre für mich dann doch eher eine ‚flache Hypnose'/ 'willkürliche Besessenheit', wie Sloterdijk es formuliert hat."
Exakt so ist es! Das politische Grundstück verdient keine Liebe.
Mir geht es aber nicht um das politische Grundstück, sondern um das, woraus es besteht, was es um-

schließt, was es liebenswert macht.

Vielleicht streiten wir ja nur um das Wort *Liebe*. Dieses Wort hat für mich eben eine tiefere Bedeutung bzw. Funktion. Ich mag und schätze mein Land auch aus verschiedensten Gründen, die ich bewusst aufzählen könnte, aber muss es gleich *Liebe* sein? Eine Sache, ein (abstraktes) Ding, auch Menschen kann man mögen. Menschen kann man meiner Ansicht nach darüber hinaus auch noch lieben. Die Verwendung von Begriffen ist letztendlich Geschmacksache, deshalb von mir ein Friedensangebot: Ich respektiere deine Haltung zu Deutschland – ich will mich nicht um Wörter streiten.

—

manniro *hat geschrieben:*
Auf Lec's „Denkmalsockel" kommt die jeweils ange- sagte Maxime richtigen Handelns, das neue „Ideal" zu stehen.
... werden die „bekannten realen Personen" eben durch die „virtuelle Idee" ersetzt. Deren Existenz und Erhalt ohne „lebende Personen" allerdings schwer vorstellbar ist. ;-)

Meine Vermutung ist, dass die zukünftigen Ideen und Anwendungen ähnlich wirken werden wie *Bitcoin*. Alleine die Existenz bzw. Benutzung dieser Kryptowährung ist schon subversiv bzw. libertär und wird deshalb in den Leitmedien kaum erwähnt. Und wenn, dann meist nur in einem negativen Kontext. Wie soll ich mir nun ein abstraktes bzw. symbolisches *Bitcoin*-Denkmal vorstellen, wenn nicht einmal deren Erfinder bekannt ist? Außerdem hat eine Kryptowährung nichts mit einem neuen „Ideal" oder einer „jeweils angesagte Maxime richtigen Handelns" zu tun, sondern ist einfach nur eine nützliche und pragmatische Alternative zu anderen Währungen, allerdings mit „staatsfeindlichen" Konsequenzen. Genau solche (auf dem Internet aufbauende) „Alternativen" stelle ich mir vor: man be-

110

nutzt sie einfach und agiert so einwenig subversiv neben gängigen „Staatsprodukten/-verwaltungen".

__manniro__ hat geschrieben:
Im Übrigen nehme ich erfreut zur Kenntnis, dass Du
inzwischen auch Gefallen an den "unfrisierten Gedan-
ken" gefunden hast. Das Buch lag in den 70ern mal ir-
gendwo auf dem Tisch einer Lebensabschnittsgefähr-
tin und Lec's Kunst, etwas lange Gedachtes kurz und
knapp auszudrücken, hat mich sofort in ihren Bann
gezogen. :-)

Ja, das kann ich auch bestätigen. Ich habe nicht das
Buch, sondern im Internet viele Quellen gefunden. Jedenfalls sehr anregende kurze Gedanken, wo ich mir
nicht immer sicher bin, sie auch richtig zu verstehen.
;-)
"Ist das Denken eine gesellschaftliche Funktion oder
eine des Hirns?" __Lec__

—

__manniro__ hat geschrieben:
Dann ist das „Subversiv/Libertäre" eben das neue Ide-
al, das auf's Podest gehoben wird, was ist daran so
schwer zu verstehen?
...
Ja, ich habe Deine Botschaft verstanden, Du meine –
und Lec'ens – allerdings leider offenbar immer noch
nicht. „Anarchismus" steht nicht für „kein Ideal", son-
dern für „anderes Ideal".

Doch, ich habe schon verstanden, was du mir sagen
willst – muss dir aber noch einmal widersprechen. Ich
interpretiere __Lec__ eben hier anders. Er meint metaphorisch mit „Denkmal" wahrscheinlich ein herrschendes
Ideal in einer hierarchisch geordneten Gesellschaft, wo
„Denkmäler" eine ganz bestimmte Funktion haben und
auch von der gerade herrschenden Elite (real, aber

auch metaphorisch) „gebaut" werden. Dazu passt sein anderes mehrdeutiges Zitat ganz gut:

„Die meisten Denkmäler sind hohl." **Lec**

Anarchismus ist meiner Ansicht nach aber kein anderes herrschendes Ideal, sondern ganz im Gegenteil. Er verzichtet auf und „bekämpft" jede zentrale Herrschaftsstruktur – aber nicht mit dem Ziel, selbst Herrschaft zu werden und auf ein Podest gehoben zu werden. Deswegen sehe ich das Subversive bzw. Libertäre darin, auf alle Arten von „Denkmäler" zu verzichten. Im *Anarchismus* könnte und sollte sich jeder Einzelne auf ein Podest stellen und sich so zum "Denkmal" machen – und in dem Moment wird die Idee des – auch metaphorischen – "Denkmals" ad absurdum geführt.

—

idefix2 *hat geschrieben:*

„...aber nicht mit dem Ziel, selbst Herrschaft zu werden und auf ein Podest gehoben zu werden."

Dass "der Anarchismus" dieses Ziel hätte, ist natürlich absurd. Den intelligenteren unter den "Anarchisten" würde ich diese Zielsetzung aber durchaus unterstellen.

Wow, da hat wer den *Anarchismus* (und *Bitcoin*) wirklich gut verstanden.

—

@Nasobēm:

Ich habe im *„Anarchismus 2.0"*-Thread ein mögliches libertäres Szenario skizziert, das teilweise sehr weit in die Zukunft hineinreicht und dementsprechend unsicher ist. Vielleicht irre ich mich ja komplett, was die Bedeutung von *Bitcoin* und der dahinter liegenden Technologie *Blockchain* anbelangt, aber ich bin wirklich der Ansicht, dass es heute mehr aufgeklärte und mündige Menschen gibt als früher. Und diese Menschen wollen und können das Internet innovativ –

manchmal auch subversiv – nutzen. Ich postuliere aber keinen „neuen" Menschen und glaube auch nicht, dass es früher nur „unvernetzte, einsame und obrigkeitshörige Dumpfbacken" gegeben hat – das habe ich nirgends geschrieben und will es auch nicht, dass man es zwischen den Zeilen herausliest.

—

werner _hat geschrieben:_
Es liegt mir fern, dir kurz vor Weihnachten deine Illusionen zu nehmen, aber wenn ich so aus dem Fenster schaue und aus beruflichen Gründen bin ich dazu gezwungen, sehe ich momentan nicht die Spur eines Hoffnungsschimmers am Horizont. Auf irgendwelche Internet Aktivisten mag das zutreffen was du schreibst, aber das ist nicht das real life und dort ist die Masse deutlich ungebildeter und politisch desinteressierter als vor 30 Jahren. Die daddeln zum Spaß ein bisschen im Internet rum, mit subversiv ist da nicht viel, da würde ich mir keine großen Hoffnungen machen.

Ich sehe keinen radikalen „Krawall-Anarchismus" wie vor 30+ Jahren mit Hausbesetzungen, Eigentumsdelikten oder sogar Anschlägen, sondern eine friedliche, smarte Form von libertär-subversivem (Protest-)Verhalten in dezentralen Strukturen. Und dieses technik-affine Verhalten bleibt meist „unsichtbar" – d.h. du wirst es von deinem _Real Life_-Fenster aus nicht sehen, sondern eher in einem Bildschirmfenster auf deinem Computermonitor, wenn du die richtigen Fensterinhalte anklickst.
Die heutige (und erst recht die zukünftige) Generation geht nicht mehr unbedingt auf die Straße zu einer Demo bzw. Versammlung, sondern ist im Internet sehr aktiv und unterschreibt weltweite Online-Petitionen (z.B. _Avaaz.org_), die manchmal mehr bewirken als Demos. Meine Hoffnung sind virtuelle Strukturen und Aktionen, die sich parallel zu den gewohnten realen

—

Der böse Wolf *hat geschrieben:*
Unser europäisches Demokratie-Modell basiert meines Erachtens vor allem auf dem Grundsatz, dass der soziale Frieden das höchste zu verteidigende Gut ist. Man könnte es auch "Wohlstands-Demokratie" nennen. ...
Aber wenn man sich die Welt anschaut, kann man erkennen, wie genial das ist, und welches Glück jemandem zuteil wird, der in den Genuss dieses Prinzips kommt!

Ja, ich gebe dir im Prinzip recht. Ich fühle mich auch privilegiert, wenn ich in einer Weltregion leben darf, die sozial mehr oder weniger friedlich ist. Das ändert aber nichts daran, dass ich gerne über Verbesserungen dieser Situation nachdenke – und mir libertäre Ideen gefallen.

Der böse Wolf *hat geschrieben:*
Subversion bedeutet die Aufkündigung dieses Prinzips.

Nicht unbedingt. Schon ein Witz oder eine Karikatur kann in manchen Regimen subversiv sein, aber in unserer "Wohlstands-Demokratie" hört und schaut man sich so etwas gerne an. Ich meine damit: Subversion muss nicht unbedingt immer und überall „gefährlich" sein, sondern kann auch positive Wirkungen haben, um manche Dinge zu hinterfragen oder aus einer anderen Perspektive zu betrachten.

Einmal muss ich noch *Lec* zitieren, weil es so schön passt ;-)
„Wie arm an Humor waren die Alten. Niemand kam auf den Einfall, Atlas zu kitzeln. Ihm wäre die Welt von den Schultern gefallen."

114

Der böse Wolf hat geschrieben:
Das Recht zu subversivem Handeln bedeutet, dass je-
der selbst entscheiden darf, ob er sich dem Mehrheits-
entscheid unterordnet, ob er seine Interessen ange-
messen berücksichtigt findet.
Ist Dir klar, welche Konsequenzen das hat?

?

—

manniro hat geschrieben:
Du hast aber nicht aus dem Blick verloren, dass es in
dem Zitat nicht primär um Denkmäler, sondern um
deren "Sockel" geht, oder? Wofür stehen die denn in
Deiner Interpretation?

Ein Sockel ist ein Fundament, das nur dann wichtig ist,
wenn man etwas „bauen" will – das will ich aber nicht,
deshalb hat der Sockel für mich seine Funktion verloren.

manniro hat geschrieben:
In meiner stehen sie für die Quintessenz des Lec'schen
Aphorimus, der potentiellen Denkmalstümern damit
auf sanft-ironische Weise ins Bewusstsein schiebt,
dass sie sich beizeiten schon mal überlegen sollten,
wessen Denkmal sie denn zukünftig auf dem Sockel
platzieren möchten.

Das kann man so sehen bzw. interpretieren – es mag
auch richtig sein. Ich sehe mich aber nicht als klassischen „Denkmalstürmer".

manniro hat geschrieben:
Selbst der große "Zertrümmerer lebensfeindlicher
(christlicher) Moralvorstellungen und Werte" Friedrich
Nietzsche, der nach eigenem Bekenntnis gelegentlich
auch "mit dem Hammer" philosophierte, konnte nicht
umhin, andere Werte auf den Sockel zu heben, was ja

auch nur recht und billig ist. Womit wir zwanglos in der Gegenwart landen. Wer "Volk", "Nation", "Heimat" und andere "anachronistische" Identifikationsmuster vom Sockel heben will tut gut daran, beizeiten für adäquaten Ersatz zu sorgen. Sonst produziert er Verhältnisse wie wir sie gerade erleben.

Ich fange mit *Volk, Nation, Heimat* und anderen anachronistischen Identifikationsmuster einfach nichts (mehr) an – das bedeutet aber nicht, dass für mich nicht bestimmte (soziale) Wünsche wesentlich sind: z.b. Freiheit, Wohlstand, Selbstbestimmung, soziale Gerechtigkeit, Eigenverantwortung, Selbstwertgefühl, Individualität, Gemeinschaftsgefühl (in kleinen Einheiten). Und weil ich glaube, dass ich nicht der Einzige bin, der so denkt, behaupte ich, dass es wahrscheinlich nur eines Generationenwechsels bedarf, der zu neuen (Internet-)Strukturen führt, wo folgende Begriffe wichtig werden: Dezentralität, Vernetzung, Interaktion, Horizontalität, Selbstregulierung, gegenseitige Hilfe u.ä.

manniro hat geschrieben:
„Anarchismus ist meiner Ansicht nach aber kein anderes herrschendes Ideal, sondern ganz im Gegenteil: er verzichtet auf bzw. ‚bekämpft' jede zentrale Herrschaftsstruktur – aber nicht mit dem Ziel, selbst ‚Herrschaft' zu werden und auf ein Podest gehoben zu werden."
Auch darauf wußte der gute Lec – wer hätte es gedacht? – bereits die passende Antwort: "Spartacus wollte nicht die Abschaffung der Herrschaft, sondern die Umkehr der Herrschaftsverhältnisse".

Ich bin weder Spartacus (fühle mich auch nicht als solcher), noch Kommunist, der die Herrschaftsverhältnisse umkehren will. Ich mag *gar keine* Herrschaftsstrukturen.

manniro *hat geschrieben:*
"Herrschaft" manifestiert sich nicht nur in formalen hierarchischen Strukturen, sondern ist funktionales Moment menschlicher Interaktion. Im Zweifel "herrscht" der, der es besser weiß oder besser "handeln" kann. Ohne jede Inthronisation. ;-)

Ja, da hast du wohl recht. Es ist aber meiner Ansicht nach ein Unterschied, wenn in einer dezentralen Struktur eine natürliche Autorität in freier Vereinbarung in einer ihr anvertrauten Sache im kleinen Rahmen Verantwortung übernimmt, weil sie vielleicht etwas besser weiß, oder eine formale Autorität in einer sehr hierarchischen Herrschaftsform über ein großes Volk bestimmen darf – auch wenn es, wie in westlichen Demokratien, nur eine Legislaturperiode ist. Natürlich ist mir bewusst, dass eine repräsentative Demokratie, wie wir sie haben, keine ideale, aber immer noch die beste Regierungsform ist, die man sich vorstellen kann. Trotzdem sehe ich viel Potential, wie diese Regierungsform mit Hilfe des Internets dezentraler, transparenter und effizienter gemacht werden kann.

—

Der böse Wolf *hat geschrieben:*
Wenn wir uns darauf einigen könnten, libertäre Ideen und strukturlose Macht auf machtlose Strukturen zu begrenzen, dann bin ich dabei. ... Wenn sie den realen Strukturen nicht in die Quere kommen, ist das gar kein Problem.

So einfach kann man das nicht sagen und sich auch nicht einigen, weil keiner voraussehen kann, wie derzeit noch „machtlose virtuelle Strukturen" mit der Zeit „reale Strukturen" beeinflussen oder eben nicht. Der selbstverständliche (heute noch meist harmlose und spielerische) Umgang mit Smartphone und Internet der heutigen Generation ist ja nur der Beginn einer großen Umwälzung in der Informationsgesellschaft von morgen (Stichwörter: *„Industrie 4.0", „Internet der Dinge"*), deren Konzepte ja durchaus auf politische Strukturen anwendbar erscheinen. Oder anders gesagt: es wird sich in den nächsten 30 Jahren sicher mehr verändern als in den vergangenen 30 Jahren (und die waren schon atemberaubend, wenn man sie im Zeitraffer Revue passieren lässt).

Der böse Wolf *hat geschrieben:*
Ich weiß nicht, wie Du Dir die Alltagsarbeit in entscheidungsbildenden politischen Gremien vorstellst ... Die "sehr hierarchische Herrschaftsform", die Du dem libertären Ansatz gegenüberstellst, gibt es in Deutschland seit einem halben Jahrhundert nicht mehr.

Das muss ich dir einfach glauben – aber meiner Einschätzung nach wird sich im nächsten halben Jahrhundert wieder einiges bewegen. Und da hoffe ich (zumindest teilweise) auf „smarte" libertäre Lösungen.

Der böse Wolf *hat geschrieben:*
Die Kriegsschauplätze dieser Welt sind quasi ein Abbild der Informationssintflut im Internet.

Das klingt aber jetzt schon sehr negativ. Die Informationssintflut im Internet ist meiner Ansicht nach mit nichts in der realen Welt vergleichbar, weil sie absolut neu ist in der technisch–kulturellen Geschichte der Menschheit. Ein paar Zahlen zu dieser Sintflut:

„Vor einigen Jahren schätzten Forscher (...), dass die Menschheit im Laufe ihrer Geschichte bis zur Kommodifizierung des Computers ungefähr 12 Exabyte (*) an Daten zusammengetragen habe, (...) die Gesamtmenge wuchs bis 2011 auf über 1600 Exabyte an und passierte damit die Zettabyte-Marke (1000 Exabyte). Erwartet wird, dass sich diese Zahl etwa alle drei Jahre vervierfacht, so dass wir in diesem Jahr (2015) einen Wert von 8 Zettabyte an Daten erreichen werden. Mit den an jedem Tag produzierten Daten ließen sich alle

US-amerikanischen Bibliotheken acht Mal ausfüllen."
Luciano Floridi in *„Die 4. Revolution. Wie die Info-sphäre unser Leben verändert.",* 2015, S. 31

(*) 1 Exabyte steht für eine Trillion (10hoch18) Bytes, eine Milliarde Gigabyte, eine Million Terabyte!

—

idefix2 hat geschrieben:
Keine Frage, die Datenlawine gibt es. Was ist daran positiv zu bewerten, und warum?

Ich würde diese Datenlawine als neutral einstufen – dieser Prozess ist einfach so wie er ist, weder positiv noch negativ – fast wie ein Naturprozess, wo es ja auch keinen Sinn macht ihn zu bewerten.

idefix2 hat geschrieben:
Wer ist denn überhaupt in der Lage, aus dieser Lawine relevante Informationen herauszufiltern?

Vor einigen Jahren habe ich ein sehr interessantes Buch über diese Frage gelesen:
David Weinberger *„Das Ende der Schublade. Die Macht der neuen digitalen Unordnung",* 2008.
Es ist unmöglich, seine Gedanken, Analysen und Lö-sungsansätze in wenigen Worten und Zitaten hier wie-derzugeben – aber er geht davon aus, dass uns unser Denken in festen Kategorien und Ordnungsstrukturen (wie z.B. in einer Bibliothek) auf Dauer nicht weiter-führt. Wir müssen lernen, mit Chaos, Unordnung und Unschärfe umzugehen. Große Projekte wie *YouTube*, *Flickr* oder *iTunes* sind deshalb so erfolgreich und po-pulär, weil sie mit sehr großen Datenmengen so gut umgehen können (dynamische flexible Meta-Strukturen, -Kontext, -Vernetzung mit Tags, Links, Li-sten usw.) und dem Benutzer die Möglichkeit geben, diese riesigen Datenmengen relativ bequem und effi-zient zu filtern und zu benutzen.

***idefix2** hat geschrieben:*
Ich fürchte, es ist eher so, dass die überwältigende
Mehrheit daraus die Informationen (oder Desinforma-
tionen, wer soll das schon erkennen) filtern werden,
die ihre vorgefassten Meinungen bestätigen und alles
andere ignorieren. Mit dem Effekt, dass wir nicht eine
offenere, aufgeschlossene Gesellschaft bekommen,
sondern Menschen, die noch viel sturer als in der Ver-
gangenheit an ihren Vorurteilen festhalten, denn es ist
sehr leicht, sich die Bestätigung für jede noch so idio-
tische Ansicht im Internet zu suchen und zu finden.

Vielleicht hast du hier recht – ich sehe das Zukunftsszenario nicht so pessimistisch. Wir werden in dieser
Datenlawine nicht ertrinken oder ersticken, sondern
mit ihr leben lernen und sie auch auf vielfältige Weise
nutzen können. Es zwingt uns jedenfalls keiner, jede
noch so idiotische Ansicht im Internet anzuklicken,
geschweige denn zu lesen, zu hören und zu schauen.
Und die Datenlawine an sich tut ja nicht weh – einfach
ab und zu abdrehen und spazieren gehen. ;-)

—

***manniro** hat geschrieben:*
Die ehemals besten Leute vom "CCC" [Chaos Computer
Club] haben heute übrigens lukrative Jobs bei diversen
Internet-Unternehmen.

Die „lukrativen Jobs" ändern aber nicht unbedingt die
Haltung bzw. Einstellung dieser Leute. Von irgendetwas müssen sie leben – stimmt. Ich habe erst vor zwei
Monaten das Buch „*Cypherpunks. Unsere Freiheit und
die Zukunft des Internets.*" gelesen. Autoren sind:
– **Julian Assange** ist Aktivist, Journalist, Programmierer, Herausgeber und einer der Initiatoren der Enthül-
lungsplattform *WikiLeaks*. Seit Sommer 2012 lebt er
im politischen Asyl in der ecuadorianischen Botschaft
in London.
– **Jakob Appelbaum** ist Softwareentwickler, einer der

120

Gründer des Hackerspace *Noisebridge*, Mitglied des Berliner *Chaos Computer Clubs (CCC)* sowie Mitstreiter des Tor-Projekts, einem Netzwerk zur Anonymisierung von Verbindungsdaten.

- *Andy Müller-Maguhn* ist langjähriges Mitglied des *Chaos Computer Clubs* sowie ehemals dessen Vorstandsmitglied und Sprecher. Er ist einer der Begründer von *European Digital Rights*, einer Organisation zur Durchsetzung von Menschenrechten im digitalen Zeitalter.

- *Jérémie Zimmermann* ist Mitgründer und Sprecher von *La Quadrature du Net*, einer europäischen Organisation, die Anonymisierungsrechte online verteidigt und Bewusstsein für Angriffe auf Online-Freiheiten schafft.

... und der Kampf um das freie Netz als machtfreier Raum ist meiner Ansicht nach noch lange nicht verloren.

„Unsere Waffe gegen die Überwachung: Datenverschlüsselung für alle. Freiheit im Internet ist machbar!" steht groß am Buchdeckel...

—

Das hat zwar alles nichts mit Patriotismus zu tun, aber unter *„Smalltalk"* sei es uns gestattet, über ein so wichtiges bzw. aktuelles Thema kurz zu reden.

idefix2 hat geschrieben:
Richtig verstandene Freiheit endet meiner Meinung nach dort, wo sie die Freiheit anderer ernsthaft beeinträchtigt. Betrachte eine Analogie im Real Life: Würde es die Freiheit fördern, wenn es von heute auf morgen keine Gesetze gäbe, und keine Polizei, die deren Einhaltung überwacht? Wäre es ein Freiheitsgewinn, wenn jeder einzelne sich ständig selbst gegen Banden, Einbrecher, Räuber etc. zu verteidigen hätte?

Ich gehöre jedenfalls nicht zu denen, die Gesetze und Polizei infrage stellen – das habe ich aber an anderer

Stelle schon geschrieben. „Freiheit im Internet" meint vor allem die *Privatsphäre*, auf die jeder User meiner Ansicht nach ein Anrecht hat – und das geht nur mit *Datenverschlüsselung*. Ich klebe einen Brief ja auch zu, sperre auch mein Auto und mein Haus zu, wenn ich weggehe. Und ich habe auch Vorhänge, die mein Privatleben vor neugierigen Blicken schützen sollen. Das alles haben wir normalerweise im Netz nicht. Den Fall **„Snowden"** und die *NSA*-Problematik (globale Massenüberwachung) hast du ja sicher verfolgt...

"I don't need privacy, I've nothing to hide" argues "I don't need free speech, I've nothing to say."
Edward Snowden, in einem Tweet am 4 Nov. 2015
Frei übersetzt: "Wer behauptet, er interessiere sich nicht für Privatsphäre, weil er nichts zu verbergen habe, verhält sich genau wie jemand, der sagt, Meinungsfreiheit sei ihm egal, weil er nichts zu sagen hat."
Privatsphäre im Internet hat für mich den gleichen Stellenwert wie Meinungsfreiheit.

idefix2 hat geschrieben:
Diese Freiheit ist doch zumindest unter anderem auch die Freiheit für Cyberverbrecher, alle normalen User in Geiselhaft zu nehmen. Und es ist die Freiheit, Früchte aus Verbrechen im Real Life gut zu verstecken.

Wer wird wo in Geiselhaft genommen? Mit Verbrechern (der relative Anteil ist im Netz nicht anders als in der Gesellschaft) im realen und virtuellen Leben muss die Gesellschaft leben bzw. muss sie wegsperren – es gibt immer Mittel und Wege für eine „Cyberpolizei", Verbrecher im Netz zu finden. Du tust ja geradezu so, als wäre die Nutzung des Netzes für normale User eine tägliche Bedrohung. Die potentielle Gefahr von Verbrechern kann bzw. darf kein Grund sein, auf Grundrechte zu verzichten. Ich halte das wirklich für ein vorgeschobenes Argument, um der globalen Massenüberwachung Tür und Tor zu öffnen.

—

idefix2 hat geschrieben:
„Wer wird wo in Geiselhaft genommen?"
Jeder normale Internet-Nutzer, aber ganz besonders
Leute, die das Internet beruflich benötigen und selbst
nicht so besonders technik-affin sind.

Da hilft meiner Ansicht nach nur technische Aufklärung. *Spam-* bzw. *Phishing*-Mails erkennt das ge-
schulte Auge spätestens nach dem zweiten Blick – und
vorher sollte man eben nichts anklicken oder unver-
langte Dateianhänge öffnen. So viel Netzkompetenz
sollte jeder Anwender mitbringen, auch und besonders, wenn er es beruflich nutzt.

idefix2 hat geschrieben:
Die wirklich Verantwortlichen werden da in aller Regel
nicht gefunden, Darknet sei Dank.

Es geht mir um Verhältnismäßigkeit. Ist es wirklich
notwendig, Datenverschlüsselung bzw. das *Darknet* zu
verbieten, um Cyberkriminalität hundertprozentig zu
verhindern (was ja gar nicht möglich ist)? Ist Massen-
bzw. Totalüberwachung wirklich notwendig, um die
Bevölkerung scheinbar in Sicherheit zu wiegen – mit
dem vordergründigen Argument: „Wer nichts zu verbergen hat, braucht sich auch nicht zu fürchten"?

idefix2 hat geschrieben:
„Ich klebe einen Brief ja auch zu, sperre auch mein
Auto und mein Haus zu, wenn ich weggehe."
Das Problem: Jeder Brief kostet Porto, über das Inter-
net kann man anonym Müll in millionenfacher Stück-
zahl versenden und damit Millionen Leute potentiell
schädigen.

„Anonymen Müll" erkenne ich, klicke ich nicht an und
lösche ihn sofort. Zugegeben, das ist sehr lästig. Aber
sollte deshalb eine E-Mail-Verschlüsselung (die dem

Briefgeheimnis gleichkommt) verboten werden? Was hat das eine mit dem anderen zu tun?

idefix2 *hat geschrieben:*
Und es gibt übrigens immer noch Landstriche auf der Welt, wo die Menschen es nicht nötig haben, ihr Haus abzusperren, wenn sie einen Nachmittag weggehen.

Ja, ich weiß – verstehe nur das Argument nicht ganz. Wünscht du dir wirklich so einen paradiesischen Zustand im Netz? Wie soll das gehen?

idefix2 *hat geschrieben:*
„Mit Verbrechern (der relative Anteil ist im Netz nicht anders als in der Gesellschaft)...“
Das mag stimmen, aber das Schadpotential ist ungleich größer. Ein Einbrecher im Real Life kann in einer Nacht vielleicht zwei oder drei Wohnungen knacken. Mit Hilfe eines Virus oder eines Trojaners werden Millionen Computer bedroht. Internetkriminalität ist, so viel ich weiß, eine der umsatzstärksten Branchen weltweit.

Die Frage ist doch – wie oben schon erwähnt –, wie kann Internetkriminalität bekämpft werden, ohne auf Grundrechte wie das Recht auf Privatsphäre zu verzichten? Will ich wirklich ständig das Gefühl haben müssen, dass mir irgendwer quasi virtuell über die Schulter schaut und mitliest/-hört/-schaut – und diese Daten beliebig weiterverarbeiten und analysieren darf?

—

manniro *hat geschrieben:*
Aber ein Unterschied zwischen dem Hacker, der vor 30 Jahren BTX knackte – oder heute das Online-Banking-System der Sparkasse knackt – und der gleichen Person, die dann später für solche Unternehmen Sicherheitsprogramme entwickelt, ist schon auszumachen,

oder? ;–)

Ja, schon klar. ;–)

***manniro** hat geschrieben:*
*Aber viele dieser Aktivisten propagieren nicht den
"Umsturz ins Subversive", für den Du Dich anscheinend hier stark machst, sondern wollen nur bestimmte
Rechtsvorstellungen durchsetzen, sind ansonsten "systemimmanent", um ein Schlagwort aus der bereits
erwähnten 68er-Diskussion zu reanimieren. ;–)*

Einen „Umsturz ins Subversive" propagiere ich nicht –
als „systemimmanent" würde ich mich aber auch nicht
unbedingt bezeichnen, weil ich nicht glaube, dass die
Regeln des „Systems" ganz natürlich bzw. selbstverständlich immer so bleiben müssen, wie sie sind. Sie
sind menschengemacht und auch von Menschen –
heute manchmal auch mit Hilfe von Technologien –
wandelbar. Regeln, Konventionen, Normen und Gesetze einer Gemeinschaft sind ja nicht in Stein gemeißelt,
sondern wenn notwendig bzw. möglich zu verändern –
aber nicht als Selbstzweck. Ein hochentwickeltes kom-
plexes System wie das, in dem wir leben, kann nicht
„subversiv umgestürzt" werden – das ist doch klar.
Aber indirekt durch Innovationen nachhaltig verbessert bzw. verändert werden kann es sehr wohl.

***manniro** hat geschrieben:*
*Von Leuten, die "totale Meinungsfreiheit" im Netz for-
dern hätte ich gerne eine Antwort auf die Frage, wie
sie denn zu den IS-Anwerbevideos stehen, in denen
Menschen massakriert werden. Auch "Meinungsfreiheit"?*

Nein, das ist meiner Ansicht nach keine „totale Meinungsfreiheit", sondern Propaganda übelster Sorte, die
verfolgt und verboten gehört. Mir ist schleierhaft, dass
man (technisch, politisch, geheimdienstlich, militä-
risch?) nicht besser verhindern kann, dass der IS das

öffentliche Internet so missbraucht. Die verwendeten Server müssen ja irgendwo lokalisiert werden können. Jedenfalls sollte so eine Aktivität ähnlich verfolgt, geahndet und bestraft werden wie z.B. Nazi-Propaganda.

—

idefix2 *hat geschrieben:*
...gar nicht so trivial, eine echte Anfrage von einem Virenmail zu unterscheiden,

Mag sein, dass das in manchen Betrieben ein Problem darstellt. Da hast du wahrscheinlich mehr Erfahrung als ich.

idefix2 *hat geschrieben:*
„Es geht mir um Verhältnismäßigkeit. Ist es wirklich notwendig, Datenverschlüsselung bzw. das Darknet zu verbieten?"
Datenverschlüsselung ist kein Problem, das Darknet sehr wohl. Das gehört dringend abgedreht.

Das *Darknet* kann man nicht einfach „abdrehen" – na ja, China in ihrem eigenen Land vielleicht schon.

idefix2 *hat geschrieben:*
„...um Cyberkriminalität hundertprozentig zu verhindern..."
Es geht nicht darum, das 100%ig zu verhindern. Es genügt, wenn es so erschwert wird, dass nicht jeder Volldillo sich problemlos einen Virenkit kaufen oder ein Botnetz mieten kann. Oder mittels total anonymisierter Bezahlsysteme seine Beute, auch aus offline "Geschäften", bequem in Sicherheit parken kann.

Was hast du nur gegen anonymisierte Bezahlsysteme? Es sind wahrscheinlich offline viele Geldkoffer aus zweifelhafter Herkunft mit mehr Bargeld unterwegs als mit anonymisierten Bezahlsystemen (derzeit) umgesetzt wird. Willst du deshalb auch das anonyme Bargeld abschaffen, was ja auch seit einiger Zeit ernsthaft in einigen Ländern diskutiert wird?

idefix2 hat geschrieben:
Gegen die Verschlüsselung von E-Mails ist meiner Meinung nach nicht viel einzuwenden, auch wenn ich das für mich selbst als hochgradig unnötig erachte.

Bei privaten banalen E-Mails finde ich es auch unnötig und mache es auch nicht. Bei sensiblen Inhalten, wo keiner mitlesen sollte, ist es allerdings manchmal lebensnotwendig – z.B. **Snowden** kommunizierte mit seinen Kontaktpersonen bei seiner Flucht ausschließlich mit verschlüsselten E-Mails, soweit ich weiß.

—

idefix2 hat geschrieben:
Ich hätte an sich kein Problem damit, wenn alle Geldscheine abgeschafft würden und man dann nur mehr Bagatellbeträge mit Bargeld zahlen könnte.

Und da wirfst du mir (an anderer Stelle) Naivität vor? Mir fallen da noch ganz andere ernstere bzw. fatalere Kollateralschäden ein: totale Überwachungsmöglichkeit und Kontrolle des – nicht nur finanziellen – Lebens aller Menschen, ungeahnte Abhängigkeit von Banken und in weiterer Folge daher grenzenlose und unkontrollierbare Macht für Banken und Behörden auf allen Ebenen... und mit dem hättest du kein Problem?

—

Der böse Wolf hat geschrieben:
„Mir fallen da noch ganz andere ernstere bzw. fatalere Kollateralschäden ein: totale Überwachungsmöglichkeit und Kontrolle des – nicht nur finanziellen – Lebens aller Menschen"
Ja was denn da konkret?

Du bist dann ein „gläserner Mensch", der völlig „nackt"
vor jedem (Bank-)Beamten steht. Stasi-Akten waren
dagegen ein Kindergarten. Ist es wirklich so schwer
sich vorzustellen, dass alle gesammelten personenbezogenen Daten auch missbraucht werden können?
Hast du überhaupt keine Bedenken, wenn du so völlig
durchleuchtet bist?

Der böse Wolf *hat geschrieben:*
*Mal angenommen, ich müsste jeden Zahlungsvorgang
mit der EC-Karte tätigen: Welche Überwachungsmöglichkeit ängstigt Dich da zum Beispiel?*

Mich ängstigt, dass da jemand genau meine Einkaufs-
gewohnheiten (was, wann, wo, wie teuer usw.) kennt,
die Daten sammeln, analysieren und auswerten kann
bzw. darf und eventuell auch an Behörden weitergeben
muss. Das alles entzieht sich meiner Kontrolle – und
die möchte ich behalten, wenn es um mein ganz persönliches Leben geht.

Der böse Wolf *hat geschrieben:*
„...ungeahnte Abhängigkeit von Banken..."
*Also ich hole mein Bargeld auch von der Bank. Inwie-
fern ändert sich da die Abhängigkeit?*

Banken oder Behörden können dein Konto sperren
oder es zumindest androhen. Du bist in hohem Maße
erpressbar, wenn es keine Alternativen gibt. Heute
kannst du noch dein verdientes Geld in beliebiger Höhe abheben und dein Leben weitgehend anonym leben, wenn du willst. Du kannst andere Leute einfach
unterstützen oder dich unterstützen lassen – mit Bargeld, das man in Geschäften ausgeben kann, um
manchmal einfach nur zu überleben. Was geht dieses
(kleine) Leben eine Bank an? Hat dann jeder Obdachlo-
se auch ein Konto und muss der mir dann seine 20-
stellige IBAN bekanntgeben, damit ich ihm helfen
kann?

Der böse Wolf *hat geschrieben:*
„...und Behörden auf allen Ebenen..."
Welche Behörde hat ein Interesse daran, Deinen Zahlungsverkehr zu überwachen?

Ach, da fallen mir schon einige ein – ***idefix2*** hat schon eine genannt: Finanzamt, Innenministerium, Meldeamt, Sozialversicherung, Landesregierungen bis hin zum Gemeindeamt – alles vernetzt und alle personenbezogenen Daten mit ein paar Klicks abrufbar – und schon stehst du völlig „nackt" da, wenn du einmal in eine Bank oder zu einer Behörde gehen musst. So stelle ich mir keine freie Gesellschaft mit mündigen Menschen vor. Das ist ***Orwells*** „1984" mit ein paar Jahrzehnten Verspätung...

—

@**all**:
Wer sich wirklich informieren will, was gegen die Abschaffung von Bargeld spricht, kann ja ein paar kritische Bücher lesen, die in letzter Zeit erschienen sind (ich habe sie noch nicht gelesen, sie stehen aber auf meiner Bücherliste ;-):
- ***Norbert Häring***: *„Die Abschaffung des Bargelds und die Folgen: Der Weg in die totale Kontrolle"*, 2016
- ***Max Otte***: *„Rettet unser Bargeld"*, 2016
- ***Ulrich Horstmann*** *u.a.*: *„Bargeldverbot: Alles, was Sie über die kommende Bargeldabschaffung wissen müssen"*, 2015
- ***Michael Brückner***: *„Achtung! Bargeldverbot! Auf dem Weg zum gläsernen Kontosklaven"*, 2015
Befürworter der Bargeldabschaffung brauchen keine Bücher schreiben, die allgemeine Propaganda zu diesem Thema läuft ja wie geschmiert – im wahrsten Sinn des Wortes.

Einmal noch ***Lec*** ;-)
„Autoverkäufer verkaufen Autos, Versicherungsvertreter Versicherungen. Und Volksvertreter?"

—

Der böse Wolf *hat geschrieben:*
„Du bist dann ein „gläserner Mensch", der völlig
„nackt" vor jedem (Bank-)Beamten steht. Stasi-Akten
waren dagegen ein Kindergarten."
Sorry, aber ich sehe immer noch keine konkret be-
nannte Gefahr.

Wenn du die potentielle Gefahr nicht siehst, dann ist
das eben so. Ich werde dich kaum mit konkreten Beispielen vom Gegenteil überzeugen können. Aber einige kommen weiter unten...

Der böse Wolf *hat geschrieben:*
Welcher Bankbeamte interessiert sich denn dafür, was
ich mit meinem Geld tue?

Hast du schon einmal einen Kredit – vielleicht als Selb-
ständiger oder Start-up-Unternehmer – bei einer Bank
beantragt? Der „kleine" Bankbeamte am Schalter interessiert sich vielleicht nicht so sehr – aber der Bankfili-
alleiter, der u.a. für die Vergabe von Krediten zuständig bzw. verantwortlich ist, wird sehr wohl so genau
wie möglich wissen wollen, wie du lebst und wie du
mit deinen Finanzen umgehen kannst, und ob du auch
die Kreditrate mit möglichst wenig Risiko für die Bank
zurückzahlen wirst können. Je genauer und vollständi-
ger deine Einnahmen und Ausgaben dokumentiert
sind, desto besser für den Bankmanager, der dich so
perfekt einschätzen kann. Soweit so verständlich – für
die Bank. Aber was passiert, wenn die Bank diese detaillierten Daten an den Staat weitergeben muss?

Der böse Wolf *hat geschrieben:*
Wofür könnten Deine digital erfassten Kassenzettel
missbraucht werden?

Um im Laufe der Zeit z.B. ein aussagekräftiges *Perso-*
nenprofil zu erstellen, wo u.a. genau meine Lebens-

und Konsumgewohnheiten exakt aufgelistet sind, d.h. konkret: wann, wo, wie oft gehe ich z.B. in die Trafik, in die Buchhandlung, in den Supermarkt, in ein Kaffeehaus, in ein Lokal essen, mit dem Auto Tanken, auf Urlaub usw. – alles für sich alleine genommen uninteressant und unwichtig, aber in Kombination mit meinen Telefon- und Internetverbindungsdaten und den Bewegungsprofilen anderer Leute ein perfektes dynamisches Abbild meines ganzen Lebens. Und du glaubst gar nicht, wer aller Interesse – ob legal oder illegal – an solchen exakten aussagekräftigen personenbezogenen Datenprofilen haben könnte. Solche Datensätze werden in der Wirtschaft mit „Gold" aufgewogen, weil damit z.B. effektive personenbezogene Werbung leicht gemacht wird.

Ich will aus Prinzip nicht, dass es solche *Datenprofile* von mir gibt – ob du das jetzt nachvollziehen bzw. verstehen kannst oder nicht.

Der böse Wolf *hat geschrieben:*
Sag doch mal ganz konkret, welchen Einkauf der letzten zehn Jahre Du welcher Bank oder Behörde gern verheimlichen würdest und welche Gefahr Dir andernfalls von dieser Bank oder Behörde droht.

Na ja, blöd wäre ich, dir das hier zu sagen, wenn ich etwas zu verheimlichen hätte. ;-)

Der böse Wolf *hat geschrieben:*
„Das alles entzieht sich meiner Kontrolle – und die möchte ich behalten, wenn es um mein ganz persönliches Leben geht."
Welche Kontrolle? Ich muss immer wieder dieselbe Frage wiederholen: Wen interessiert es aus welchem Grund, was Du kaufst, und welcher Schaden könnte Dir entstehen, wenn er es weiß?

Siehe weiter oben. Und Schaden könnte mir z.B. dann entstehen, wenn sich aus irgendeinem Grund die demokratische Regierungsform im eigenen Land verändern sollte und ich mich plötzlich in einem totalitären Überwachungsstaat rechtfertigen muss, warum ich so und so lebe und denke – um es einmal vorsichtig auszudrücken. Die Freiheit, in der wir jetzt noch leben, ist ein sehr dünnes Eis, das jederzeit zerbrechen kann...

Der böse Wolf hat geschrieben:
Das Finanzamt zu betrügen, ist aus meiner Sicht nicht weniger verwerflich als die Sozialversicherung oder die Gemeinde zu betrügen.
Und wenn es Dinge gibt, die der Geheimdienst als eine tragende Säule der öffentlichen Sicherheit über Dich wissen sollte, dann möchte ich, dass er sie weiß!

Okay, es ist zwecklos, ich gebe auf. Du kannst bzw. willst wirklich nicht verstehen, was ein Kontrollstaat ohne Bargeld mit totalen Überwachungsmöglichkeiten für eine Gefahr für den Einzelnen darstellt. Gut, soll so sein. Akzeptiere aber bitte, dass es gar nicht so wenige da draußen im *Real Life* gibt, denen es aus welchen Gründen auch immer eben nicht egal ist, was mit ihren Daten und Lebensspuren passiert...

—

idefix2 hat geschrieben:
Nur wenn man den Staat, also die Gemeinschaft aller, prinzipiell als Feind ansieht, der dem Einzelnen Böses will, ist ein bargeldloses Szenario bedenklich.

Der Staat, wie ich ihn verstehe, ist nicht die „Gemeinschaft aller", sondern eine relativ kleine repräsentativ gewählte Gruppe von mehr oder weniger geeigneten Politikern und Beamten, die über die große „Gemeinschaft aller" eine bestimmte Zeit lang regieren darf – ich will ja nicht immer *herrschen* sagen. Und nein, ein bargeldloses Szenario ist meiner Ansicht nach auch dann sehr bedenklich, wenn man den Staat nicht als Feind ansieht.

idefix2 hat geschrieben:
„Wenn du die potentielle Gefahr nicht siehst, dann ist das eben so. Ich werde dich kaum mit konkreten Beispielen vom Gegenteil überzeugen können."
Besonders überzeugt scheinst du also von deinen Szenarien selbst nicht zu sein. :-)

Na ja, ich fühle mich da einsam auf weiter Front. Du und **Der böse Wolf** seid beide offensichtlich Befürworter der Bargeldabschaffung. Der eine will konkrete Beispiele lesen, dem anderen sind diese konkreten Beispiele zu banal. Tja, was denn nun?

idefix2 hat geschrieben:
Ein totalitärer Staat ist etwas Gefährliches, mit und ohne Bargeld. Da erscheint mir das zusätzliche Gefahrenpotential sehr weit hergeholt.

Nein, das erscheint mir nicht so weit hergeholt. Ohne Bargeld wird das Leben von jedem einzelnen Menschen eben noch transparenter und so leichter kontrollierbar.

idefix2 hat geschrieben:
Was interessiert einen Diktator, wie oft du in die Trafik gehst?

Sehr witzig – klar interessiert einen Diktator das nicht persönlich. Wenn der Trafikant aber zufällig ein Mitglied einer regierungskritischen Gruppe ist, die in diesem totalitären Regime von den zuständigen Beamten verfolgt werden soll, dann zählen seine regelmäßigen Kunden automatisch zum verdächtigen Personenkreis, der dann immer weiter eingegrenzt wird. Ohne Bargeld und mit einer Totalüberwachung des Kauf- und Kommunikationsverhaltens macht sich jedes Regime unantastbar – verstehst du, was ich meine? Schau mal in die Türkei, da siehst du was in relativ kurzer Zeit alles möglich ist. Und die haben noch Bargeld!

idefix2 *hat geschrieben:*
„Aber was passiert, wenn die Bank diese detaillierten Daten an den Staat weitergeben muss?"
Ja. Was passiert dann?

Tja, dann sind wir schon fast in einem gefährlichen totalitären Regime, das unantastbar wird.

idefix2 *hat geschrieben:*
Die Weitergabe derartiger exakter aussagekräftiger personenbezogener Datenprofile ohne Zustimmung steht meines Wissens unter Strafandrohung, zumindest in Österreich. Und wenn der schlimmste Schaden, den du dir vorstellen und uns hier präsentieren kannst, darin besteht, dass du dann gezielte personalisierte Werbung bekommst, pffff....

Nein, der schlimmste Schaden, den ich mir vorstellen kann, sind Banken, die unkontrolliert Giralgeld schöpfen und damit spekulieren können, und einzementierte politische Machtstrukturen in Form eines Beamtenapparats, die jeden Menschen beliebig überwachen können. Unerwünschte gezielte personalisierte Werbung ist dagegen wirklich unwichtig, obwohl genauso abzulehnen.

—

Der böse Wolf *hat geschrieben:*
Es ist einfach so, dass heute in jeder größeren Stadt an jedem Tag auf öffentlichen Straßen und Plätzen Dinge passieren, von denen ich mir wünschte, dass sie und die Täter gefilmt worden wären. Und ich frage mich dann, welchen Schaden ich oder meine rechtschaffenen Nachbarn nehmen würden, wenn man den öffentlichen Raum quasi lückenlos überwachen würde. Meine ganz persönliche Überzeugung ist: Gar keinen! Ich bin auch an der Aufrechterhaltung meiner Privatsphäre interessiert. Aber die endet für mich an meiner Wohnungstür.

Ich bin einigermaßen bestürzt, mit wie wenig Privatsphäre du zufrieden bist und wie wenig dein Problembewusstsein in Sachen Totalüberwachung (*) ausgeprägt ist. Da tut sich wirklich eine riesige Kluft zwischen uns auf, weil ich auch einen „öffentlichen Raum" als freier Mensch betreten und befahren können will, ohne ständig überwacht zu werden.
Was wäre der nächste mögliche von dir tolerierte Schritt? Vielleicht ein eingepflanzter *Identitäts-/ Überwachungs-Chip* unter der Haut bei der Geburt oder nach einem Stichtag bei allen, der beim Betreten deiner Wohnung oder deines Hauses *offline* geht (technisch sicher machbar)? Nach deinem Gefühl bzw. deiner Argumentation wäre dann ja alles in Ordnung, weil der Staat bzw. die Regierung ganz sicher im Interesse aller Bürger handelt und mit diesem Chip Kriminelle und Terroristen viel besser kontrollierbar sind und ihre Taten viel besser und vielleicht ganz aufgeklärt werden könnten.
Auch wenn dieses Beispiel polemisch klingt, es bringt doch deine Denkweise etwas überhöht auf den Punkt.
Ich würde nicht in einem Land leben wollen, wo die Mehrheit der Menschen so denkt wie du – auch wenn sie „rechtschaffen" sind und nichts zu verbergen haben, weil in diesem Land dann offensichtlich Privatsphäre und Freiheit nur mehr in den eigenen vier Wänden möglich ist.

(*) die Idee einer Beschränkung oder Abschaffung des anonymen Bargeldes ist nur ein weiteres Mosaiksteinchen im Gesamtbild, das schon relativ klar erkennbar ist. Und dieses Gesamtbild gefällt mir gar nicht...

—

Ein kurzer Artikel zum hier diskutierten Thema *"Bitcoin"* bei *"heise online"*: *"Anti-Terror-Kampf: EU-Staaten wollen virtuelle Währungen aus der "Anonymität" holen"* vom 23.12.2016:
"Der EU-Rat hat seine Position zu verschärften Vor-

schriften abgesteckt, mit denen Geldwäsche und Terrorismusfinanzierung erschwert werden sollen. Davon betroffen sind auch Tauschbörsen für Zahlungssysteme wie Bitcoin."

Sehr interessant sind auch die kontroversen Kommentare dazu. Unter anderem hat ein Leser geschrieben: *"Das Recht auf Privatheit ist das einzige Supergrundrecht das existiert! Hast Du das nicht mehr, hast Du gar kein Recht mehr.*

Das gilt auch dafür, dass ich alleine privat entscheide, wem ich wie mein Geld gebe!

Deshalb ist auch die Idee, Bargeld abzuschaffen eine kriminelle Entmündigung, mehr noch, eine radikale Entwürdigung."

... dem kann ich mich nur anschließen.

—

idefix2 hat geschrieben:

Bargeld war und ist ein Instrument, um in einer Gesellschaft Handel zu ermöglichen, der über primitiven reinen Tauschhandel hinaus geht. Wenn dieses Instrument durch andere, dem gesellschaftlichen und technologischen Stand besser angepasste Instrumente ersetzt wird, dann ist das weder "kriminelle Entmündigung" noch "radikale Entwürdigung".

Ich fürchte, da hast du das von mir zitierte Argument missverstanden bzw. ich habe es anders verstanden. Es geht nicht um das Bargeld an sich, das natürlich angepasst werden kann und soll, wenn es gesellschaftlich bzw. technologisch ein besseres Instrument gibt, sondern um die Privatheit als Grundrecht. Und die ist nur dann gegeben, wenn das Bargeld – in welcher Form auch immer – anonym bleibt. Bleibt es das nicht, weil es ersetzt wird durch ein bargeldloses zentral verwaltetes Zahlsystem via Bank-/Kreditkarte, dann ist das sehr wohl eine Entmündigung bzw. Entwürdigung des einzelnen Menschen. Wird das Bargeld aber ersetzt bzw. erweitert durch eine dezentrale digitale verschlüsselte Währung, dann bleibt die anonyme Privatheit erhalten. Genau das soll aber jetzt durch verschärfte EU-Vorschriften erschwert oder verhindert werden, indem gefordert wird, dass die Identität der Nutzer sowie deren „*Wallet*"-Adressen in einer zentralen Datenbank gespeichert werden soll.

—

Starfish1 hat geschrieben:
In steinzeitlichen Sippen, mittelalterlichen oder heutigen Dorfgemeinschaften, wo jeder jeden kennt, gibt es ebenfalls eingeschränkte Privatheit und eine Art Totalüberwachung. Die neue Totalüberwachung ist also gar nichts Neues. Sie gleicht lediglich die eigentlich unnatürlichen Freiräume aus, die sich Kriminellen in der Anonymität unserer heutigen urbanen Mega-Lebensräume bieten.

Mag sein, dass die neue Totalüberwachung gar nicht so neu ist. Kriminelle werden meiner Ansicht nach immer Mittel und Wege finden, um ihre kriminelle Energie ausleben zu können – da hilft die neue Totalüberwachung (Kameras an öffentlichen Orten – vor allem in urbanen Mega-Lebensräumen, elektronische/digitale Überwachung von allem und jedem usw.) nicht viel. Das ist ein vorgeschobenes Argument, um Freiheit und Anonymität aller Menschen einzuschränken.

Starfish1 hat geschrieben:
Der unangenehme Unterschied der digitalen Überwachung zur dörflichen Überwachung besteht allerdings darin, dass die digitalen Speicher niemals vergessen oder relativieren.

Ja genau – ein wirklich entscheidender Unterschied.

—

***Der böse Wolf** hat geschrieben:*
*„...elektronische/digitale Überwachung [...] um Frei-
heit und Anonymität aller Menschen einzuschränken."*
*Jetzt kommen wir an eine interessante Stelle, denn Du
benennst zwei für Dich elementare und vermutlich
gleichwertige Grundwerte: Anonymität und Freiheit.
Das habe ich so pointiert bisher nie gelesen.*

Elementar schon, aber nicht gleichwertig. Anonymität
als Grundwert bezieht sich primär auf das Bezahlsys-
tem, das wir nutzen dürfen, und über das wir hier
diskutieren. Freiheit geht natürlich noch viel weiter
und betrifft, wie du weiter unten schreibst, alles Mögliche, auf das sich Freiheit bezieht.

***Der böse Wolf** hat geschrieben:*
*Ein Grundrecht auf Anonymität im öffentlichen Raum
negiert meines Erachtens die Verantwortlichkeit für
das eigene Handeln gegenüber der Gemeinschaft. Anonymität ist überall dort akzeptabel und auch wün-
schenswert, wo die Gemeinschaft vom Handeln Einzelner überhaupt nicht tangiert wird. Was Du also in deinem ganz persönlichen Lebensraum, den Du mit niemandem teilen musst, tust, geht in der Tat niemanden
etwas an. Aber was Du im öffentlichen Raum tust, in
dem sich alle in größtmöglichem Maße wohlfühlen
sollen, das geht alle etwas an. Sobald wir eine Anonymität im öffentlichen Raum akzeptieren, darf jeder den
öffentlichen Raum nach seinen persönlichen Vorstellungen nutzen und damit quasi okkupieren.*

Diesen Gedankengang verstehe ich nicht ganz. Warum
okkupiere ich quasi den öffentlichen Raum, wenn ich
anonym bezahlen will? Warum negiert diese Anonymität beim Bezahlen „die Verantwortlichkeit für das eigene Handeln gegenüber der Gemeinschaft"?

***Der böse Wolf** hat geschrieben:*
*Und nun zur Freiheit:
Der Begriff Freiheit hat aus meiner Sicht überhaupt*

*keinen eigenständigen Wert, wenn man ihn nicht in
Verbindung bringt mit etwas, worauf er sich bezieht.*

Ja, einverstanden – ist wohl etwas genauer bzw. differenzierter ausgedrückt.

Der böse Wolf *hat geschrieben:*
*Solche Grundwerte sind für mich: Freiheit der Mei-
nungsäußerung, Freiheit der politischen und kulturellen Betätigung, Freiheit der Bewegung, Freiheit der Be-
rufswahl, Freiheit der Inanspruchnahme lebenserhal-
tender Maßnahmen, Freiheit des Konsums, etc., etc.
Nur in solchen Zusammenhängen kann ich beurteilen,
welche Freiheiten durch administrative Maßnahmen
wie z. B. eine Videoüberwachung öffentlicher Plätze
eingeschränkt oder bedroht werden.*

Na gut, nehmen wir z.B. die „Freiheit der Bewegung“,
weil die ist durch eine Videoüberwachung und andere
administrative Maßnahmen zwar nicht unmittelbar
eingeschränkt, aber trotzdem problematisch. Wir leben ja nicht in einem Gefängnis, wo der Gefangene
zwar in der Zelle tun und lassen kann, was er will, aber
bei einem „Freigang“ mit einer Fußfessel ständig
überwacht wird. Das wäre in einer freien, offenen Gesellschaft inakzeptabel – soweit sind wir uns hoffentlich einig.
Videoüberwachung und andere administrative Maßnahmen im öffentlichen Raum macht meiner Ansicht
nach aber das gleiche wie eine Fußfessel. Der „Ge-
fängniswärter“ ist in diesem Fall eine kleine administrative Beamtengruppe, die solche „Spuren“ im öffentlichen Raum beobachten, überwachen und kontrollieren will. Und da frage ich mich: Warum/Wozu
machen die das? Bin ich wirklich ein Gefangener des
Beamtenstaates oder ein freies Wesen, das sich in diesem Fall frei bewegen darf ohne ständig beobachtet zu
werden?

Der böse Wolf hat geschrieben:
Eine Grundfreiheit wäre zum Beispiel die Freiheit, Dein persönliches Eigentum mit einer oder mehreren Personen Deiner Wahl zu teilen oder es ihnen zu schenken. Die Abschaffung des Bargeldes würde diese Freiheit überhaupt nicht berühren. Sie würde lediglich die verfügbaren Transaktionswege verringern.

Hier gilt aber ähnliches wie beim obigen Argument: Warum/wozu will jemand wissen, wann/wo/wieviel ich wem/wozu mit Geld bezahle oder beschenke? In einer freien offenen Gesellschaft sollte das anonym – d.h. ohne Beobachtung, Überwachung und Kontrolle – möglich sein.

Der böse Wolf hat geschrieben:
So kannst Du jede beliebige "Einschränkung individueller Freiheiten" analysieren. Ich frage immer: Welche Freiheit ist bedroht? Und am Ende stellt sich fast immer heraus: Gar keine. Eingeschränkt wird lediglich die Anonymität im öffentlichen Raum, wobei der Begriff Raum eben nicht nur für eine Lokalität sondern zum Beispiel auch für ein gemeinschaftlich verwendetes Zahlungssystem steht. Ich behaupte, dass das Funktionieren einer Gemeinschaft und Anonymität im öffentlichen Raum sich ausschließen.

Dieses Forum hier beweist das Gegenteil. Wir als sehr kleine Gemeinschaft sind weitgehend anonym im öffentlichen (virtuellen) Raum und es funktioniert trotzdem die Kommunikation und Diskussion.

—

idefix2 hat geschrieben:
Anonyme Zahlungsmittel erleichtern die überwiegende Mehrzahl der Straftaten extrem oder machen sie überhaupt erst möglich.
...
Eine Abschaffung der Geldscheine würde ausreichen,

um den kriminellen Sumpf, den anonyme Zahlungs-
mittel ermöglichen, weitgehend trocken zu legen.
...
Sie [diese Anonymität beim Bezahlen] ermöglicht und
erleichtert uneingeschränkt verantwortungsloses und
kriminelles Handeln.
...
Und wenn ein krimineller Anlass gegeben ist, dann ist
es gut, wenn solche Daten zur Ausforschung der Täter
beitragen
...
Sind dir die Begriffe Korruption, Bestechung, Schwarz-
arbeit, Geldwäsche etc. geläufig?

Man kann deine ganzen Argumentationen herunter
brechen auf ein einziges kurzes Argument, das ja in
allen Medien immer wieder vorgebracht wird: alle
Maßnahmen zum Beobachten, Überwachen und Kontrollieren dienen anscheinend ausschließlich der Sicherheit und der Bekämpfung von verantwortungslosen kriminellen Straftaten – und...

***idefix2** hat geschrieben:*
... Solange kein konkreter Verdacht besteht, schlum-
mern die Zahlungsdaten im Archiv und niemand be-
kommt sie zu Gesicht. Niemand will das wissen, es in-
teressiert keinen. Aber wenn ein begründeter Verdacht
für eine Straftat besteht, dann wäre es wesentlich
leichter und oft überhaupt erst möglich, diese nach-
zuweisen, wenn alle Zahlungsflüsse aufgedeckt wer-
den könnten.

Aha, diese ganze Flut an Video-, Telefon- und Inter-
net-Überwachung und Zahlungsdaten, die von jedem
Menschen in großem Stil dokumentiert werden (sollen), interessiert also keinen. Na wunderbar, wenn du
das sagst, bin ich ja richtig beruhigt.
Eines beunruhigt mich aber dennoch an dieser meiner
Ansicht nach irreversiblen fatalen Entwicklung: was ist,
wenn du dich irrst und die verantwortlichen Leute, die

Zugang zu dieser Datenflut haben, selbst irgendwann in Zukunft – und sei es nur für relativ kurze Zeit – verantwortungslos, korrupt und kriminell werden?

—

Der böse Wolf *hat geschrieben:*
Ich glaube, das ist der Knackpunkt der ganzen Diskussion: Ich möchte nur etwas verhindern, indem ich Bedingungen schaffe, die es unmöglich machen. Und Du interpretierst das quasi als pauschale Verdächtigung, dass Du genau das tun möchtest.

Das ist wirklich der Knackpunkt: du wünschst dir Bedingungen, die Kriminalität unmöglich machen – und ich bin mit diesen für mich überzogenen Bedingungen nicht einverstanden. Aber nicht, weil ich selbst kriminell bin bzw. sein will, sondern weil ich die Schaffung dieser Bedingungen für eine unmenschliche Utopie halte.

Der böse Wolf *hat geschrieben:*
Anonymität schließt Verantwortlichkeit immer aus – da sind wir uns ja vermutlich einig. Wenn Du selbst überhaupt keine Transaktionen tätigst, für die dich die Gemeinschaft zur Rechenschaft ziehen könnte, dann gibt es für Dich keine Verantwortlichkeit. Dann bringt Dir die Anonymität aber auch keinen Nutzen. Anonymität nutzt immer nur dem, der etwas verbergen möchte.

Wenn Anonymität schon kein Grundrecht ist, dann ist sie meiner Ansicht nach so etwas wie ein Grundbedürfnis für einen erwachsenen und reifen Menschen. Aber das ist wahrscheinlich der zweite Knackpunkt, weil Ansichtssache. Anonymität gibt mir das Gefühl, frei und verantwortlich zu sein. Keine Anonymität zu haben, gibt mir das Gefühl, entmündigt zu sein.

***Der böse Wolf** hat geschrieben:*

...die Überwachung in einem Gefängnis dient ganz bestimmten Zwecken, wie zum Beispiel Einschränkung der Bewegungsfreiheit, Einschränkung der Kommunikation mit anderen Gefangenen, Aufrechterhaltung der Sicherheit bei nachgewiesener Gewaltbereitschaft eines Gefangenen, etc. Es gibt also eine ganze Reihe von Reaktionen, mit denen der Wächter in einem Gefängnis auf die Bewegungen des Gefangenen reagiert. Bei einer Videoüberwachung des öffentlichen Raumes gibt es die nicht. Du kannst ausnahmslos alles tun, was Du in einem nicht überwachten Raum auch tun kannst. Der einzige Unterschied besteht darin, dass Du, falls Du Dinge tust, die nicht erlaubt sind, mit diesen Taten in Verbindung gebracht werden und dafür zur Rechenschaft gezogen werden kannst. Im Unterschied zu dem Gefangenen im Freihof sind Deine Freiheiten im öffentlichen Raum gegenüber anderen Menschen nicht beschnitten.

Es ging zwar nicht um den Freihof im Gefängnis, sondern um die Fußfessel für richtige Freigänger im öffentlichen Raum, aber egal – ich verstehe in etwa, was du meinst. Aber das Argument ist meiner Ansicht nach das gleiche wie oben. Du wünscht dir Bedingungen, wo Taten unmöglich gemacht werden, die nicht erlaubt sind. Und ich halte diese Bedingungen für eine Art Zumutung und glaube nicht daran, dass damit kriminelle Taten wirklich verhindert werden können. Wer kriminell sein will, wird Mittel und Wege finden, es zu sein. Mit diesem Risiko müssen wir leben und leben wir ja jetzt schon.

***Der böse Wolf** hat geschrieben:*

Jedes Wesen, das in irgendeiner Weise Teil einer Gemeinschaft ist und sich wie auch immer gearteten Regeln der Gemeinschaft unterwirft, ist in einem bestimmten Maße quasi Gefangener dieser Gemeinschaft.

Ja, vielleicht stimmt das ja irgendwie in einem bestimmten Maße, aber normalerweise sehen sich die
Mitglieder einer Gemeinschaft eben nicht als Gefangene, sondern unterwerfen sich freiwillig den Regeln der
Gemeinschaft und wollen gleichberechtigt behandelt
werden.

Der böse Wolf _hat geschrieben:_
Es will gar niemand wissen, wem Du wieviel Geld gibst
und warum! Wenn sich aber herausstellt, dass
– jemand rechtswidrig Geld erhalten hat und
– jemand rechtswidrig Geld gezahlt hat,
dann haben die, die das Recht formuliert haben einen
Anspruch darauf, zu erfahren, wer das war.
Und nichts anderes wollen sie wissen.

Das ist im Wesentlichen das gleiche Argument wie es
idefix2 vorgebracht hat. Alle Maßnahmen zum Beo-
bachten, Überwachen und Kontrollieren dienen anscheinend ausschließlich der Sicherheit und der Bekämpfung von verantwortungslosen und kriminellen
Straftaten.
Ich halte dieses Argument für vordergründig und gefährlich, weil es zum Durchsetzen von Maßnahmen
und Bedingungen gebraucht wird, die meiner Ansicht
nach sehr bedenklich sind, weil sie irgendwann von ir-
gendwem missbraucht werden können. Und dann ist
es zu spät.

—

Der böse Wolf _hat geschrieben:_
Bei einer Machtergreifung und einem Machtmissbrauch
durch Kriminelle musst Du Dir über Grundrechte be-
stimmt keine Gedanken mehr machen. Dann ist alles
zu spät.

Winzige Korrektur von mir: eine offensichtliche Machtergreifung, die alle merken, muss es gar sein – es
reicht ein schleichender Machtmissbrauch, der mir

schon Sorgen bereitet, weil er auch für kritisch einge-
stellte Menschen schwer durchschaubar und beweisbar
ist. Aber vielleicht hat *idefix2* recht, als er weiter oben
geschrieben hat:

idefix2 hat geschrieben:
Nur wenn man den Staat, also die Gemeinschaft aller,
prinzipiell als Feind ansieht, der dem Einzelnen Böses
will, ist ein bargeldloses Szenario bedenklich.

Feind ist zwar ein zu starker Begriff, aber eines stimmt
schon: Ich vertraue auch in einer Demokratie dem
Staat (d.h. deren Repräsentanten, Vertreter und Beam-
tenschaft) nicht blind, beobachte sehr aufmerksam
und bewusst die Entwicklungen und bin im Zweifelsfall
eher auf der Seite der vielen Kritiker des potentiellen
Überwachungs-/Kontrollstaates.

—

idefix2 hat geschrieben:
Ich denke, es lassen sich für alle Überwachungsmaß-
nahmen technische und rechtliche Rahmenbedingun-
gen definieren, die den Datenmissbrauch weitgehend
– natürlich nicht vollständig – verhindern. Und unter
der Voraussetzung halte ich den Nutzen größer als
den Schaden.

Gut, das respektiere ich selbstverständlich – ich bin
nur anderer Ansicht. Für mich ist der mögliche Schaden bei Datenmissbrauch, den (fast) lückenlose Über-
wachungsmaßnahmen verursachen können, zu groß.

idefix2 hat geschrieben:
Was droht dir also konkret, wenn sich irgendwelche
Leute illegaler weise Zugang zu den Zahlungsdaten
verschaffen und jetzt wissen, wieviel Geld du in wel-
chen Geschäften ausgegeben hast?

Die Zahlungsdaten der Bank alleine sind wahrscheinlich wirklich nutzlos, aber es geht ja auch um die

kombinierbaren und verknüpften Datenbestände, die bei richtiger Bewertung und Analyse umfangreiche und aussagekräftige *Personen-, Aktions- und Bewegungsprofile* ermöglichen. Diese potentielle Transparenz ist es, die mich beunruhigt – weil ich nicht glaube, dass solche *Lebensprofile* irgendjemanden etwas angehen.

idefix2 hat geschrieben:
Der Wolf hat es schon geschrieben, es geht nicht darum, Verbrechen unmöglich zu machen, sondern zu erschweren. Und dass Gelegenheit Diebe macht, ist ohne jeden Zweifel richtig. Ich denke, dass z.b. eine prinzipiell lückenlose Verfolgbarkeit aller Zahlungsflüsse bei größeren Geldbeträgen die meisten Menschen von der Versuchung der Bestechlichkeit abhalten würde. Solange sie davon ausgehen können, das ihnen auch dann niemand etwas nachweisen kann, wenn ein Verdacht aufkommen sollte, wird doch bei einigen die Hemmschwelle deutlich geringer sein, und der Schaden, der heute durch Korruption verursacht wird, ist für die Gesellschaft enorm, er beträgt naturgemäß ein vielfaches der Bestechungsgelder, die gezahlt werden..

Das mag alles stimmen. Mit diesem Argument kannst du wahrscheinlich jeden überzeugen, weil es im ersten Moment vernünftig klingt. Kein Mensch will Kriminalität, Korruption, Bestechungsgelder usw. bei Geldgeschäften fördern. Trotzdem habe ich ein ungutes Gefühl dabei, wenn wir alle (Trans-)Aktionen transparent machen. Ich kann dir nicht klar und verständlich sagen warum. Es ist nur eine Art intuitiver Zweifel...

—

Der böse Wolf hat geschrieben:
„(...) aber es geht ja auch um die kombinierbaren und verknüpften Datenbestände, die bei richtiger Bewertung/Analyse umfangreiche und aussagekräftige Personen-, Aktions- und Bewegungsprofile ermöglichen."
Es will mir nicht einleuchten, wie man aus meinen

Zahlungsdaten ein wie auch immer geartetes lückenloses Profil von irgendwas erstellen könnte.

Na dann lies dir einmal folgende kritische Studie in Ruhe durch, falls es dich wirklich konkret interessiert: *„Das Unternehmen [,zest finance'] berechnet die Kreditwürdigkeit von Privatpersonen auf Basis von 70.000 verschiedenen Signalen aus unterschiedlichsten Quellen und wurde vom ehemaligen Leiter der Abteilung „Customer Segments" der US-Großbank Capital One und von Douglas Merrill – ehemaliger Chief Information Officer von Google – gegründet. Letzterer hat erklärt, das sei ,die Mathematik, die wir bei Google gelernt haben. ... Daten sind wichtig. Mehr Daten sind immer besser.'"*
https://media.arbeiterkammer.at/PDF/Dig ... Alltag.pdf (Seite 25)

Der böse Wolf hat geschrieben:
Aber selbst, wenn wir mal völlig außer acht lassen, ob es technisch möglich wäre – nehmen wir einfach mal an, es gäbe zum Beispiel eine lückenlose Videoaufzeichnung öffentlicher Straßen und Plätze. Dann konstruiere doch bitte mal ein Szenario:
Was könnte welche Behörde ganz konkret damit anfangen, wenn sich aus den von Dir gespeicherten Daten ein komplettes Bewegungsprofil erstellen ließe?

Um das geht es ja gar nicht. Es geht schlicht und einfach darum, dass diese umfangreichen personenbezogenen Daten niemanden etwas angehen – keiner Behörde, kein Wirtschaftsunternehmen und auch sonst niemanden. Ich bin eben ein Verfechter eines freien, selbstbestimmten, privaten Lebens, das geschützt gehört vor *BigData*-Sammlern.
„Seit 1983 garantiert das deutsche Grundrecht auf informationelle Selbstbestimmung den ,Schutz des Einzelnen gegen unbegrenzte Erhebung, Speicherung, Verwendung und Weitergabe seiner persönlichen Daten' und das Recht jedes Menschen, ,grundsätzlich

selbst über die Preisgabe und Verwendung seiner per-
sönlichen Daten zu bestimmen' – und zwar ‚unter den
Bedingungen der modernen Datenverarbeitung.'"
https://media.arbeiterkammer.at/PDF/Dig ... All-
tag.pdf (Seite 7)

manniro hat es ja schon richtigerweise erwähnt:
Den „Urzustand" „Anonymität" aufheben oder "Totale
Überwachung für totale Sicherheit" will in der Bevölke-
rung niemand.
Ich hoffe, es bleibt dabei, dass zumindest die Mehrheit
so denkt.

—

Der böse Wolf hat geschrieben:
Wenn mir jemand Geld leihen soll, ist es doch völlig
legitim, dass er meine Kreditwürdigkeit prüft und da-
bei auch statistische Methoden nutzt. Was soll daran
verwerflich sein?

Du hast recht, verwerflich ist bei der Bonitätsprüfung
gar nichts – problematischer wird es aber, wenn die
BigData-Informationen weiterverkauft, verarbeitet,
analysiert und aufbereitet werden. Mit der „alten" Sta-
tistik hat das übrigens weniger zu tun:
„Klassische relationale Datenbanksysteme sowie Stati-
stik- und Visualisierungsprogramme sind oft nicht in
der Lage, derart große Datenmengen zu verarbeiten.
Für Big Data kommen daher neue Arten von Daten-
speicher- und Analyse-Systemen zum Einsatz, die
parallel auf bis zu Hunderten oder Tausenden von
Prozessoren bzw. Servern arbeiten."
(https://de.wikipedia.org/wiki/Big_Data)

Der böse Wolf hat geschrieben:
Ich bin ein Verfechter eines freien, selbstbestimmten,
privaten Lebens unter dem Schutz von BigData-
Sammlern.

148

Die *BigData*-Sammler – meist Privatunternehmen – wollen dich aber gar nicht schützen, sondern es ist zuerst einmal nur ein richtig großes Geschäft mit unseren Daten. Aber gut, es soll jeder mit seinen Daten machen können was er will und z.B. *Google*, *Facebook* und Co. „füttern". Ich tue es wenn möglich nicht und ich rege mich nur dann auf, wenn ich dazu gezwungen werde, indem ich z.B. irgendwann nicht mehr anonym bezahlen darf oder ich nicht mehr weiß, wer was mit meinen Datenspuren macht.

Der böse Wolf hat geschrieben:
Ich räume ein, dass meine Position in diesem Punkt quasi verfassungsfeindlich ist. Da ich aber nicht politisch aktiv bin, ist das für meine Mitmenschen kein Problem.

Ein Problem wird deine „quasi verfassungsfeindliche" Position erst dann, wenn du ein Kreuzerl bei einer möglichen Abstimmung oder Befragung machst, wo z.B. die Sicherheitsfrage gestellt wird und es um die Ausweitung von Überwachungs- und Kontrollmöglichkeiten geht – und in der Folge von der Parlamentsmehrheit die Verfassung geändert werden kann. Dann bist du sehr wohl politisch aktiv, wenn auch nur mit deiner Stimme.

—

Nasobēm hat geschrieben:
...
Forschung hat gezeigt, dass die Datensammelwut keine Möglichkeit zur Prävention ist. Wozu muss aber dann die Kommunikation aller Bürger überwacht werden? ...
Wir sollten unsere Bürgerrechte nicht so sang- und klanglos aufgeben, nur weil wir vielleicht meinen unsere Daten waren uninteressant...

Genau!

Thema: *„Leben ohne Happy-End"*

Große und kleine (Lebens-)Projekte scheitern; die meisten Beziehungen halten nicht und gehen auseinander; Menschen werden im Alter krank bzw. dement und sterben meist einsam.
In unserer relativ kurzen Lebensspanne befriedigen wir unsere (angeborenen) Bedürfnisse – tun meist das, was der Alltag so fordert oder, wenn's gut läuft, das, was uns gut tut. Wir hanteln uns quasi von Tag zu Tag weiter...
Und sonst?
Kreativ sein ist keine Lösung – fast alle Künstler (Schriftsteller, Musiker, Maler) können nicht von ihrer Arbeit leben, die allermeisten Werke erblicken nie eine größere Öffentlichkeit und werden vergessen.
Bildung hilft meist auch nicht, außer dass man erfährt, dass auch ganze Kulturen aus verschiedensten Gründen untergehen können.
Selbständiges Denken macht alles noch schlimmer: man kommt bald dahinter, dass die meisten Menschen *Sprachspiele* in zufällig gefundenen *Informationsblasen* durchführen und dazwischen nur versuchen, sich mit meist oberflächlichen und/oder abstrusen Illusionen auf unterschiedlichstem Niveau abzulenken – nur um nicht klar erkennen zu müssen, dass es bei den meisten Dingen und im Leben selbst kein *Happy-End* gibt.
Gibt es außer gutgemeinte, alte Lebensweisheiten wie *„Carpe diem"* (wozu eigentlich?) irgendwelchen sonstigen Trost für auf- bzw. abgeklärte Menschen? Sorry, ich habe wohl gerade einen dunklen bzw. schwachen Moment. ;-)

—

@idefix2 & *@manniro*: danke für den Trost :-)
Aber ich bin von Grund auf und die meiste Zeit ein positiv denkender und optimistischer Mensch, der sich nur manchmal die Frage stellt, auf was sich dieser Op-

150

timismus eigentlich gründet. Bezogen auf das Leben als Ganzes ist dieser Optimismus eben eine Illusion, weil es nie ein *Happy-end* gibt.

Jeder muss mit kleinen und großen Rückschlägen im Leben irgendwie fertig werden – das ist mir schon klar. Nur absolute Glückspilze werden davon verschont. Wobei am Ende des Lebens mit eventuellen Krankheiten, dem Sterbeprozess und schließlich dem Tod der größte aller Rückschläge passiert, dem sich keiner entziehen kann. Je nach Klarsicht des Denkens und Bewusstmachen empfindet man diesen letzten großen Rückschlag schon lange vorher manchmal als bedrückend bzw. irritierend – und das wahrscheinlich Einfachste und Beste ist, ihn zu verdrängen, weil man sonst nicht lebensfähig wäre und nichts Neues im Leben beginnen würde. So gesehen hilft einem sogar der banale Alltag, sein Leben zu strukturieren und sich ablenken zu lassen. Aber der Gedanke an das eigene Ende kommt ja doch hin und wieder durch.

ad *Kreativ-sein*: natürlich braucht es zuerst einen Impuls, um kreativ zu sein. Manchmal ist dieser Impuls aber so groß, dass man sein Leben mit diesem Kreativ-sein bestreiten will – und das ist zum Scheitern verurteilt, weil (fast) kein Mensch davon leben kann. Das Ausleben dieser Kreativität als Hobby kann aber sehr befriedigend sein – das sehe ich auch so – aber es ist nur ein schwacher Trost für „Vollblut-Künstler". Ich kenne davon einige und weiß, wie sehr sie darunter leiden.

ad *Bildung/Wissen*: es ist fast paradox. Wissen bleibt flach und oberflächlich, wenn kein Bezug zum eigenen Leben hergestellt wird – stellt man diesen Bezug her, dann wird das Leben oft kompliziert und man wünscht sich manchmal, gewisse Dinge nicht zu wissen. Das geht aber nicht, weil das Aneignen von Wissen ein irreversibler Vorgang ist – man kann nicht auf Kommando einfach vergessen.

„Wie übt man das Gedächtnis, um vergessen zu lernen?" **Lec**

;-)

—

@**Nasobēm**:
Ich bin die meiste Zeit ein positiv denkender Mensch und hoffe nur, so wie wohl jeder andere auch, dass mir im Leben größere Rückschläge erspart bleiben. Das Leben als Ganzes endet aber mit dem Tod – und das ist mir (manchmal) vollkommen und klar bewusst. Dieser aussichtslose Gedanke auf den letzten Lebensabschnitt mit möglichen Krankheiten und einem eventuellen einsamen Sterbeprozess kann einem (manchmal) den sonst positiven Blick auf das Leben verderben.

Nasobēm hat geschrieben:
... was wäre denn ein "Happy-end" für dich?

Positive Antworten – z.B. ewiges Leben, Paradies usw. – liefern ja nur Religionen, an die ich aber nicht glaube. Für mich persönlich wäre ein *Happy-End* wohl am ehesten ein solches Szenario, wo ich unerwartet und friedlich im Schlaf sterbe.

—

Weißer Rabe hat geschrieben:
Aus deinen Zeilen lese ich nicht nur Mutlosigkeit sondern auch Feigheit...

Es ist schon beachtlich, was du aus meinen wenigen Zeilen herauslesen kannst – ohne mich persönlich zu kennen. :-/

—

Nasobēm _hat geschrieben:_
Früher wollte ich auch immer im Schlaf sterben – inzwischen bin ich auf den letzten Moment gespannt. Zum Ende nochmal was ganz NEUES – ist doch was worauf man sich freuen kann.
_:-)_

Gibt es etwas, was deinen Wandel ausgelöst hat?
Was erwartest du denn NEUES beim Sterben?

Nasobēm _hat geschrieben:_
Und ich finde sterben sehr positiv. Man macht Platz und gibt Raum, reiht sich ein in eine seit ca. vier Milliarden Jahre fortlaufende Reihe – und wir sind Teil davon...

Diesem Gedanken kann ich einiges abgewinnen.

Nasobēm _hat geschrieben:_
... und haben – solange es dauert – gutes Essen und Rotwein.
_:-)_

:-) ...und hören Musik dazu – das haben wahrscheinlich ein paar Leute auf der sinkenden _Titanic_ auch bis zuletzt getan. ;-)

Nasobēm _hat geschrieben:_
Was schon stimmt, ist, dass Rückschläge einen Menschen oft nachdenklicher stimmen, machen sie doch deutlich, was einem wichtig und was weniger wichtig ist.

Dem kann ich voll und ganz zustimmen.

Nasobēm _hat geschrieben:_
_http://www.youtube.com/watch?v=xFvvwJ_qQrY_

Danke für den Link – ich habe mir das Video angesehen und darin nur wenig Neues für mich entdecken können. Aber es ist immer wieder interessant zu sehen und zu hören, was seit langem wissenschaftlich Fakt ist und einem zum Staunen bringt. Viele Aussagen, die im Video vorkommen, sollte man immer im Hinterkopf abrufbereit haben, wenn es einem als Atheist manchmal nicht so gut geht.

—

Föderation hat geschrieben:
Wir sind, was wir denken. Viele existenzialistische Themen – z.B. Gedanken über den eigenen Tod – haben einen bedrückenden Einfluss auf die Psyche.

Ja, das kann ich bestätigen. Deshalb verdrängen die meisten solche Gedanken oder machen sich oberflächlich lustig darüber. Ich versuche eher, wie **Nasobēm**, einen neuen Blick darauf bzw. etwas Positives zu finden, mit dem ich ohne Verdrängung mit klarem Bewusstsein leben kann.

—

idefix2 hat geschrieben:
Ich denke, mit zunehmendem Alter kommen (langsam) zunehmend die Gedanken. Aus meiner eigenen Sicht würde ich aber sagen, dass gleichzeitig der negative Anteil abnimmt. ... Heute sehe ich den Tod, der irgendwann kommen wird, eigentlich relativ entspannt und eher neutral an.

Ab einem gewissen Alter, wenn man schon auf einen (Groß-) Teil seines bewussten Lebens zurückblicken kann, ist es wohl ganz natürlich, sich mit dem Thema *Tod* näher und tiefer auseinanderzusetzen. Bei mir überwiegt meistens auch eher die neutrale Sicht, weil der Tod einfach zum Leben dazu gehört – er beendet den natürlichen Lebenszyklus. Tödliche Unfälle und früher Tod aufgrund seltener schwerer Erkrankungen sind eher die Ausnahme.

Manchmal überwiegen aber die negativen Gedanken an den möglicherweise schwer zu ertragenden Alterungs- und Sterbeprozess. Es gibt da schon schlimme Szenarien, die man sich nicht unbedingt wünscht. Meine Frau ist Neurologin und erzählt mir oft von Fällen, mit denen sie in ihrer beruflichen Tätigkeit konfrontiert ist. Das regt schon mein Denken und meine Phantasie an, wenn ich versuche, mir auszumalen, wie ich mit der jeweiligen Situation als Betroffener umgehen würde. Andererseits gibt es aber auch viele positive Beispiele für einen reifen und weisen Umgang mit dem Alter bzw. Tod.

—

Nasobēm hat geschrieben:
So lange es dauert – muss gelebt werden ;-)

Da fällt mir *„Der Mythos des Sisyphos"* von **Albert Camus** ein... ;-)
„Wir müssen uns Sisyphos als einen glücklichen Menschen vorstellen."

—

Weißer Rabe hat geschrieben:
...aber es sind nicht wir, die es leben, sondern es wird gelebt.
...
Die Aberkennung der Illusion eines Ich ist für mich Ausdruck höchster Vernunft.
...
Es ist einer der einfachsten Gedanken überhaupt, erleichtert das Leben ungemein und kann einem die Angst vor dem Leben nehmen.

Ich frage mich öfters bei solchen scheinbaren ‚Weisheiten', wie alltagstauglich sie sind. Machen wir einmal die Probe, *Weißer Rabe*:
Wenn DU in Früh aufstehst, wer geht dann aufs Klo?

ES?

Wer putzt sich die Zähne? ES?

Wenn DU Hunger hast, wer will dann essen? ES?

Wenn DU mit dem Auto fährst, es selber lenkst und einen Unfall verursachst, sagst DU dann auch zum Polizisten „ES ist gefahren."? (hm, na ja, im Zeitalter der selbstfahrenden Autos gar nicht so unvernünftig)

Wenn DU im Supermarkt einkaufen gehst und zahlen willst, sagst du dann auch zur Kassiererin „ES zahlt."? usw. usf.

Das alles sind beliebige banale Beispiele aus einem ganz normalen Alltag, wo doch immer ein Subjekt vorkommt, oder nicht? Wo soll hier der Fehler liegen? Wo gibt es hier eine „Subjektfalle"? Was hat das ganze mit Eitelkeiten zu tun? Wie erleichtert so ein Denken das Leben ungemein?

Du lebst offensichtlich nicht in dieser Wirklichkeit, die ICH kenne. Das ganze liest sich wie eine reine Kopfgeburt – und das ist für mich eine reine Illusion – sehr merkwürdig und sehr unvernünftig. Der einzige, der offensichtlich Angst vor dem richtigen Leben hat, bist DU.

Aber egal – du hast mir unlängst geschrieben: *„Du lebst nur dein Leben, wie du es für richtig hältst."*

Das gilt für DICH auch. ;–)

—

Weißer Rabe hat geschrieben:

Kein Mensch kann die Frage „Wer bin ich?" wirklich beantworten. Man erschöpft sich in Charaktereigenschaften und Dispositionen, hat aber immer das Gefühl, das kann nicht alles sein, da muss es mehr geben. Denn ich bin einzigartig.

Dieses Gefühl, „das kann nicht alles sein", habe ich gar nicht. Jeder erlebt doch sein „Ich" andersartig – wir unterscheiden uns nicht nur in unseren Eigenschaften und Dispositionen, sondern auch in unserem vielschichtigen Verhalten und Denken – und wie *bonito* geschrieben hat, auch durch unsere vielfältigen Erfahrungen, die wir im Leben machen.

***Weißer Rabe** hat geschrieben:*
Ich unterscheide zwischen der Person, die etwas tut (z.B. Weißer Rabe) und einem Subjekt, welches hier unterstellt wird. Hinter 7 bis 8 Milliarden Personen steckt meiner Ansicht nach kein einziges Subjekt. Was ist ein Subjekt? Wikipedia definiert es als „erkennendes Ich". So weit so gut. Jetzt unterstelle ich aber jeder Person ein gleiches Ich, oder besser ein gleich ausgeprägtes Ich-Gefühl. Du weißt was ich damit meine. Jeder von uns glaubt, dieses Gefühl sei einzigartig durch ihn selbst „ausgefüllt", ich jedoch denke, dieses ist einheitlich, nicht exklusiv. Das macht uns zu Kopien, ohne dass es eines Originals bedarf.

Okay, das alles kann ich zwar lesen, aber ich verstehe deine Unterstellung, Annahme und Behauptung nicht. Wozu soll das gut sein?

***Weißer Rabe** hat geschrieben:*
Das ist nicht einfach zu erkennen (der Verstand hilft hier leider überhaupt nicht), weil uns dieses scheinbar exklusiv erlebte Ich-Gefühl im Wege steht.

Wie kann man ohne Verstand überhaupt etwas erkennen?
Ohne „erlebtes Ich-Gefühl" kann ich mir ein praktikables Leben und Kommunikation zwischen Menschen nicht vorstellen. Vielleicht kannst du, wenn du alleine bist und tief nachdenkst, dieses *Ich-Gefühl* vorübergehend „vergessen" – aber sobald z.B. das Telefon läutet und du das Gespräch annimmst, bist du wieder ein *Ich*, das mit einem anderen *Ich* redet.

***Weißer Rabe** hat geschrieben:*
Und hier bin ich bei den Eitelkeiten: Je klüger bzw. intelligenter Menschen sind, um so weniger können sie zu dieser Erkenntnis gelangen, denn sie müssten ihren

„eigenen", klugen, hervorstechenden, von der Masse abhebenden Intellekt aufgeben. Dies meine ich nicht sarkastisch. Ich finde dies nur allzu menschlich und kann das gut verstehen.

Wie gesagt, ich verstehe den Sinn deines Konzepts nicht. Was würde diese Erkenntnis im Leben eines einzelnen *Ichs* ändern? Welche Auswirkungen bzw. Konsequenzen gibt es aufgrund dieser Erkenntnis?

—

Weißer Rabe *hat geschrieben:*
Diese Einzigartigkeit bezieht sich meiner Ansicht nach aber nur auf Personen. Der grundlegende Prozess, der diese Erfahrungen erst möglich macht, ist einheitlich gleich. In der Art und Weise wie du dich erlebst, erlebe ich mich auch.

Das bezweifle ich doch sehr, weil die Art und Weise, wie ich mich selbst erlebe, eben sehr von meiner ganz individuellen Anlage und Erfahrung abhängt – und das gilt für jeden Menschen. Der grundlegende Prozess, der diese Erfahrungen erst möglich macht, mag für alle einheitlich gleich sein, genauso wie die grundlegenden, erforsch- und untersuchbaren Hirnprozesse bei allen gleich funktionieren, aber das individuelle, bewusste Erleben ist eben bei jedem einzigartig. Davon gehe ich aus und das hat nichts mit Eitelkeit zu tun – es ist eine grundlegende Erfahrung.

Weißer Rabe *hat geschrieben:*
„...ich verstehe deine Unterstellung, Annahme und Behauptung nicht. Wozu soll das gut sein?"
Warum soll es denn überhaupt „gut" sein? Es ist was es ist.
Ich nehme das auf meine Kappe, es gelingt mir bis dato nicht, meine Annahme anderen verständlich zu machen. Wobei ich den Eindruck habe, dass es an der Bereitschaft, sich darauf einzulassen, mangelt. Anderer-

seits verständlich, denn wer will schon sein Ich aufgeben?

Du schreibst ganz selbstverständlich in deinen Sätzen „Ich" und meinst offensichtlich damit dich selbst als individuelle Person. Was genau hast du da aufgegeben? Ich lasse mich gerne auf Spekulationen verschiedenster Art ein – aber zuerst muss ich verstehen, was du mit „sein Ich aufgeben" meinst.

Weißer Rabe _hat geschrieben:_
„Ohne ‚erlebtes Ich-Gefühl' kann ich mir ein praktikables Leben und Kommunikation zwischen Menschen nicht vorstellen. Vielleicht kannst du, wenn du alleine bist und tief nachdenkst, dieses Ich-Gefühl vorübergehend ‚vergessen' – aber sobald z.B. das Telefon läutet und du das Gespräch annimmst, bist du wieder ein Ich, das mit einem anderen Ich redet."
Passt. Deswegen hat sich ja die Gesellschaft auch grundsätzlich so entwickelt wie sie ist. Aber alleine die Gesellschaft zu betrachten ist zu wenig, denn sie ist nur ein Teil vom Ganzen.

Auch da verstehe ich (noch) nicht, was du mit deiner Aussage meinst. Wir alle sind mit unserem individuellen Ich-Bewusstsein nicht nur Teil einer Gesellschaft, sondern auch „Teil vom Ganzen". Die Gesellschaft entwickelt sich eben so, wie sie sich entwickelt. Mir fehlen da noch einige Erklärungen und Erkenntnisse, um dich zu verstehen.

Weißer Rabe _hat geschrieben:_
Darum verstehe ich Dich wie die Anderen, die dieses Ich-Gefühl zur Basis ihres Denkens machen. Das begrenzt euch und ihr könnt diese Beschränkung dadurch auch nicht erkennen. Das macht euch zu eine Art Gefangene.

Ich fühle mich aber weder beschränkt noch gefangen in meinem individuellen Denken und Handeln – ob-

159

wohl ich zweifelsohne ein *Ich*-Gefühl habe.

Probier es einfach hier noch einmal – eventuell in einem eigenen Thread!? Der Gegenwind – okay, du nennst es Überforderung – dürfte hier aber auch relativ groß sein.

Ich bin weder deprimiert noch manisch-depressiv – ich habe nur manchmal, wie bei der Eröffnung diesen Threads erkennbar, einen Durchhänger. Und zu der Einsicht, dass es im Leben bzw. in der Evolution kein Ziel und auch keine Erlösung gibt komme ich auch mit *Ich*-Bewusstsein. ;-)

—

Das würde mich auch interessieren. Ich fürchte sogar, dass der Verzicht auf ein „gesundes" *Ich*-Gefühl sogar zu massiven psychischen Problemen führen kann. Es gibt relativ schwere „Ich-Störungen": *„Als Ich-*

160

Störungen werden Erlebensweisen bezeichnet, bei denen es zu Störungen der Ich-Umwelt-Grenze im Sinne einer Störung des personalen Einheitserlebens (‚Ich-Erleben‘) kommt" (Wikipedia).

—

Föderation *hat geschrieben:*
Ebensogut könnte man harte Drogen nehmen, um Probleme zu lösen.

Das einzige, das wirklich hilft, ist **LSD** (Lesen-Schreiben-Denken). ;-)

—

Weißer Rabe *hat geschrieben:*
Ich bezweifle, dass Du dich selbst erleben kannst.

Warum bezweifelst du das? Was kannst du überhaupt über andere Menschen aussagen? Du kannst von dir selbst ausgehen und annehmen, dass andere sich ähnlich erleben oder eben nicht. Dass ich mich selbst erleben kann, sehe ich für mich als unbezweifelbare Tatsache.

Weißer Rabe *hat geschrieben:*
„Du" bist auch „ich", „du" bist auch „jeder". Nicht als Person, aber wohl in der Wahrnehmung.

Echt? Das glaubst du wirklich?
Ich habe z.B. keine Ahnung, wie DU die Welt wirklich wahrnimmst – was du denkst, wenn du vor dem Computer sitzt und hier merkwürdige Beiträge schreibst oder spazieren gehst und die Natur beobachtest – wie du mit anderen Menschen kommunizierst usw.
Was soll das heißen „Ich bin jeder"? Ich bin ich. Ich bin nicht du. Ich bin auch (zum Glück) nicht *Donald Trump* oder *Kim Jong-un.* ;-)
Oder meinst du, dass wir alle Menschen sind mit ei-

nem ähnlich funktionierenden Erkenntnisapparat namens Gehirn? Das sollte doch selbstverständlich sein.

***Weißer Rabe** hat geschrieben:*
*Ja, ich sehe mich als individuelle Person. „Ich" be-
zeichnet den (austauschbaren) Sprecher. Ich habe nur
die Exklusivität aufgegeben, ich zu sein.*

Die Exklusivität aufzugeben, ist trivial. Natürlich hat
jeder andere Mensch – genau so wie du und ich – seine ganz persönliche Wahrnehmung der Wirklichkeit.
Kein Mensch kann das exklusiv für sich in Anspruch
nehmen. Wir konstruieren uns alle ein ganz individuelles Bild der Wirklichkeit und können, weil diese Bilder
ähnlich sind, kommunizieren. Ausnahmen bestätigen
hier die Regel. Ich kann z.b. wahrscheinlich nur sehr
schwer mit einem psychopathischen Massenmörder
kommunizieren, weil dessen Weltsicht mit meiner
Weltsicht keine Übereinstimmung hat.

***Weißer Rabe** hat geschrieben:*
*„Ich fühle mich aber weder beschränkt noch gefangen
in meinem individuellen Denken und Handeln – obwohl ich zweifelsohne ein Ich-Gefühl habe."*
*Wie solltest Du auch, wenn du in deiner Welt lebst und
dir der Blick darauf fehlt?*

Und du lebst nicht in deiner Welt und hast als einziger
den Über-Blick? :-/
Na ja, ich fühle mich zwar nicht überfordert, aber ganz
folgen kann ich deinen Aussagen nicht.

—

***Weißer Rabe** hat geschrieben:*
*Ich kann „mich" nicht „selbst" erleben – es sind
schlichte wie komplexe Wahrnehmungsprozesse wie
z.B. Schmerzen, die sich in einem abgegrenzten Körper abspielen. Mehr ist nicht. Es gibt kein „Ich", dass
solche Schmerzempfindungen aufweist, daher kann*

dieser Schmerz auch nicht „mein" Schmerz sein.

Sorry, aber ich bekomme jedes mal einen Knoten im Gehirn wenn ich versuche, deine „Argumentation" nachzuvollziehen. Wenn mein abgegrenzter Körper Schmerzen empfindet, dann habe eben nur *ich* Schmerzen und sonst keiner. Es ist *mein* Schmerz. Jedes Kind ab ca. zwei Jahren kann das verstehen, (sprachlich) ausdrücken und wird verstanden. Warum nur behauptest du dauernd, dass das nicht so ist? Was bezweckst du damit? Jedenfalls wirst *du* meist nicht verstanden mit deiner Behauptung, es gäbe kein „Ich". Gibt dir das nicht zu denken?

Weißer Rabe *hat geschrieben:*
Aus Wahrnehmung kann daher auch kein (Selbst)Bewusstsein entstehen.

Entsteht aber (für mich) ganz offensichtlich – warum auch immer.

Weißer Rabe *hat geschrieben:*
Wenn wir allerdings von Personen sprechen, dann sind diese Zuweisungen im Alltag sehr wohl hilfreich, erkenntnistheoretisch kommt diesen keine besondere Bedeutung zu.

Ich fürchte, dein Denkansatz ist in jeder Hinsicht bedeutungslos, weil er einfach nicht anwendbar ist – weder im Alltag noch in der Wissenschaft oder Erkenntnistheorie (soweit ich sie verstehe – ich komme eher von der Ecke *Evolutionäre Erkenntnistheorie* und der Wissenschaftstheorie **Poppers**).

Weißer Rabe *hat geschrieben:*
Was ich über andere Menschen aussagen kann? Wir Menschen gehören der gleichen Gattung und der gleichen Art an. Ich schließe nur von Einem auf den Anderen.

Jeder Mensch, als abgegrenzter Körper macht seine eigenen Erfahrungen, ist anders veranlagt. Aber die Wahrnehmungsprozesse sind die gleichen. Das macht es uns z.b. auch leichter, uns in die Lage eines Anderen hineinzuversetzen.

Manche deiner Sätze verstehe ich und kann ihnen zustimmen – aber dann kommt der Nachsatz...

Weißer Rabe hat geschrieben:
Du bist mehr von ihnen als du denkst. Denn wir alle sind jeder.

8-) ??

Weißer Rabe hat geschrieben:
„Oder meinst du, dass wir alle Menschen sind mit einem ähnlich funktionierenden Erkenntnisapparat namens Gehirn? Das sollte doch selbstverständlich sein."
Und warum sollte dann aus diesen selbstverständlichen, ähnlich funktionierenden Erkenntnisapparaten komplett verschiedene, diversifizierende „Subjekte" entstehen? Das ist doch völlig unlogisch.

Was ist hier „völlig unlogisch"? Wir als Menschen (und sogar die mit uns verwandten Menschenaffen!) funktionieren ähnlich, sind aber als Individuen – ich vermeide hier das Wort „Subjekt" – verschieden. Was ist daran nicht zu verstehen?

Weißer Rabe hat geschrieben:
Hast du dich schon einmal gefragt, was passiert wäre, wenn deine Eltern nur ein (zwei, ...) statt zwei (drei, ...) Kinder in die Welt gesetzt hätten? Es hätte dich nie gegeben?

Ja – und?

Weißer Rabe hat geschrieben:
Ich denke, es wird dich immer geben, und es hat dich schon immer gegeben – vielleicht mal in der Person

eines Massenmörders, dann mal so wie du jetzt bist.
Es ist egal. Du bist immer du.

Sorry, aber das sind wieder so Sätze, wo mein (noch) funktionierender Erkenntnisapparat einen „Error" meldet: Vorsicht – da stimmt irgendetwas nicht...

Weißer Rabe *hat geschrieben:*
Ich streife mit diesem Thema seit einigen Jahren durch diverse Foren. Ab und zu führte dies zu Hinweisen auf befreundete Ansichten.

Das freut mich wirklich für dich :-)
Sonst würdest du dich – denke ich – mit der Zeit wahrscheinlich sehr einsam fühlen...

—

Weißer Rabe *hat geschrieben:*
Der von anderen abgegrenzte Körper signalisiert Schmerzen an die „Steuerungseinheit der Sinne". Nur logisch, dass früher oder später so etwas wie ein Ich-Gefühl entstehen musste. Dann war es nicht mehr weit, daraus ein Subjekt zu konstruieren. Jetzt, beim Subjekt angekommen, wird nun alles getan, dieses zu verteidigen. Verständlich, denn dieses ist für die Gesellschaft vom großen Vorteil.

Welchen großen Vorteil für die Gesellschaft siehst du denn, wenn nun alles getan wird, dieses [Ich/Subjekt-Gefühl] zu verteidigen?

Weißer Rabe *hat geschrieben:*
Wenn man allerdings zum Wesen des Menschen vordringen will, ist diese Einstellung nur allzu hinderlich.

Sagst du. Was soll dieses „Wesen des Menschen" sein? Es gibt wahrscheinlich 1000+ kluge Antworten darauf. Warum glaubst du, dass gerade *du* die einzig wahre Antwort gefunden hast? Bist du ein „Auserwählter" oder etwas Ähnliches?

Weißer Rabe *hat geschrieben:*
„Jedenfalls wirst du meist nicht verstanden mit deiner Behauptung, es gäbe kein ‚Ich'. Gibt dir das nicht zu denken?"
Nun, ich habe Klarheit darüber. Da trübt sich nichts.

Schön für dich :-)
Ich habe auch Klarheit über mein Denken – da trübt sich ebenfalls nichts. So – was tun wir jetzt?

Weißer Rabe *hat geschrieben:*
„Sorry, aber das sind wieder so Sätze, wo mein (noch) funktionierender Erkenntnisapparat einen ‚Error' meldet: Vorsicht – da stimmt irgendetwas nicht..."
Kein Wunder, diese Aussage ist höchst kontraintuitiv und führt zur klassischen Fehlermeldung.
In diesem Moment wird es aber richtig spannend, indem man diesen 'Error' hinterfragt.

Mag sein, dass es für dich spannend ist. Ich verlasse mich meistens auf meine Intuition, wenn ich „seltsame" Aussagen, Probleme oder Phänomene hinterfrage.

Weißer Rabe *hat geschrieben:*
Heute ist es mir wieder einmal gelungen, mich in meine alte Denkweise hineinzuversetzen. Ich konnte diesen Gedanken, die Verneinung eines Ich-Gefühls, überhaupt nicht nachvollziehen, stand wie vor einer „Wand". Wahrscheinlich geht es dir genau so.

Ja, wahrscheinlich – nur mit dem Unterschied: ich bleibe lieber vor der „Wand". ;-)

Weißer Rabe *hat geschrieben:*
Eher frustriert. Ich hoffe nur, dass nicht alle tot sind, die dies erkennen. Wenn man so will suche ich nach Überlebenden. :-)

Na dann viel Spaß noch bei deiner Suche. Mich hast du jedenfalls (noch) nicht überzeugt mit deiner „Erkenntnis".

Thema:
„Was ist für euch DIE Frage aller Fragen?"

Es gibt sehr viele interessante und kluge Fragen zu allen möglichen Themen und Wissensgebieten. Viele von ihnen sind wahrscheinlich zukünftig (wissenschaftlich) beantwortbar, einige regen ‚nur' zum (philosophischen) Nachdenken an und manche sind vielleicht prinzipiell (aus heutiger Sicht) unbeantwortbar. Nicht dazu zähle ich alle Fragen, die konkrete zukünftige Ereignisse betreffen, weil die in einer komplexen dynamischen Welt immer unbeantwortbar sind bzw. bleiben.
Angenommen ihr hättet die Möglichkeit, nur eine einzelne (ernst gemeinte) Frage zu stellen, die euch vielleicht schon ein ganzes Leben beschäftigt: welche ist das?

—

Die entscheidende (etwas abstrakte) Frage, die ich mir stelle und die mich schon sehr lange beschäftigt, lautet: Warum gibt es *Komplexität* in der Welt?
Oder anders (etwas länger) formuliert:
Welches Naturgesetz steckt hinter der Bildung von komplexen Mustern – angefangen von den ersten physikalischen und kosmologischen Strukturen bis zum menschlichen Gehirn, das diese Muster und Strukturen erkennen kann – und warum gibt es sie?

—

manniro _hat geschrieben:_
Wegen prinzipieller Unmöglichkeit ein Gleichgewicht zu erreichen.

Es bleibt aber die Frage: Warum gibt es dieses Ungleichgewicht? Und warum gibt es die offensichtliche und erstaunliche Tendenz, dass immer komplexere Strukturen entstehen? Welches Naturgesetz bzw. Prinzip steckt dahinter?

manniro *hat geschrieben:*
*"Wenn die Welt einen Endzustand hätte, müßte dieser bereits erreicht sein." (**Nietzsche**).*

idefix2 *hat geschrieben:*
Die Schlussfolgerung des Satzes ist schlicht Unsinn. Warum "müßte" ein Endzustand bereits erreicht sein?

Ein zitierter Satz, aus dem Gesamtzusammenhang gerissen, ergibt manchmal Unsinn. Ich habe jetzt den Kontext bei ,*nietzschesource.org'* recherchiert:

Nietzsche hat geschrieben:
"Man gehe einmal rückwärts. Hätte die Welt ein Ziel, so müßte es erreicht sein: gäbe es für sie einen (unbeabsichtigten) Endzustand, so müßte er ebenfalls erreicht sein. Wäre sie überhaupt eines Verharrens und Starrwerdens fähig, gäbe es in ihrem Verlaufe nur Einen Augenblick „Sein" im strengen Sinn, so könnte es kein Werden mehr geben, also auch kein Denken, kein Beobachten eines Werdens. Wäre sie ewig neu werdend, so wäre sie damit gesetzt <als> etwas an sich Wunderbares und Frei- und Selbstschöpferisch–Göttliches. Das ewige Neuwerden setzt voraus: daß die Kraft sich selber willkürlich vermehre, daß sie nicht nur die Absicht, sondern auch die Mittel habe, sich selber vor der Wiederholung zu hüten, in eine alte Form zurückzugerathen, somit in jedem Augenblick jede Bewegung auf diese Vermeidung <zu> controliren — oder die Unfähigkeit, in die gleiche Lage zu gerathen: das hieße, daß die Kraftmenge nichts Festes sei und ebenso die Eigenschaften der Kraft. Etwas Un–Festes von Kraft, etwas Undulatorisches ist uns ganz undenkbar. Wollen wir nicht ins Undenkbare phantasiren und nicht in den alten Schöpferbegriff zurückfallen (Vermehrung aus dem Nichts, Verminderung aus dem Nichts, absolute Willkür und Freiheit im Wachsen und in den Eigenschaften)."

Nachgelassene Fragmente Frühjahr–Herbst 1881: NF–
1881,11(292)

Ganz klug werde ich auch daraus nicht...

—

bonito *hat geschrieben:*
Dehnt sich das Universum ewig aus, oder fällt es ir-
gendwann wieder in sich zusammen?

bonito *hat geschrieben:*
... falls das Universum sich in einem "Loop" befindet,
dann entstünde aus dem Universum wieder ein neues
etc. aber es gäbe unter Umständen kein Ende.

Es ändert zwar sehr wahrscheinlich nichts an meinem
bzw. unserem Alltag, aber es gibt auch alternative –
nicht uninteressante – physikalische und kosmologi-
sche Denkansätze zu der derzeit gängigen Hypothese,
dass ein endliches Universum mit einem Urknall begonnen hat und sich ausdehnt.
Ich habe hier
(*http://www.physikgrundlagen.de/index.html*) eine
Seite im Web gefunden (ich weiß schon, dass man im
Web auch sehr viel Quatsch findet ;-), wo plausibel
behauptet und auch (mathematisch und physikalisch)
gut argumentiert wird, dass wir in einem unendlichen
Universum leben und diverse Phänomene (z.B. Rotver-
schiebung von beobachtbaren Galaxien) auch anders
erklärt werden können als mit einem expandierendem
Universum.
Da ich kein Physiker bin, kann ich diesen alternativen
Denkansatz nicht im Detail mathematisch überprüfen,
aber philosophisch interessant finde ich die Vorstellung eines unendlichen Universums, das schon immer
da war, schon...

Thema:
„Gibt es Heiliges auch im Humanismus?“

[...]
Oblomov hat geschrieben:
*Was mich an Religionen stört, ist nicht, dass Leute da
an Götter oder andere Fantasiegestalten glauben (andere glauben an Ufos oder die große Verschwörung
der Illuminaten). Dieser Glaube, wie generell der Glaube an Nichtexistentes, ist an sich eher harmlos.*

Sehe ich auch so.

Oblomov hat geschrieben:
*Es geht darum, dass eine Religion ein Ideenkonstrukt
ist, in dessen Zentrum ein X steht (kann auch eine
Kombination von X, Y und Z sein), das „absolut“, „unantastbar“, „nicht verhandelbar“ oder eben „heilig“ ist.
Das kann Gott sein, oder die heilige serbische Erde,
oder die Ehre der Nation, oder die arische Rasse, oder
die unantastbare Menschenwürde (im Fall des Humanismus)...*

Lies dir einmal diesen Vortrag
(*https://de.richarddawkins.net/ articles/das-
muenchhausen-trilemma*) von **Michael Schmidt Salo-
mon** durch. Hier zeigt **MSS** sehr gut und anschaulich,
wo das Problem mit der Setzung eines Ideenkonstrukts
(Dogma) liegt. Er fasst sein persönliches *Dogma* in folgende Worte:

Michael Schmidt-Salomon hat geschrieben:
„Humanistische Basis-Setzung

*Alle Menschen (ungeachtet welcher Gruppe sie ange-
hören – auch die kommenden Generationen werden
hier mit einbezogen!) sind gleichberechtigt und frei in
ihrem Streben, ihre individuellen Vorstellungen vom
guten Leben im Diesseits zu verwirklichen, sofern dadurch nicht die gleichberechtigten Interessen anderer*

171

in Mitleidenschaft gezogen werden, und es ist die un-aufkündbare Aufgabe eines jeden Menschen, mit allen zur Verfügung stehenden Kräften dazu beizutragen, dass möglichst wenigen (im Idealfall: niemandem) die Inanspruchnahme dieses fundamentalen Rechts versagt bleibt."

Ein *„Anything goes"* (absoluter Relativismus) im Sinne von **Paul Feyerabend** ist zwar auf den ersten Blick eine mögliche Lösung des Problems, aber **MSS** stellt auch diesen Ansatz kritisch infrage.

Oblomov hat geschrieben:
Diese Idee stammt nicht von mir, sondern von Yuval Harari, der in seinem Buch „Sapiens" konsequent Gebilde wie Kommunismus oder Liberalismus „Religionen" nennt. Auf den ersten Blick ist das Unsinn. Auf den zweiten Blick nicht, siehe oben. In dem Moment, wo etwas unantastbar ist, geht das Elend los...

Ich kenne das Buch *„Sapiens"* von **Yuval Noah Harari**. Ich habe es auf Deutsch (*„Eine kurze Geschichte der Menschheit"*) gelesen und sein Buch *„Homo Deus"* liegt (noch ungelesen) auf meinem Schreibtisch.
Generell sehe ich es kritisch, die Gebilde bzw. Ideen-konstrukte *Kommunismus*, *Liberalismus*, *Humanismus* und ganz allgemein Religionen in einem Atemzug zu nennen und pauschal abzulehnen. Da müsste man schon differenzieren und die wesentlichen Unterschiede herausarbeiten. Wo siehst du konkret das Elend z.B. des *Liberalismus* oder des *Humanismus*? Irgendeine Grundlage (gesetztes *Dogma*) beim Denken und Leben hat jeder – auch du oder nicht?

—

Oblomov hat geschrieben:
Die Humanistische Basis–Setzung von Schmidt-Salomon klingt ja ganz schön, so ähnlich wie in Reden auf Kirchentagen.

MSS als Redner auf Kirchentagen? Das stelle ich mir jetzt gerade echt lustig vor. ;-)

Oblomov hat geschrieben:
Wenn ich mich recht entsinne, dann nennt der Autor sein Weltbild „evolutionärer Humanismus". Das ist für mich ein Widerspruch in sich. Wenn uns die Beschäftigung mit der Evolution eines lehrt, dann doch wohl, dass der Mensch keine Sonderstellung in der Natur hat.

Würdest du die Bücher von **MSS** und seine Weltanschauung nur ein wenig kennen, dann wüsstest du, dass er genau gegen diese Sonderstellung argumentiert.

Oblomov hat geschrieben:
Menschen sollen sich frei entfalten? Das tun sie, nur leider auf Kosten der Tiere.

MSS setzt sich u.a. auch sehr für Tierrechte und Tierethik ein. Der Philosoph **Peter Singer**, einer der bekanntesten Tierethiker der Welt, hat z.B. den Ethik-Preis der *Giordano-Bruno-Stiftung* erhalten, deren Sprecher **MSS** ist. Das nur zur Info, damit du **MSS** besser einordnen kannst. Aber es geht hier ja nicht um **MSS**, sondern um den *Humanismus* ganz allgemein. Nachdem *idefix2* schon zu deinem Beitrag Stellung genommen hat, möchte ich nur mehr ein paar Fragen an dich stellen, um deine Weltanschauung besser kennenzulernen...

Oblomov hat geschrieben:
Der ideelle Kern des Humanismus in allen Unterarten ist, dass der Mensch dank seiner unveräußerlichen und unantastbaren Würde etwas Einzigartiges ist, und seine Interessen daher immer Vorrang haben.
Zudem folgt daraus, dass menschliches Leben etwas „Heiliges" ist, was dazu führt, dass es auch da unbedingt schützenswert ist, wo es schädlich oder auch

überflüssig ist.

Wann ist denn für dich menschliches Leben „schädlich"
oder „überflüssig"?

***Oblomov** hat geschrieben:*
*Die Idee der unantastbaren Würde führt zudem dazu,
dass es für uns im Westen undenkbar ist, Neugeborene, die so defekt auf die Welt kommen, dass sie niemals eigenständig leben werden, und die ihrer Umgebung immer nur zur Last fallen, zu töten (wie es Kulturen, die die unantastbare Menschenwürde nicht kennen, tun).*

Was stört dich so an der „unantastbaren Menschenwürde"?

***Oblomov** hat geschrieben:*
*Wenn ich mich oder meine Frau verteidige, dann tue
ich das instinktiv, nicht anders als Tiere es auch tun.
Aber die unantastbare Menschenwürde ist eine abstrakte Idee, die wir im Westen allen Menschen zuschreiben, auch den überflüssigen, defekten oder gar
schädlichen Exemplaren.*

Deine Wortwahl schreckt mich, wenn ich ehrlich bin.
Meine Frau ist Ärztin, meine Schwägerin und mein
Neffe arbeiten in Behindertenwerkstätten. Sie haben
täglich mit „defekten" – sprich kranken und behinder-
ten – Menschen zu tun. Ich wüsste jetzt gerne, welche
Menschen für dich „überflüssige" oder „gar schädliche
Exemplare" sind.

—

***Oblomov** hat geschrieben:*
*Man stößt sich an meiner Wortwahl: defekte, schädli-
che oder überflüssige Menschen – geht das? Gegen-
frage: Gibt es schädliche oder überflüssige Tiere? Natürlich gibt es die. Gegen die einen gehen wir mit In-*

sektenspray oder Mausefallen vor, die anderen werden
massenweise geschreddert.
Gibt es irgendeinen wesentlichen Unterschied zwischen Menschen und Tieren? Wenn man die Wissenschaft ernst nimmt – und das tue ich –, dann gibt es
den nicht.

Doch, den gibt es für mich. Es ist ein wesentlicher Unterschied, ob ich eine Gelse erschlage oder Ameisen
im Haus vernichte oder eine Maus fange, die ich z.B.
nicht töte, sondern wieder im Garten aussetze – oder
ob ich daran denke, „defekte, schädliche oder überflüssige" Menschen zu töten. In welcher abstrusen Welt
denkst bzw. lebst du eigentlich?

***Oblomov** hat geschrieben:*
*Keine unsterbliche Seele, keinen göttlichen Geist, kein
übernatürliches Wesen, … und die „Menschenwürde"
ist nur eine nützliche Fiktion. Der Homo sapiens mag
ein sehr erfolgreiches Tier sein (zumindest für den
Augenblick!), aber er ist ein Tier, nicht mehr und nicht
weniger. Punkt.*

Nein, kein Punkt. Die *Menschenwürde* ist nicht nur eine nützliche Fiktion, sondern meiner Ansicht nach die
bisher beste Fiktion, die sich Menschen ausgedacht
haben. Und der *Homo sapiens* ist nicht nur irgendein
Tier, sondern eines, das sich solche Fiktionen eben
ausdenken, formulieren, zur Diskussion stellen und in
diversen Gesetzen und Regelwerken festschreiben
kann. Das ist ein wesentlicher Unterschied zu anderen
Tieren, die „nur" instinktiv agieren und reagieren können.

***Oblomov** hat geschrieben:*
*Man fragt, ob ich etwa die Tötung von behinderten
Neugeborenen tolerieren würde. Aber ja! Geistig
schwerbehinderte Kinder haben nie die Möglichkeit,
ein irgendwie erfülltes, ein menschliches (!) Leben zu
führen, denn dazu gehört zumindest die Kommunika-*

tion mit Anderen. Sie sind ihr Leben lang für alle nur eine Last.

Schwerstbehinderte Menschen kommunizieren auch z.B. nonverbal mit Blicken und Emotionen – und das kann durchaus für deren Angehörigen ausreichend und befriedigend sein, um eine Beziehung aufzubauen und aufrechtzuerhalten. Inwieweit sie diese Situation als Last empfinden, musst schon diesen Angehörigen überlassen. Außerdem verrät dein Rufzeichen (!) hinter dem menschlichen Leben, dass du ja doch einen Maßstab zu haben scheinst, wie so ein menschliches Leben konkret auszusehen hat. Dieser Maßstab muss aber nicht für alle gelten.

Oblomov hat geschrieben:
Dass die meisten in der Gesellschaft das anders sehen, liegt eher daran, dass sie immer noch unter dem Einfluss religiöser Gehirnviren stehen. Für sie ist auch ein Wesen, das sich nicht selbst füttern kann, ein Kind Gottes, bzw. – im Sprachgebrauch der humanistischen Religion – ein mit „unveräußerlicher Würde" ausgestattetes Wesen.

Du hast keine Kinder, oder? Dann wüsstest du nämlich aus eigener Erfahrung, dass jeder Mensch, der auf die Welt kommt, „sich nicht selbst füttern" und für sich sorgen kann – und das über Monate und Jahre. Manche Menschen können das nie und sind darauf angewiesen, dass man sie ein Leben lang pflegt.

Oblomov hat geschrieben:
„Straw Dogs" (dt. "Von Menschen und anderen Tieren"), so heißt auch ein tolles Buch meines Lieblingsphilosophen John Gray, dessen Lektüre ich allen gläubigen Humanisten und humanistischen Gläubigen empfehle.

Ich kenne zwar dein vorgeschlagenes Buch nicht, aber zwei andere Bücher von **John Gray**, den ich auch sehr schätze und weiterempfehlen kann. Aber du müsstest mir schon eine Stelle aus seinen Texten zitieren, wo er deine Formulierungen wie „defekte, schädliche oder überflüssige Menschen" verwendet. Ich bezweifle nämlich sehr stark, dass du seine (berechtigte) Kritik am *Humanismus* richtig verstanden hast. Das zeigen für mich deine Formulierungen, Schlussfolgerungen und „Erweiterungen", die ich bei *Gray* nirgends gelesen habe.

—

Nasobēm *hat geschrieben:*
„...Das ist ein wesentlicher Unterschied zu anderen Tieren, die ‚nur' instinktiv agieren und reagieren können."
Wobei das zwar nicht so ganz stimmt, da auch viele Tiere nicht ausschließlich reflexartig handeln.
Wobei 'der Mensch ist auch ein Tier' ja nicht automatisch heißt, der Mensch würde sich nicht unterscheiden. Jede Art unterscheidet sich von den anderen.

Ja, das alles stimmt sicher. Einige „höhere" Tiere (z.B. Elefanten, soweit ich weiß) trauern ja angeblich auch um verstorbene Angehörige...

Nasobēm *hat geschrieben:*
„... Dieser Maßstab muss aber nicht für alle gelten."
Das ist richtig. Das einzige, worüber man sich meiner Meinung nach unterhalten muss, ist die jetzige Gesetzgebung zur Sterbehilfe. Eventuell auch für schwerstbehinderte Kinder. Aber hier kann es keine allgemein gültigen Regeln geben, weil jeder „Fall" anders ist und immer einer neuen Abwägung bedarf. Genau das macht es ja so schwer. Letztlich geht es dabei auch eher um den gesetzlichen Rahmen für schon oft stattfindende Praktiken. Das Alles ist aber gerade Teil der humanistischen Diskussion.

Das sensible Thema „Sterbehilfe" kann und soll ja

durchaus diskutiert werden, aber soweit ich **Oblomov**
richtig verstehe, stellt er die *Menschenwürde* generell
infrage und das ist meiner Ansicht nach weit übers Ziel
geschossen.

@**Oblomov**:
Ich habe gerade entdeckt, dass ich doch das Buch von
John Gray *„Von Menschen und anderen Tieren"* gelesen und viel darin angestrichen habe. Wir können also
gerne seine Gedanken und Thesen an Hand von konkreten Zitaten hier erörtern.

—

Oblomov hat geschrieben:
*Lao Tse wusste schon vor über 2000 Jahren, dass die
„abertausend Geschöpfe" auf der Erde nichts als
„Strohhunde" sind: vergängliche Gebilde, die eine Zeit
lang eine Rolle im Spiel des Lebens spielen und dann
vergehen. Und Menschen sind auch nur „Strohhunde".
(cf. Tao te king, Kap.5)*

Das Kapitel 5 im *Tao–Te–King* (wörtlich: *„Das Heilige
Buch vom Weg und von der Tugend")* hättest du ganz
zitieren müssen, denn im Zusammenhang klingt die
Aussage von **Lao–tse** meiner Ansicht nach schon ganz
anders und kann auch anders gedeutet werden:

Lao–tse hat geschrieben:
*Himmel und Erde sind nicht menschenfreundlich;
Sie nehmen die zehntausend Wesen für Strohhunde.
Der Heilige Mensch ist nicht menschenfreundlich;
Er nimmt die hundert Geschlechter für Strohhunde.*

*Himmel und Erde, wie gleicht
Ihr Zwischenraum einem Blasebalg!
Er fällt nicht ein, ob noch so leer;
Je mehr bewegt, gibt aus er um so mehr.*

Viele Worte – manch Verlust.

Am besten, man bewahrt sie in der Brust!

Und noch ein Kapitel – passend zum Thema:

Lao-tse *(Tao-Te-King – Kapitel 62) hat geschrieben:*
Der Weg ist der zehntausend Wesen Hort:
Der guten Menschen Schatz,
Der Bösen Zufluchtsort.

Durch schöne Worte kannst
Du Würde dir erhandeln;
Kannst überbieten andere
Nur durch dein rechtes Wandeln.

(Selbst die Bösen unter den Menschen,
Warum sollte man sie verwerfen?)
...

—

Oblomov hat geschrieben:
„Die Menschenwürde ist nicht nur eine nützliche Fikti-
on, sondern meiner Ansicht nach die bisher beste Fik-
tion, die sich Menschen ausgedacht haben."
Immerhin gibst du zu, dass es eine Fiktion ist. Das
würden die meisten Humanisten schon einmal abstrei-
ten. Denn eine Fiktion kann natürlich jederzeit als sol-
che entlarvt und dann widerrufen werden. Aber der
Bundestag kann eben nicht beschließen, dass die un-
antastbare Menschenwürde hinfort nicht mehr gelte.

Der Begriff *Fiktion* ist wahrscheinlich hier fehl am
Platz. Ich würde eher von einem Konzept oder Prinzip
der *Menschenwürde* sprechen, das eine lange Geschichte bzw. Tradition in (nicht nur) unserem Kultur-
kreis hat.
Ein Konzept hat es an sich, dass es nicht „in Stein gemeißelt" – also unantastbar – ist, sondern begründet
und diskutiert werden kann und soll. Es steht in vielen
Verfassungen von (westlichen) Demokratien und das

hat seine guten (historischen) Gründe. Dass in Deutschland die Menschenwürde als unantastbar im Grundgesetz festgeschrieben ist und nicht geändert werden darf, hat natürlich mit der speziell deutschen Geschichte zu tun.

Oblomov *hat geschrieben:*
Wer einen Ausdruck wie „beste" benutzt, der muss auch dem Maßstab benennen, anhand dessen das fokale X das „beste" ist. Welcher Maßstab soll das sein?

Der Maßstab, den ich ansetze bei der Beurteilung der *Menschenwürde*, ist mein ganz subjektiver persönlicher. Der ist aber auch nicht „vom Himmel gefallen", sondern ich bin, so wie jeder andere hier auch, ein Produkt aus Gene, Erziehung und Sozialisation in einem europäischen Land mit bestimmten Wertvorstellungen. Mehr ist da nicht dahinter.
Diese Wertvorstellungen sind auch überhaupt nicht „heilig", sondern können und sollen auch kritisch infrage gestellt werden. Die *Würde eines Menschen* – ein sehr allgemeiner und vielschichtiger Wert als Eigenschaft und Recht – zähle ich aber zu den Wertvorstellungen, die man nicht unbedingt infrage stellen muss.

—

Nasobēm *hat geschrieben:*
"Gibt es heiliges im Humanismus?" Nein, das gibt es nicht, wie Nautilus – schon treffend bemerkte, "heilig" mit Verehrung und etwas Übernatürlichem zu tun hat.

Sehe ich prinzipiell auch so. Wobei ich zugeben muss, dass ***John Gray*** in seinem hervorragenden Buch „*Von Menschen und anderen Tieren"* mit dem Untertitel *„Abschied vom Humanismus"* sehr hellsichtig, überzeugend und berechtigt Kritik an vielen humanistischen Strömungen übt. Vor allem die Kritik am (Aber-)Glauben an einen ethischen Fortschritt und die daran geknüpften Hoffnungen und Illusionen vieler Humanisten konnte ich gut nachvollziehen:

John Gray *hat geschrieben:*
„Die Wissenschaft ermöglicht dem Menschen, ihre Be-
dürfnisse zu befriedigen. Aber sie verändert die Be-
dürfnisse ganz und gar nicht. Diese sind heute nicht
anders, als sie es immer waren. Wissen macht Fort-
schritte, die Ethik aber nicht. Dies lehren uns Wissen-
schaft, Geschichte und sämtliche Weltreligionen.
Der Zuwachs an Wissen ist real und mittlerweile – falls
nicht eine weltweite Katastrophe ihn zunichte macht –
unumkehrbar. Genauso real sind Verbesserungen von
Regierungs- und Gesellschaftsformen, doch sie sind
nicht von Dauer. [...] Geschichte ist kein fortschreiten-
der Aufstieg oder Niedergang, sondern ein Auf und Ab
von Zugewinn und Verlust. Die Mehrung des Wissens
verleitet uns anzunehmen, wir seien anders als andere
Tiere, obgleich unsere Geschichte zeigt, dass dem kei-
neswegs so ist.“ (S. 166)

Nasobēm *hat geschrieben:*
Oblomovs Auffassung von Evolution ist stinknormaler
Sozialdarwinismus.

Ist zwar ein harter Vorwurf, aber ich fürchte, er
stimmt. Vielleicht kann er ihn ja noch entkräften. So
genau kenne ich seine Auffassungen und Ansichten ja
noch nicht.

—

Nasobēm *hat geschrieben:*
Die Haltung "der Mensch ist ja auch nur ein Tier, also
kann er sich auch wie eines verhalten" ist schon darum
falsch, weil es eindeutig Menschen gibt, die sich an-
ders verhalten – auch in verzweifelten Situationen. Un-
sere Gehirnentwicklung hat eben ein solch grundsätz-
lich anderes Level erreicht, dass wir uns mit solchen
ethischen Fragen beschäftigen können.

Das Potential unseres Gehirns ist zweifellos vorhanden. Die Frage ist aber, ob das ausreicht, um unsere (weltweite) Gesellschaft weiterhin so zu gestalten, dass Milliarden von Menschen dauerhaft friedlich und zufrieden leben können. Und bei dieser Frage scheiden sich die Geister. Humanisten (im weitesten Sinne) glauben eher daran – Realisten bzw. Pessimisten, wie z.B. **John Gray**, zweifeln daran.

Nasobēm hat geschrieben:
„Die Wissenschaft ermöglicht dem Menschen, ihre Bedürfnisse zu befriedigen. Aber sie verändert die Bedürfnisse ganz und gar nicht. Diese sind heute nicht anders, als sie es immer waren."
So what? Was erwartet er denn? Was soll an den Bedürfnissen des Menschen so schlimm sein, dass er meint sie müssten sich verändern?

Gray erwartet gar nichts und es ist auch nichts schlimm an ihnen. Er stellt hier nur fest, dass sich die Bedürfnisse im Grunde seit jeher nicht geändert haben.

Nasobēm hat geschrieben:
„Wissen macht Fortschritte, die Ethik aber nicht. Dies lehren uns Wissenschaft, Geschichte und sämtliche Weltreligionen."
Für das „Wissen" bzw. den Erkenntnisgewinn schaffen wir auch seit einer relativ kurzen Zeit die Voraussetzungen. In vielen Ländern gibt es die Schulpflicht, Universitäten bieten seit relativ kurzer Zeit eine Plattform für die Forschung. Besonders seit die Kirchen in Zaum gehalten werden und ein Wissenschaftler keinen Scheiterhaufen mehr zu fürchten hat, ist der Erkenntnisgewinn und damit der technische Fortschritt (in der westlichen Welt) sprunghaft gestiegen.
Es wurden also die Voraussetzungen für den technischen Fortschritt geschaffen. Es liegt an uns jetzt auch die Voraussetzungen für den ethischen Fortschritt zu schaffen.

Wir schaffen eben nur einen Fortschritt des Wissens und der Technik und haben, wie du richtig schreibst, die besten Voraussetzungen dafür geschaffen. Die Hoffnung (Illusion?) eines ethischen Fortschritts teilt *Gray* nicht. Er ist in dieser Hinsicht ein echter Pessimist. Ich persönlich stehe da der Zukunft eher neutral gegenüber.

Nasobēm *hat geschrieben:*
„Der Zuwachs an Wissen ist real ... kein fortschreitender Aufstieg oder Niedergang, sondern ein Auf und Ab von Zugewinn und Verlust."
Richtig, die ethischen „Werte" aber eben auch. Auch die sind nichts dauerhaftes, wenn wir sie nicht bewachen. Heute verbrennen wir eben niemand mehr auf dem Scheiterhaufen, wir hinterfragen die Todesstrafe, viele Länder haben sie abgeschafft, unser Rechtssystem ist ein Versuch Gerechtigkeit, Strafe und Sühne unter einen Hut zu bekommen, die Begriffe werden hinterfragt und diskutiert.

Wir haben ja schon beide einmal (an anderer Stelle) festgestellt, dass die Zivilisation, wie wir sie heute kennen, eine dünne Schicht ist, die sehr leicht wieder zerstört werden kann. Wachsamsein, hinterfragen und diskutieren ist ja gut und schön – aber wer macht das schon? Es sind nur relativ wenige – und die zählen nicht gerade zu den Einflussreichsten.

Nasobēm *hat geschrieben:*
Wie wäre es um den technischen Fortschritt bestellt, wenn Kinder in der Schule noch nicht einmal lesen und schreiben lernten? Wird Kindern irgendein Grundwissen zu ethischen Fragen bei gebracht? Kaum.

Eben. Unser Bildungssystem hat sich seit über hundert Jahren nicht wesentlich geändert. Und es deutet nichts darauf hin, dass irgendwer großes Interesse daran hat, Kindern irgendein Grundwissen zu ethischen Fragen beizubringen – außer vielleicht die Religions- durch

eine Ethikstunde zu ersetzen. Aber auch das ist vieler-
orts schwer durchzusetzen.

Stattdessen werden unseren Kindern, Schülern und
Studenten „nur" mehr ‚Kompetenzen' wie Teamfähig-
keit, Kommunikationsbereitschaft, Innovationsfreude
und digitale Fitness beigebracht. Das mag ja alles für
die heutige Gesellschaft und Berufswelt wichtig – im
Sinne von nützlich, anwendbar und verwertbar – sein,
hat aber absolut nichts mit umfassender ethischer Bildung zu tun.

Wir haben auch schon einmal über die interessante
Frage diskutiert, wie es möglich sein soll, jemanden
Reflexionsfähigkeit und Urteilskraft zu vermitteln –
und sind, glaube ich, zu der Erkenntnis gelangt, dass
es eben nicht vermittelbar ist.

***Nasobēm** hat geschrieben:*
*Ja wir hinken mit unserer ethischen Entwicklung hin-
terher, aber nicht, weil wir „wie die Tiere" sind, sondern weil wir hier die theoretische Leistungsfähigkeit,
die uns zur Verfügung steht, nicht fördern.*

Genau diese optimistische Sicht, dass wir (nicht nur
theoretisch, sondern auch praktisch) in der Lage wären, uns ethisch weiterzuentwickeln, stellt **Gray** infrage und bezweifelt diese Hoffnung stark.

***Nasobēm** hat geschrieben:*
*Ob wir das schaffen und damit auch unsere technische
Entwicklung retten oder ob wir uns hier als nicht lern-
fähig erweisen wird sich noch zeigen.*

Ja, wir bzw. nachfolgende Generationen werden es sehen und beurteilen können, wer da recht behalten hat.
Die Optimisten oder die Pessimisten.

***Nasobēm** hat geschrieben:*
*Das kann bis zur Selbstauslöschung gehen. Für die In-
dividuen ist das tragisch, für diesen Planeten völlig
unerheblich.*

Ein Gedanke, den man sich nicht oft genug bewusst machen kann.

Nasobēm *hat geschrieben:*
HIER (https://hpd.de/artikel/grosse-harari-verwirrung-14664) eine Rezension von Schmidt-Salomon.

Da geht es zwar nicht um das **Gray**-Buch, sondern um die **Harari**-Bücher, aber trotzdem Danke. **MSS** schreibt wie immer sehr überzeugend.

—
[...]
—

Oblomov *hat geschrieben:*
Seltsam... so viele und ausführliche Wortmeldungen, aber niemand hat bisher ernsthaft versucht, meine Grundthese zu hinterfragen oder gar zu widerlegen.

Was soll es da schon viel zu hinterfragen oder zu widerlegen geben? Deine Thesen sind vor- oder nachchristlich – und du kritisierst den *Humanismus*. Das ist dein gutes Recht.

Oblomov *hat geschrieben:*
Man könnte also sagen, dass ich hier ein Stück weit die antike Auffassung vertrete, für eine unantastbare, universelle, unverlierbare Würde eines jeden Menschen, sei er auch geistig behindert oder ein Gewohnheits-verbrecher oder ein "Barbar", eine abwegige Vorstellung ist. Für die Antike ist "Menschsein" etwas Graduelles: man kann mehr oder weniger "Mensch" sein, je nachdem wie sehr man dem Ideal des sittlichen und für das Gemeinwesen wertvollen Bürgers entspricht. Erst das Christentum hat mit dieser Vorstellung radikal gebrochen, da hier ALLE Menschen Ebenbilder Gottes sind.
Die Humanisten – auch MSS und Co. – sind die Erben

und geistigen Kinder der Christen.

Und? Weiter? Welche Konsequenzen leitest du davon ab?
Wir sind alle hier in Europa irgendwie „Erben und geistige Kinder der Christen" – das spiegelt sich in unserem (Alltags-) Sprachgebrauch, bis zu einem bestimmten Grad in unserem Denken und in unseren Verfassungen und Gesetzen wieder.
MSS und Co. haben dieses „Erbe" aber ausreichend kritisch reflektiert und auch Bücher darüber geschrieben. Mehr als intellektuell seine (individuelle und gesellschaftliche) Geschichte aufarbeiten, geht meiner Ansicht nach nicht.
Wenn du von dir selber sagst, dass du „ein Stück weit die antike Auffassung" vertrittst, heißt jetzt was konkret? Dass man graduell mehr oder weniger "Mensch" sein kann?
Und das hat jetzt genau welche Konsequenzen?
Du hast anfangs von „überflüssigen, defekten, schädlichen" Menschen gesprochen. Jetzt sprichst du von Menschen, die dem Ideal des sittlichen und für das Gemeinwesen wertvollen Bürgers entsprechen sollen.
Und wer soll bestimmen, was *ideal*, *sittlich* und *wertvoll* ist?
Intellektuelle? Die Regierung? Staatliche Gesetze?
Und was soll mit dem Rest, also mit den deiner Meinung nach „graduell minderen" Menschen, passieren?

—

manniro <u>hat geschrieben</u>:
„Wobei ich zugeben muss, dass John Gray in seinem hervorragenden Buch ‚Von Menschen und anderen Tieren' mit dem Untertitel ‚Abschied vom Humanismus' sehr hellsichtig, überzeugend und berechtigt Kritik an vielen humanistischen Strömungen übt."
Möglich, ich kenne das Buch nicht. Allerdings lässt Dein Zitat nichts Gutes ahnen.
[...]

186

*Wie gesagt kenne ich bisher nur die von Dir zitierte
Passage, aber ich fürchte, wenn das so weitergeht,
muss ich Herrn Gray in einer ganz speziellen Abteilung
meines persönlichen Archivs ablegen...*

Das muss ich wohl auf meine Kappe nehmen. Meine
zitierte Passage von *Gray* ist sicher nicht repräsentativ
für seine vielen Gedanken und Aussagen in dem Buch.
Es bringt auch meiner Ansicht nach nichts, einzelne
Sätze herauszugreifen und auf die Waagschale zu legen. Aber ich habe weder die Zeit noch Lust, hier viel
abzutippen – und eine fundierte Rezension will ich
auch nicht schreiben. Die findet man im Internet zu-
hauf – sind aber meistens kritisch und ablehnend gegenüber dem Buch.
Gray provoziert und argumentiert teilweise wider-
sprüchlich – spaltet daher seine Leserschaft in Fans
und Kritiker, aber unterm Strich habe ich das Buch als
anregend und interessant empfunden, eben weil ich
teilweise anderer Meinung bin. Ich möchte nicht in
meiner eigenen *Informationsblase* dahin vegetieren
und lese ab und zu auch Bücher von Autoren, die meiner Weltanschauung widersprechen. ;-)

—

manniro *hat geschrieben:*
*Wichtiger aber ist, daß unser neues Forenmitglied
"Oblomov" wenig Neigung zeigt, auf Fragen und Argumente einzugehen, bei denen er nicht über vorge-
fertigte Antworten verfügt. Nachdem er seine vorgefertigten Antworten zunächst ungefragt vorgetragen
hatte. Vielleicht täusche ich mich aber auch, der Avatar
ist Programm und er einfach zu faul...*

Ich denke, er ist nicht zu faul, sondern zu feig, sich
mit seinen Ansichten und Thesen zu weit aus dem
Fenster zu lehnen. Sonst würde er schon längst auf die
ernst gemeinten Gegenargumente und kritischen Fragen eingehen. Aber vielleicht täusche ich mich – ich

habe nur so ein Gefühl...

—
[...]
—

Oblomov hat geschrieben:
*Die Eltern sollten darüber entscheiden können, sozu-
sagen als postnatale Abtreibung. Abgesehen davon
könnte ich mir sehr gut vorstellen, dass es eine Liste
geben könnte mit Behinderungen, und wenn ein Kind
mit einer Behinderung von dieser Liste geboren wird,
dann können die Eltern entscheiden, ob sie das Kind
auf eigene (!) Kosten großziehen, oder es „postnatal
abtreiben".*

Mein Gespür hat mich also nicht getäuscht.

Oblomov hat geschrieben:
*Wer sollte diese Liste erstellen? Vielleicht ein Gremium
aus Ärzten?*

Das meinst du jetzt nicht ernst, oder doch?
Ärzte retten, heilen und erhalten Leben. Solche Listen
zu erstellen, widerspricht ihrem Berufsethos. Oder
hältst du so etwas wie die „Aktion T4" für sinnvoll und
erwünscht?
[Anm.: *Aktion T4 ist eine nach 1945 gebräuchlich ge-
wordene Bezeichnung für die systematische Ermor-
dung von mehr als 70.000 Menschen mit körperlichen,
geistigen und seelischen Behinderungen in Deutschland von 1940 bis 1945 unter Leitung der
Zentraldienststelle T4. Diese Ermordungen waren Teil
der Krankenmorde in der Zeit des Nationalsozialismus
mit über 200.000 Opfern.* Quelle: *Wikipedia*]

Oblomov hat geschrieben:
*Doch das ist nicht Thema dieses Threads, sondern ob
der Humanismus auch auf etwas "Heiligem" beruht.*

188

Das wurde dir schon beantwortet. Im *Humanismus* gibt es nichts Übernatürliches und es wird auch nichts angebetet oder verehrt.

Oblomov hat geschrieben:
Dass ein Thema wie die Tötung schwerstbehinderter Neugeborener in unserer Kultur ein Tabu ist, [...] lässt darauf schließen, dass auch der atheistische Humanismus etwas Heiliges kennt, nämlich die Menschenwürde. [...]
Die TABUS Kindstötung, aktive Sterbehilfe oder Euthanasie habe ich nur erwähnt als Hinweise darauf, dass – ich wiederhole mich – unser atheistischer Humanismus auch einen heiligen Kern hat, etwas, dass schlechthin nicht verfügbar oder verhandelbar ist.

Die wesentlichen Werte, auf die sich viele Nationen und auch z.b. die *Europäische Union* gründet, sind nicht nur die Achtung der Menschenwürde, sondern auch Individualismus, Pluralismus, Freiheit, Gleichheit, Rechtsstaatlichkeit und die Wahrung der Menschenrechte einschließlich der Rechte der Personen, die Minderheiten angehören.
Der Begriff *Menschenwürde* ist meiner Ansicht nach eine Voraussetzung dafür, dass wir als Menschen in gegenseitiger Achtung zusammen leben können. Diese auf der Menschenwürde gegründete Gesellschaftsordnung ermöglicht es, allen Menschen in dieser Gesellschaft eine angemessene und anständige Lebensqualität zu sichern. Nicht nur den Gesunden und Produktiven, also den für die Gesellschaft „Wertvollen", sondern auch z.B. den Kranken, Alten und den geistig/psychisch und körperlich Behinderten. Das alles ist eine Abstraktionsleistung, zu der nur Menschen fähig sind.
Im übrigen betone ich die oben erwähnten Werte (wie z.B. die *Menschenwürde*) unter anderem deswegen, weil das hier ein öffentliches Forum ist, und ich mich ausdrücklich von **Oblomovs** „Gedankengut" distanzieren will.

—

Oblomov *hat geschrieben:*
Und Reflexion? – Geistig Schwerstbehinderte oder fortgeschritten Demenzkranke sind eben nicht zur Reflexion oder einer anderen typisch menschlichen Kognitionsleistung fähig.

Aha. Jetzt fehlt nur noch – nach deinem „Lösungsvorschlag" einer „postnatalen Abtreibung" für behinderte Neugeborene – ein „Lösungsvorschlag" für Demenzerkrankte. Wie wär es mit „prämortale Sterbehilfe"? :-/
Und wer sollte unter welchen Prämissen eine entsprechende Liste erstellen? Lass mich raten: Ärzte, stimmt's? Am besten mit einem erweiterten *„Mini-Mental-Status-Test".*
Deine Kognitionsleistung und Reflexion findet in einer *„Blase"* statt, die meiner Ansicht nach sehr bedenklich ist. Gibt es eigentlichen keine einschlägigen und geeigneteren Foren, in denen du schreiben kannst?

—

idefix2 *hat geschrieben:*
Ich finde es ganz gut, dass Oblomov hier schreibt, wo er entsprechenden Gegenwind spürt.

Okay, du hast ja recht. Es gibt bei uns, wie ***manniro*** schon festgestellt hat, allgemeine Meinungs- und Redefreiheit. Und die gilt natürlich auch für ***Oblomov***.
Ich hoffe nur, dass der Gegenwind nicht nachlässt, damit er nicht unkommentiert seine „Thesen" und „Lösungsvorschläge" hier posten kann. Mir z.B. antwortet er eh nicht (mehr), also könnte ich ihn auch ignorieren. Einfach so stehen lassen kann ich seine manchmal bedenklichen Beiträge aber auch nicht.

—

190

***Oblomov** hat geschrieben:*

*Was für die orthodoxen Juden das heilige Land, das ist
für Humanisten jeder Mensch und dessen Würde, und
daher gibt es hier auch keine irgendwie gearteten
Kompromisse. Weder bei der Tötung schwerbehinder-
ter Kinder, noch bei der Euthanasie Demenzkranker,
noch bei der Aufnahme „Schutzsuchender", noch bei
der Folter usw. ...*

Wie lange willst du eigentlich noch deine seltsamen
Ideen hier verbreiten? Die Würde des Menschen ist
nicht „heilig", sondern (zum Glück) allgemeiner Konsens in der zivilisierten Welt und teilweise festgeschrieben in Verfassungen und Gesetzen. Und das finde ich gut so.

***Oblomov** hat geschrieben:*

*„Super-wichtig" ist immer subjektiv. Etwas ist mir sehr
wichtig. Aber dennoch „kann man darüber reden", ins-
besondere, wenn meine Superwichtigkeit mit der Superwichtigkeit anderer kollidiert, wie in dem Beispiel
mit dem Fußballfan.
Bei einer „Heiligen" Sache , da gibt es schlicht nichts
zu reden, denn die Heiligkeit ist objektiv, sie ist nicht
ins Belieben der Menschen gestellt; und wer vorschlägt, man könnte ja ggf. einen Terrorverdächtigen
ein bisschen foltern, oder ein geistig behindertes Baby
postnatal abtreiben, oder die „Retter" vor der libyschen
Küste abziehen... der ist ein UNmensch, ein Verbrecher.*

Nein, so ein Mensch ist kein UNmensch, sondern meiner Ansicht nach nur ein armer Kerl. Auch Verbrecher
verlieren ihre Würde nicht, sondern werden, je nach
Art des Verbrechens, von der Gesellschaft ferngehal-
ten. Und wer „postnatale Abtreibungen", Euthanasie
Demenzkranker, Folter u.a. vorschlägt, der verliert
auch nicht seine Würde, sondern muss in unserer Gesellschaft damit rechnen, mit seinen Ideen auf breite
Ablehnung zu stoßen. Und auch das finde ich gut so.

Und das mit dem Dogma ist von dir auch nicht zu Ende gedacht. Ich habe dich mit meinem ersten Beitrag auf diesen Link (*https://de.richarddawkins.net/articles/das-muenchhausen-trilemma*) hingewiesen, wo ausführlich erklärt wird, wo das Problem mit einem gesetzten Dogma liegt.

—

ruebennase *hat geschrieben:*
Ich fasse mal die Quintessenz so zusammen, wie ich sie verstehe: Es gibt keine rational begründbaren Letztbegründungen. Sie enden alle im Münchhausens Trilemma, und wie der Autor richtigerweise nebenbei erwähnt hat: Letztbegründungen spielen keine große Rolle im realen alltäglichen Leben.

Ja, so sehe ich das auch.

ruebennase *hat geschrieben:*
Wenn es also kein rational begründbares „Richtig" und „Falsch" in Bezug auf Weltanschauungen gibt, worauf basieren dann die ganzen Zwistigkeiten zwischen Menschen über Weltanschauungen, wenn nicht auf subjektiv selbst gesetzten Axiomen des Einzelnen?

Der Einzelne ist ja immer eingebettet in eine Gesellschaft von sehr vielen anderen Einzelnen. Einzelne mögen extreme Weltanschauungen mit subjektiv selbst gesetzten Axiomen haben – dagegen ist ja im Grunde nichts einzuwenden –, aber je extremer diese Anschauung ist, desto schwerer tut sich dieser Einzelne im realen alltäglichen Leben in dieser Gesellschaft, die auf einem gemeinsamen Wertekanon und Gesetzen beruht. Und diese Werte und Gesetze fallen nicht vom Himmel und sind auch nicht in Stein gemeißelt, sondern entstehen in einem langen dynamischen Prozess und ändern sich manchmal auch wieder.

—

***Oblomov** hat geschrieben:*
*Meine Ideen erscheinen nur denen seltsam, die schon
seit langem nicht mehr aus ihrer Echokammer rausge-
kommen sind.*

Mag sein. Aber das trifft doch auf dich genauso zu.
Wir leben meiner Ansicht nach *alle* in *Echokammern*
bzw. *Informationsblasen.* Wann hast du z.B. das letzte
Mal ein humanistisches Buch gelesen? **Michael
Schmidt-Salomon** kennst du anscheinend nicht be-
sonders gut.

***Oblomov** hat geschrieben:*
*Und selbst wenn meine Ideen seltsam wären: So what?
Seltsame Ideen sind in einem Diskussionsforum doch
das Salz in der Suppe.*

Versalzene Suppen mag ich aber nicht. ;-)

***Oblomov** hat geschrieben:*
*Ich glaube auch nicht, dass meine Ideen seltsam sind.
Woran man sich hier stört, ist einzig das Wort „heilig".*

Nein. Mich stört weniger das Wort „heilig" – dir wurde
hier schon mehrmals erklärt, dass das ein unpassen-
der Begriff ist –, sondern deine menschenverachtende
Wortwahl („defekt", „überflüssig" im Zusammenhang
mit Behinderungen und Demenzerkrankte) in deinen
Beiträgen.

***Oblomov** hat geschrieben:*
*Denn „heilig", das gehört ja zu der anderen, der ver-
hassten Seite. Ich glaube, dass es weniger Aufregung
gegeben hätte, wenn ich statt „heilig" einfach von „sakrosankt" gesprochen hätte. Ist die Menschenwürde
für Humanisten sakrosankt? Aber sicher doch. Sonst
hinge der Humanismus ja in der Luft.
Man sollte sich also nicht an Worten aufhängen, son-*

dern die Begriffe dahinter in den Blick nehmen...

Das tue ich und mir passt nicht, wie du manche Worte benutzt, um deine Weltanschauung zu beschreiben.

Oblomov *hat geschrieben:*
Und man sollte die Aufklärung endlich konsequent zu Ende denken, und auch die letzten Restbestände des „Sakrosankten" ans Tageslicht zerren und hinter sich lassen.

Wenn du deine Ansichten als konsequentes zu-Ende-denken der Aufklärung siehst, dann verzichte ich gerne auf diese Art von Aufklärung, weil ich nicht in einer Gesellschaft leben will, wo sich Ansichten wie deine durchsetzen.

Oblomov *hat geschrieben:*
„Die Würde des Menschen ist nicht ‚heilig', sondern (zum Glück) allgemeiner Konsens in der zivilisierten Welt und teilweise festgeschrieben in Verfassungen und Gesetzen. Und das finde ich gut so."
Sich auf einen wie immer gearteten Konsens zu beruhen, das ist nun wirklich schwach.

Warum sollte das schwach sein? Konsens ist vielleicht der falsche Begriff. Es ist aber eine Tatsache, dass die überwiegende Mehrheit der Menschen in der westlichen Welt die *Menschenwürde* respektiert. Du schreibst selbst, dass deiner Meinung nach 10 bis 20 Prozent harte Rassisten sind. Das bedeutet doch nichts anderes, dass 80 bis 90 Prozent, also eine satte Mehrheit, keine Rassisten sind. Genau das wollte ich ausdrücken.

Oblomov *hat geschrieben:*
Denn ein Konsens kann sich schnell ändern. Vor ein paar Jahrzehnten war es noch Konsens, dass Homosexuelle krank sind, nur als Beispiel.

194

Ja, ein gutes Beispiel für eine meiner Ansicht nach positive Entwicklung hin zu mehr Toleranz und Freiheit. Andere Beispiele wären die Abschaffung der Sklaverei oder die Gleichberechtigung von Frauen.

Oblomov *hat geschrieben:*
Zudem stimmt es nicht: China und Japan sind alte Zivilisationen, doch den begriff der unbedingten und universellen Menschenwürde kennen sie nicht.
Und selbst wenn man arrogant ist, und nur den "Westen" zivilisiert nennt: auch hier ist das keineswegs Konsens.
Frankreich, immerhin ein Miterfinder der allgemeinen Menschenrechte, hat während des Algerienkrieges massenweise gefoltert. Die USA dasselbe nach 9/11...

Mag sein, dass es diese Folterungen gab bzw. gibt. Ich halte aber ein Folterverbot, wie es in vielen Gesetzen geregelt ist, für richtig.

Oblomov *hat geschrieben:*
Rassismus und universelle Menschenwürde... das geht nicht zusammen.

Da hast du allerdings recht.

—

Oblomov *hat geschrieben:*
Was ist denn ein „humanistisches Buch"?

Na ja, ein Buch, das von einem humanistisch denkenden Menschen geschrieben wurde.

Oblomov *hat geschrieben:*
Gibt es da noch was anderes als MSS?

Sicher – jede Menge. **MSS** ist eben hier im deutschsprachigen Raum der bekannteste Vertreter einer explizit *humanistischen* Strömung. Aber auch **John Gray** ist ein Buchautor bzw. Philosoph, der meiner Ansicht nach die *Menschenwürde* nicht infrage stellt. Er mag eine Art Misanthrop, Pessimist und Aufklärer sein, aber so bedenkliche Formulierungen wie du benutzt er nicht.

Oblomov *hat geschrieben:*
Diese ständigen Verweise auf MSS haben schon etwas Sektenhaftes, das muss ich ehrlich sagen.

Nein, das hat nichts Sektenhaftes. **MSS** und seine Bücher werden hier nur manchmal erwähnt, weil ihn einige kennen und gelesen haben.

Oblomov *hat geschrieben:*
Ich lese gerade eine Einführung in den Kommunitarismus. Geht das in deinem Augen noch als „Humanismus" durch, oder sind Kommunitaristen auch schon Unmenschen, weil sie behaupten, dass Rechte aller Art immer an Gemeinschaften gebunden sind, es also „universelle Menschenrechte" streng genommen nicht geben kann?

Keine Ahnung, ich habe mich mit dem *Kommunitarismus* noch nicht auseinander gesetzt.

Oblomov *hat geschrieben:*
Ich verrate dir mal was: Ich bin auch froh, in Deutschland zu leben, wo die Sache mit der Menschenwürde im Grundgestz verankert ist, und nicht in China, wo die Harmonie des Ganzen über alles geht, und Querdenker wie ich wohl längst in einem Lager für ideologische Umerziehung gelandet wären.

Das ist zumindest einmal ein Eingeständnis für unseren Wertekanon.

Oblomov *hat geschrieben:*
Ich bin ja auch nicht wirklich dafür, die Fiktion der Menschenwürde abzuschaffen, nur man sollte sie eben

*auch als Fiktion verstehen, als ein Bedingtes, nicht Un-
bedingtes.*

Da sind wir uns schon einig.

Oblomov hat geschrieben:
*Humanisten sollten sich über sich selbst aufklären,
und dazu würde eben auch gehören, dass sie anerkennen, worauf ihre Ideologie letztlich gründet. Dieses
Anerkennen bedeutet ja noch nicht, das Fundament
sofort zu sprengen.*

Jetzt bin ich aber froh, dass du das Fundament nicht
sofort sprengen willst. ;-)

—

Oblomov hat geschrieben:
*„Sicher – jede Menge. MSS ist halt hier im deutsch-
sprachigen Raum der bekannteste Vertreter einer explizit humanistischen Strömung. Aber auch John Gray
ist ein Buchautor/Philosoph, der meiner Ansicht nach
die Menschenwürde nicht infrage stellt. Er mag eine
Art Misanthrop, Pessimist und Aufklärer sein, aber so
bedenkliche Formulierungen wie du benutzt er nicht."
Jede Menge? Na dann nenne doch mal ein paar Titel
oder Autoren.*

Dafür bin ich sicher der Falsche. Ich lese zwar relativ
viel, aber sicher nicht systematisch die aktuellen Philosophen, die es so gibt. Dafür reicht meine Zeit und
mein Interesse nicht aus.

Oblomov hat geschrieben:
*Und John Gray hier als Humanisten zu bezeichnen, nur
weil er sich in seiner Sprache mäßigt, das ist schon ein
bisschen dreist.*

Ich habe ihn nicht als *Humanisten* bezeichnet, sondern
als jemand, der die *Menschenwürde* nicht infrage

stellt. Dass **Gray** seine Sprache nur deshalb mäßigt, weil er keine Morddrohungen bekommen will, ist deine persönliche Interpretation – sie muss nicht stimmen.

Oblomov hat geschrieben:
John Gray ist der Antihumanist unter den aktuellen Philosophen. Sein ganzes Denken kreist um den Versuch, dem Humanismus das Fundament wegzuziehen oder gar wegzusprengen. Dass er nicht zur Tötung geistig behinderter Babys aufruft oder eine solche auch nur öffentlich in Erwägung zieht, hat schlicht damit zu tun, dass er nicht, wie etwa Peter Singer, Morddrohungen von religiösen Humanisten bekommen will. Er will halt gerne in Ruhe seine Restlaufzeit erleben, was ich gut verstehen kann.

Dass du es hier mit deinen radikalen und abstoßenden Verbalattacken als anonymer Autor in einem Internetforum leichter hast, verstehe ich wiederum.

Oblomov hat geschrieben:
Seltsamerweise hat auch John Gray sein „Heiliges": die Biosphäre GAIA. Das ist sein unbedingtes Fundament, von dem her er alles denkt.
Irgendwie gibt es kaum jemanden, der wie ich die Kontingenz ohne Wenn und Aber ins Zentrum seines Weltbildes stellt. Irgendein Hintertürchen für irgendeine Art von „Fundamentalismus" suchen fast alle (und finden es dann auch, und sei es „der Mensch").

Wow, und nur du hast kein Hintertürchen. Das nenne ich mal bescheiden...

Oblomov hat geschrieben:
„Keine Ahnung, ich habe mich mit dem Kommunitarismus noch nicht auseinander gesetzt."
Sollte jeder aufrichtige Liberale aber tun!

Warum sollte ich das? Damit ich dir einen Gefallen tue? Dann eher nicht...

198

—

__theologe__ hat geschrieben:
„Es ist aber eine Tatsache, dass die überwiegende Mehrheit der Menschen in der westlichen Welt die Menschenwürde respektiert."
Woran machst du denn diesen Respekt der Menschenwürde fest? An dem, was jemand sagt oder daran, was jemand tut?

Eher an dem, was jemand tut – anders formuliert, wie Menschen einander begegnen, also in der direkten Interaktion zwischen Menschen.

__theologe__ hat geschrieben:
Wie passen z.B. Menschenwürde und Waffenlieferungen an Saudi-Arabien zusammen? Politische Parteien, die diese Waffendeals genehmigen oder sogar einfädeln, handeln doch ganz offensichtlich gegen die Menschenwürde. Wer solche asozialen Parteien wie z.B. CDU oder SPD wählt, kann doch nicht glaubhaft von sich behaupten, dass ihm die Menschenwürde von Menschen überall auf der Welt wichtig ist.

Waffendeals sind doch, wenn legal, nur ein lukratives Geschäft zwischen zwei Ländern. Das hat meiner Ansicht nach mit Menschenwürde nichts zu tun. Aber ich verstehe, was du meinst. Waffen sind keine gewöhnlichen Waren, sondern dazu da, auch im Kriegsfall eingesetzt zu werden. Der Einsatz dieser Waffen im Krieg widerspricht dann dem Grundsatz der allgemeinen Menschenwürde und der Menschenrechte. Aber Krieg ist ein denkbar schlechtes Beispiel – da gelten offenbar ganz andere Regeln und Gesetze.

—

__idefix2__ hat geschrieben:
„Waffendeals sind doch, wenn legal, nur ein lukratives Geschäft zwischen zwei Ländern."

Philosophische und ethische Positionen haben mit „legal" versus „illegal" nicht viel zu tun. Ich würde dem Theologen zustimmen, dass aus humanistischer Sicht die überwiegende Mehrzahl der Waffenlieferungen illegal sein SOLLTEN.

Ja, klar sollten Waffenlieferungen illegal sein. Wenn das nicht aus meinem Beitrag erkennbar war, dann hole ich es hiermit nach.

idefix2 hat geschrieben:
Liefern „wir" wirklich Waffen? Oder sind das nicht eher einige wenige skrupellose Geschäftemacher (durchaus im Zentrum der Macht), wo „uns" die Handhabe fehlt, sie mit legalen Mitteln zu stoppen?

Genau das sind die entscheidenden Fragen. Wer hat, außer skrupellosen Geschäftemachern, im politischen Umfeld noch Interesse an diesen Waffendeals? Und wie kann man derartige Praktiken stoppen?

—

[...]

—

Oblomov hat geschrieben:
Manchmal, wenn es mit der Theorie ein wenig „hängt", dann helfen ein paar Gedankenexperimente...

Sorry, wenn du die Prinzipien unserer Gesellschaft nicht verstehen kannst bzw. so radikal infrage stellst, dann bist du für mich ein „Außerirdischer".
Ich klinke mich jetzt, so wie *idefix2*, von diesem Thread aus.
PS: Ich wünsche dir, dass du nie einen Unfall hast, wo du nachher behindert bist, sowie ein langes waches Leben ohne Demenzerkrankung.

Thema: „Atheistischer Bestattungskult"

[...]
Föderation hat geschrieben:
Gibt es so etwas wie einen atheistischen Bestattungs-
kult?
Wenn nein, könnte es so etwas geben und wie könnte
das aussehen?

Ich denke, dass es so etwas wie einen atheistischen
Bestattungs*kult* nicht geben wird und auch nicht geben sollte, weil die Bestattung meiner Ansicht nach
doch ein sehr persönliches Ereignis für die Angehörigen des oder der Verstorbenen ist und das gewohnte
Ritual rund um die Bestattung von den meisten Anwesenden als nebensächlich wahrgenommen wird. Meine
Beobachtung bei den wenigen Begräbnissen, an denen
ich teilgenommen habe, ist, dass ein Begräbnis einfach
eine Gewohnheit bzw. Konvention ist, die Menschen
wahrscheinlich seit Urzeiten in der einen oder anderen
Form so machen, um dem/der Toten noch einmal die
Ehre und den Respekt zu erweisen und irgendwie Abschied zu nehmen. Mehr ist da nicht dahinter. Das religiöse Gemurmel und Getue rund herum mögen einige der gläubigen Anwesenden ernst nehmen – ich habe da nie besonders aufmerksam zugehört und war
eher „nur" traurig, dass der/die Verstorbene nicht
mehr da ist.
Ein Begräbnis ist für mich eher so etwas wie ein „formaler Schlussstrich" vor der eigentlichen Trauerphase,
die Wochen oder Monate dauern kann – je nach persönlicher Nähe des/der Verstorbenen zu einem selbst
zu Lebzeiten. Die meisten Atheisten sind meiner Ansicht nach da eher liberal und tolerant und passen sich
in solchen Situationen wie einem Begräbnis eher an
übernommenen Kulten bzw. Ritualen an, als dass sie
sich einen neuen Kult einfallen lassen und ihn dann
praktizieren. Mir persönlich ist es z.B. ziemlich egal,
wie mein Begräbnis ablaufen wird, weil ich es dann
soundso nicht mehr wahrnehmen werde. Das überlas-

se ich meinen Angehörigen, von denen ich annehme, dass ihnen das Ritual rund um das Begräbnis auch eher nicht so wichtig ist...

—

Föderation hat geschrieben:
„Ein Begräbnis ist für mich eher so etwas wie ein ‚formaler Schlussstrich' vor der eigentlichen Trauerphase, die Wochen oder Monate dauern kann – je nach persönlicher Nähe des/der Verstorbenen zu einem selbst zu Lebzeiten."
Also das Paradoxon an sich. Eine soziale Beziehung setzt zwei Personen voraus und die endet mit dem Tod, aus der Perspektive des Überlebenden mit der Nachricht vom Tod.

Ja, die – manchmal vielleicht schon erwartete – Nachricht vom Tod einer nahestehenden Person ist das Ende einer sozialen Beziehung. Und das ist zuerst einmal schmerzhaft und traurig – je nach Nähe, wie ich oben schon geschrieben habe. Meine beiden Elternteile sind schon gestorben – ich weiß also, wovon ich schreibe. Alles, was man als sehr naher Angehöriger die Tage nach der Nachricht bis zum Begräbnis tut, sind vorgegebene bzw. übernommene Aktivitäten und Entscheidungen (z.B. Formalitäten, Besuch beim Bestatter, Aufsetzen der Pate, Benachrichtigung aller Verwandten und Bekannten usw.), die von der eigentlichen Trauer über den Verlust ablenken. Das Begräbnis an sich ist dann eben der Schlussstrich, ab dem die Trauerarbeit, das Realisieren und die Aufarbeitung beginnen kann. Natürlich kann man dieses Ritual in allen Einzelheiten infrage stellen, aber an den Gefühlen ändert es meiner Ansicht nach nichts. Diese Trauerphasen erlebt jeder – wie auch immer dieses Ritual der Bestattung im Detail aussieht.

Föderation hat geschrieben:
... Kompostierung des unliebsamen Leibes ...

202

Glaub mir – an dieses Faktum denkst du am allerwenigsten, wenn du eine wirklich nahestehende Person verlierst...

Föderation *hat geschrieben:*
Ich ... brauche weder Aufbahrung, noch Bestattung.

Das glaube ich dir schon – aber vielleicht brauchen es deine Angehörigen?

Föderation *hat geschrieben:*
„Die meisten Atheisten sind meiner Ansicht nach da eher liberal und tolerant und passen sich in solchen Situationen wie einem Begräbnis eher an übernommenen Kulten bzw. Ritualen an."
Ich frage mich ja gerade, ob das rational ist.

Rational vielleicht nicht, aber vielleicht einfach nur menschlich?

—

Föderation *hat geschrieben:*
Was du nach der Nachricht machst, ist im Grunde deine Sache. ... Wer bezahlt, bestimmt in aller Regel auch, was gemacht wird.

Okay, das stimmt wohl. In der Regel ist der nahe Angehörige auch der Erbe und zahlt die Bestattung – aber es gibt sicher auch viele Ausnahmen von dieser Regel. Ich kenne nur den „Normalfall" – und den nur aus meinem ganz persönlichen Umfeld.

Föderation *hat geschrieben:*
„Das glaube ich dir schon – aber vielleicht brauchen es deine Angehörigen?"
Ich gehe immer davon aus, dass man das mit seinen engsten Angehörigen bespricht, wenn man eine Bestattung organisiert. Oder meinst du den Fall, das ich einmal sterbe? ...

Ja, diesen Fall habe ich gemeint.

Föderation hat geschrieben:
... Das habe ich ja nach dem Status quo nicht zu bestimmen, abgesehen von meinen Wünschen, es sei denn, ich baue irgendeinen Enterbungsmechanismus in mein Testament ein.

Das könntest du machen.

Föderation hat geschrieben:
Es geht mir eher darum, wie man das allgemein handhaben sollte.

Ich weiß schon, dass dich das (bei uns christliche) Prozedere bei der Bestattung stört – mich ja auch –, aber wir werden es wahrscheinlich beide nicht erleben, dass sich da irgendetwas Wesentliches in unserer Kultur so schnell ändert. Das sind lange eingeübte Verhaltensweisen, die sich nur sehr langsam ändern.
Es zwingt dich keiner, an einem religiösen Bestattungskult teilzunehmen, wenn du nicht willst, oder?
Ich nehme auch sehr ungern daran teil – und höre dabei, wie gesagt, kaum hin, was der Priester so von sich gibt.
Und was nach deinem Tod passiert, könnte dir als Atheist eigentlich egal sein bzw. könntest du deinen Angehörigen überlassen.

—

Föderation hat geschrieben:
„Es zwingt dich keiner, an einem religiösen Bestattungskult teilzunehmen, wenn du nicht willst, oder?"
Es wird erwartet. Um mein Gesicht zu wahren, müsste ich schon vorsorglich und unabhängig von einer anstehenden Bestattung erklären, dass ich nicht dabei bin.

Eben – bei mir ist es genauso. Um zu vermeiden, dass

ich großartig und langatmig erklären muss, warum ich nicht dabei sein will, habe ich für mich entschieden, bei solchen Anlässen – es gibt ja noch andere religiöse Feiern, wie z.B. Taufe, Kommunion, Firmung, kirchliche Heirat – trotz atheistischer Grundhaltung innerlich distanziert teilzunehmen – einfach um mein Gesicht zu wahren und meine (vielleicht gläubigen) Verwandten nicht unnötig zu irritieren. Nur einmal, als mich mein Bruder gefragt hat, ob ich Taufpate für seinen Sohn werden will, habe ich freundlich, aber bestimmt abgelehnt.

Thema:
„Sind Religionen kulturelle Parasiten?"

[...]

soynadie *hat geschrieben:*
Das Thema ist: Atheisten zeichnen Religionen bzw. Religiöse immer in sehr negativem Licht. Ob ich Religionen nun als Kulturparasiten bezeichne, oder als „Kollektivwahn" oder als „Kollateralschaden"... immer ist von „Schäden" oder Metaphern aus dem Bereich der Krankheit die Rede.

Ich bin mir nicht sicher, ob alle Atheisten Religionen bzw. Religiöse immer in sehr negativem Licht zeichnen. Es gibt sicher auch viele Atheisten, die im täglichen Leben sehr nett und tolerant zu Religiösen sind und Religionen als natürliches Phänomen begreifen. Es ist letztendlich eine Bildungsfrage und daher naheliegend, dass Gebildete bzw. Aufgeklärte eher atheistisch denken. Andererseits sind besonders Theologen oft sehr belesen und gebildet, haben aber in Glaubensfragen irgendwie eine „gespaltene" Persönlichkeit und stehen religiösen Dogmen unkritisch gegenüber. Wer gelernt hat, kritisch und skeptisch zu sein – also vor allem wissenschaftlich denkende Menschen –, steht im Allgemeinen auf Seiten des atheistischen Denkens. Wie jemand dann auf anders denkende Menschen reagiert, hängt von der jeweiligen Situation und von seiner Persönlichkeit ab. Da gibt es sicher viele Facetten und Schattierungen. Deshalb würde ich nicht alle Atheisten in eine Schublade stecken.

soynadie *hat geschrieben:*
Dagegen setze ich die evolutionäre Perspektive: Wenn religiöse Ideen den von ihnen Befallenen schaden, dann muss sich das so objektiv zeigen lassen, wie die Nachteile, die ein von Parasiten befallener Frosch im Struggle for life hat. So müssten auch religiöse Menschen flächendeckend Probleme im Struggle for Life haben. Haben sie aber nicht.

Ich kann mir nicht vorstellen, dass man objektiv zeigen kann, dass von religiösen Ideen Befallene Probleme haben und weniger zufrieden bzw. glücklich sein sollten. Warum sollten sie? Glaube bzw. Nicht-Glaube ist eine sehr persönliche Angelegenheit und zeigt sich im täglichen Leben nicht unbedingt immer offen – schon gar nicht in scheinbar objektiven Statistiken und Studien. Es hängt von vielen Einflussfaktoren ab, ob jemand in seinem individuellen Leben Probleme hat bzw. zufrieden und glücklich ist. Da ist der "Glaube" nur eine Dimension von vielen und sagt im Grunde nicht viel aus.

—

soynadie *hat geschrieben:*
Wäre Religion eine Art von „Schaden" oder „Krankheit", wie immer wieder behauptet wird, dann müsste sich dieser „Schaden" aufzeigen lassen...
Doch wenn sich überhaupt etwas nachweisen lässt, dann weisen die Indizien in die andere Richtung: dass religiöse Menschen Vorteile aus ihrem Glauben ziehen.

Nehmen wir einmal an, das wäre so – was folgt für dich daraus? Dass wir statt wissenschaftlicher Aufklärung Religionen unterstützen und verteidigen sollten? Auch wenn die Faktenlage klar gegen überlieferte Konzepte und Vorstellungen spricht? Sollten wir wirklich die wissenschaftlichen Erkenntnisse der letzten 150 Jahre (sagen wir einmal seit **Darwin**) ausblenden, nur um den Menschen die „Vorteile" einer Religion zu lassen? Wir lassen auch Kinder nicht in ihrem Glauben an den Osterhasen, an Feen, an das Christkind, nur weil sie damit glücklich sind. ;-)
Was **Dawkins, Schmidt-Salomon** und Co. meiner Ansicht nach leidenschaftlich versuchen, ist, für eine naturwissenschaftlich-philosophische Aufklärung zu werben, um unabhängig von jeder Art von Religion zu werden – auch um den Preis, dass tief verwurzelte und lieb gewonnene religiöse „Schutzgewohnheiten" auf-

gegeben werden müssen. Antworten in diesem existentiellen Vakuum kann nur die naturwissenschaftlich-orientierte Philosophie oder auch die Literatur und Kunst bieten. *"Die Wahrheit ist dem Menschen zumutbar."* **(Ingeborg Bachmann)**

—

soynadie *hat geschrieben:*
*Man kann sich arrogant darüber mokieren, dass „die Dummen" (Originalton **manniro**) sowas überhaupt noch nötig haben, man kann sich für die Schlauen halten, sich in seiner Überlegenheit wechselseitig bestärken, und vermutlich ist das ja auch die raison d'être dieses Forums...*

Das siehst du, glaube ich, zu schwarz/weiß – oder willst du provozieren (so wie es manche *„Neue Atheisten"* in Buchform oder in Diskussionen vielleicht manchmal tun)? Kaum einer ist hier arrogant oder fühlt sich überlegen. Es geht auch nicht um dumm oder schlau, sondern bei bestimmten Fragen um die möglichst objektive Faktenlage in der Geschichte und der heutigen Zeit. Deshalb auch die wiederholte Frage nach den Konsequenzen deiner Thesen *heute*. Wie sollte Religionskritik deiner Meinung nach in unserer Zeit erfolgen? Oder lehnst du Religionskritik überhaupt ab?

PS: Meine Erfahrung in diesem Forum ist: Die meisten hier sind sehr belesen, haben eine Menge Fachwissen und Lebenserfahrung, schreiben aus Interesse und Spaß, und diskutieren oft sehr konstruktiv und seriös. Als Thread-Eröffner ist man natürlich dafür verantwortlich, wie die Diskussion verläuft, indem man versucht, mit jedem Teilnehmer zu kommunizieren und Fragen zu beantworten.

Thema: *"Religion als magische Phase der Menschheit?"*

Ich möchte gerne mit euch einen Gedanken diskutieren, der mich ab und zu beschäftigt und bei dem ich mir nicht sicher bin, ob er plausibel ist oder nicht.

Es gibt eine psychologische Komponente bzw. Beobachtung im Verlauf eines individuellen Menschenlebens: Kinder glauben in einem bestimmten Alter an alles Mögliche – Feen, Zauberkräfte, Einhörner, Osterhase, Weihnachtsmann bzw. Christkind usw. –, das sie mit der Zeit alles ablegen, weil sie aufgeklärter werden und ein sehr genaues Gefühl dafür bekommen, was *real* sein kann und was nicht.

Eine solche *"magische Phase"* hat meiner Ansicht nach die Menschheit auch durchgemacht bzw. macht sie in großen Teilen der Welt noch immer durch. Eltern sagen ihren Kindern was richtig/falsch und was gut/böse ist, Eltern helfen/trösten ihre Kinder. Dieses "Elternmodell" wird meiner Ansicht nach von Erwachsenen in das *Phantasiegebilde "Gott"* projiziert.

Ein reifer und aufgeklärter Mensch kann nur mehr sehr schwer bzw. gar nicht an magische, übernatürliche Dinge so einfach glauben.

Das "Problem" ist nun, dass es – global gesehen – wahrscheinlich erst eine Minderheit an reifen und aufgeklärten Menschen gibt. Die Mehrheit der Menschen befindet sich noch in der "magischen Phase" – wie Kinder, die an Feen, Einhörner und Zauberkräfte glauben.

Ist es provokant und überheblich, erwachsene Menschen, die religiös sind, wie "Kinder" zu sehen?

—

Atheos2011 hat geschrieben:
Aufgeklärte Menschen hinterfragen ... später ihren ersten Eindruck, aber auch sie begegnen ständig irgendwelchen "unerklärlichen Dingen".
Wenn z.B. ein Patient trotz einer Überlebenschance

von 0% etwas überlebt, dann wird auch ein Arzt erst einmal an ein "medizinisches Wunder" glauben, weil der Mensch von Natur aus immer sofort eine Erklärung benötigt. Danach kann sich der Arzt dann eingestehen, dass er schlicht falsch gelegen hat, aber das kann/will er nicht sofort.

Also meine Frau ist Ärztin und sie glaubt – soweit ich weiß – an keine „medizinische Wunder". Auch andere Schulmediziner, die ich kenne, haben mir noch nie davon erzählt.

Atheos2011 hat geschrieben:

„Religions-Gen" ... Eine vollständige Aufklärung ist somit unmöglich bzw. nur mit einem Eingriff ins Genmaterial möglich. Diese genmanipulierten Super-Aufgeklärten wären dann aber total verhaltensgestört und vermutlich noch nerviger als Religiöse mit ihrem simplen Weltbild.

Wie stellst du dir eine „vollständige Aufklärung" eigentlich vor?
Wenn ich von einem reifen und aufgeklärten Menschen schreibe, dann meine ich einen Menschen, der eine gewisse Lebenserfahrung hat, naturwissenschaftlichen Erkenntnissen vertraut und sich nicht unerklärliche Dinge mit einem übernatürlichen Glauben erklärt.

Nasobēm hat geschrieben:

Der Knackpunkt deiner Überlegung ist meiner Meinung nach, dass kaum ein Mensch so „eindimensional" ist. Ich kenne etliche Leute – hoher Bildungsstand, teils sogar naturwissenschaftliches Studium –, die ich in den meisten Punkten „reif und aufgeklärt" nennen würde, die aber Globuli einwerfen. Ein Paradebeispiel ist Lesch. Seine An- und Einsichten kann ich in vielen Punkten nachvollziehen, etliche sogar teilen – trotzdem nennt er sich Christ und glaubt an einen Gott.

Was **Lesch** betrifft – ich kenne einige Bücher und *You–*

tube-Videos von ihm –, bin ich auch etwas irritiert und ratlos. Er kann naturwissenschaftliches Wissen hervorragend vermitteln und triftet bei der Gretchenfrage „Gott" in einen irrationalen Glauben ab – warum auch immer. Er spricht aber eher – soweit ich weiß – von irgendeinem abstrakten „göttlichen" Prinzip, das dem Universum zugrunde liegt und ist wahrscheinlich kein typischer Christ.

Nasobēm *hat geschrieben:*
„... erst eine Minderheit an reifen/aufgeklärten Menschen gibt. ..."
Ähm, ich befürchte nein. Deine Auffassung resultiert vielleicht aus der weit verbreiteten Überzeugung, unsere Vorfahren wären alle weit weniger entwickelt gewesen als wir. Dem ist aber nicht so. „Große, logische Denker" gab es schon seit es Homo sapiens gibt und vielleicht sogar schon bei unseren Vettern.

„Große, logische Denker" sind aber schon immer eine Minderheit gewesen – oder nicht?

Föderation *hat geschrieben:*
Interessante Idee! Wobei ich ja noch befürchte, dass die Angelegenheit deutlich vielfältiger ist...

Ja, ich habe die Idee nur sehr grob umrissen. Ich weiß schon, dass es eher problematisch ist, die Entwicklungsphasen – wie z.B. die *magische Phase* – eines individuellen Lebens auf die gesamte Menschheit bzw. auf die Spezies Mensch zu übertragen.

—

Nasobēm *hat geschrieben:*
Damit sich das Gro der Menschheit aus der „magischen Phase" wie du es nennst „hinaus entwickelt", dazu wäre ja ein evolutionärer Druck nötig. Und den sehe ich nicht.

Hm, welchen evolutionären Druck gab es denn in der jüngeren Geschichte als z.B. die *Aufklärung* und der damit eingeleitete Aufschwung der (Natur-)Wissenschaft und Technik stattfand?
Sind das nicht (hoch-)kulturelle Entwicklungen bzw. Ereignisse der Menschheit, bei denen die Evolution und deren Mechanismus nur eine untergeordnete oder gar keine Rolle gespielt hat?
Warum sollte es kein schrittweises Aufwachen aus dieser *magischen Phase* geben – ganz ohne evolutionären Druck?

—

werner *hat geschrieben:*
Ja, das Problem ist nicht das alte Mütterchen, dass still den Rosenkranz vor sich hinbetet und den Rest der Welt damit in Ruhe lässt, sondern die Typen, die meinen, aus ihrem Glauben Verhaltensregeln ableiten zu müssen, die auch für die gelten sollen, die damit absolut gar nichts am Hut haben.

Solche Typen mag es sicher geben – aber zwingen können sie heute niemanden mehr, einen selbst gewählten Lebensstil zu ändern. Diese religiösen Verhaltensregeln nehmen in unseren Breiten die wenigsten mehr ernst.

werner *hat geschrieben:*
Ansonsten tendiere ich zur Annahme, dass Glauben an sich, für bestimmte Menschen (wohl die Mehrheit) einen emotionalen Mehrwert hat, den andere nicht daraus ziehen.

Ja, das ist anzunehmen.

werner *hat geschrieben:*
Ob das an den Genen oder den Memen liegt, sei jetzt mal dahin gestellt, aber ich habe schon die Erfahrung gemacht und ich war lange aktiv in der RKK, dass reli-

giöse Phänomene und Handlungen bei manchen Leuten so etwas wie ein High erzeugen...

Ich bin zwar getauft und nahm bzw. nehme bei religiösen Feierlichkeiten (kirchlichen Hochzeiten, Begräbnisse usw.) höflichkeitshalber teil, aber ich war nie in der RKK aktiv und kann dieses *High*-Gefühl auch nicht nachvollziehen.

—

nautilus *hat geschrieben:*
Aber ich denke, du setzt eine Vorstellung von reif/aufgeklärt zu sein voraus, nach der aus verschiedenen Gründen so gut wie niemand reif/aufgeklärt ist. Würden wir alle Leute als kindisch bezeichnen, weil es irgendein Gebiet gibt, auf denen sie etwas Kindisches glauben, wie viele Leute wären dann nicht kindisch?

Reif und *aufgeklärt* sind für mich Menschen, die bei Phänomenen, die wir beobachten können und bei manchen (philosophischen) Fragen und Antworten ein bestimmtes Gespür entwickelt haben, was *real* sein kann und was nicht. Mit anderen Worten Menschen, die *Naturalisten* sind, die also annehmen, dass es in der Welt mit rechten Dingen zugeht. Und das sind, denke ich, gar nicht so wenige.

nautilus *hat geschrieben:*
Menschen neigen zu Heuristik, also sparsamen und „schmutzigen" Schlussfolgerungen. Das hat vermutlich evolutionäre Gründe, denn früher mussten wir überleben, indem wir schnell entschieden, anstatt jahrelang über Strategien und Erklärungen zu brüten.

Ja, da stimme ich dir zu.

nautilus *hat geschrieben:*
Auf Heuristik zurückzugreifen könnte man als naiv bezeichnen, je nach Häufigkeit auch als unreif und un-

*aufgeklärt; da habe ich nichts dagegen. Ich kann mir
auch gut vorstellen, dass Religionen zumeist auf Heu-
ristiken basieren – ansonsten müsste sich die Mehrheit
aller religiösen Leute ausgiebig mit den Belegen für
und gegen ihre Religion beschäftigt haben.
Eine offene Frage ist dann, wie wir die paar Theisten
bewerten sollten, die sich mit den Belegen beschäftigt
haben und dennoch sehr religiös sind. Sie mögen
falsch liegen, aber die Psychologie dahinter ist wahrscheinlich anders.*

Ja, auch da hast du wohl recht. Wobei ich am seltsam-
sten solche Menschen finde, die scheinbar gebildet,
reif und aufgeklärt sind – manchmal sogar Akademi-
ker –, bei denen es aber trotzdem „Klick" im Kopf
macht, wenn es um religiöse Glaubensfragen geht und
die dann den größten Unsinn zu glauben scheinen.

—

***idefix2** hat geschrieben:*
*Du bist dir über den Einfluss dieser Bagage auch in
unserer „aufgeklärten" Gesellschaft offenbar nicht im
Klaren. Der Ablauf und der Ausgang der zuletzt ge-
führten Debatten zu den Themen Beschneidung und
Sterbehilfe strafen deine optimistische Aussage leider
Lügen.*

Okay zugegeben, es gibt noch immer (wenige) Bereiche, wo der Einfluss der Kirche relativ groß ist, weil sie
in diversen Ethikkommissionen übermäßig vertreten
ist – aber im Großen und Ganzen ist die Gestaltung
des eigenen Lebens in unserer Gesellschaft doch sehr
frei und unabhängig von religiösen Richtlinien und Regeln.
Es ist meiner Ansicht nach nur eine Frage der Zeit, bis
z.B. auch die Sterbehilfe liberaler geregelt werden
wird. Das ist zwar wieder eine optimistische Aussage,
aber ich neige eben eher zu einer positiven Sicht der
Dinge. Was das Thema Beschneidung anbelangt, wird

214

die Aufklärung leider wohl noch etwas länger dauern.

—

werner *hat geschrieben:*
Die Frage woran es liegt, dass der Eine dafür anfällig ist und der Andere nicht, beschäftigt mich schon länger, tendenziell tendiere ich zu der Annahme, dass es genetische Ursachen hat.

Ich denke, die Ursache liegt eher in der (frühen) Erziehung und der jeweiligen Sozialisation und Kultur, in der ein Mensch aufwächst und in der Fähigkeit, sich von diesen Wurzeln kritisch zu distanzieren.

—

Nasobēm *hat geschrieben:*
Die kulturellen Entwicklungen der Aufklärung ... Aber leider hat all das den Menschen nicht klüger, nicht weiser und nicht logischer gemacht. Es ging um Rechte, um Brot und um ein Leben.

Ja, ich denke, dass es heute in der westlichen Welt nicht mehr um Rechte, Brot und Leben geht, man auch nicht unbedingt klüger, weiser und logischer werden muss, um zu erkennen, dass man ohne Hilfe bzw. Leitung einer Autorität selbständig denkend sein Leben meistern kann. Und das machen heute nicht nur wenige Vordenker (wie früher) einer neuen Aufklärung, sondern ganz normale Menschen wie du und ich.

Nasobēm *hat geschrieben:*
„Warum sollte es kein schrittweises Aufwachen aus dieser magischen Phase geben – ganz ohne evolutionären Druck?"
Dazu müsste eine physische Veränderung stattfinden.

Welche physische Veränderung findet statt (außer im Gehirn), wenn jemand erkennt bzw. einsieht, dass es

keinen „Gott" und auch kein „göttliches Prinzip" gibt,
sondern „nur" eine physikalische, chemische, biologi-
sche Entwicklung (seit dem *Urknall* – soweit wir wissen), dass dahinter kein Plan und keine Absicht steht,
dass das Leben auf der Erde keinen übergeordneten
Zweck, kein endgültiges Ziel und keinen tieferen Sinn
hat? Das sind ja alles (philosophische) Einsichten, die
in Prinzip jeder irgendwann in seinem Leben haben
kann.

Nasobēm *hat geschrieben:*
„Skeptisch sein", mit offenen Fragen leben zu können,
kann sicher bis zu einem bestimmten Punkt gelernt
werden – von „alleine" kommt das nur bei wenigen
Menschen und deren Leben ist nicht einfach. Das sind
oft die Außenseiter der Gesellschaft. Die, die eben
nicht „Mainstream" sind.

Warum soll das Leben als Skeptiker nicht einfach sein?
Ich glaube auch nicht unbedingt, dass man als Skeptiker (sichtbarer) Außenseiter in der Gesellschaft ist.
Wenn ich im Alltag Menschen begegne, dann sehe ich
keinem Einzigen an, ob er Skeptiker ist oder nicht. Es
ist ja nicht so, dass Menschen ständig über „Gott und
die Welt" philosophieren, sondern sie reden über das
Wetter, über die Familie, Arbeit, Politik usw. – einfach
Smalltalk auf unterschiedlichstem Niveau. Auch Skeptiker haben ein ganz normales Leben abseits von philosophischen Einsichten und versuchen, mit diesem
Leben klar zu kommen.

Nasobēm *hat geschrieben:*
Und wie sollte sich so eine Mutation dann in einer Po-
pulation anreichern?

Durch Kommunikation? Leute schreiben (immer noch)
Bücher, die (auch heute noch) gelesen werden, reden
miteinander in der Familie, Arbeit und Freizeit, schreiben in Foren wie diesem hier usw. Skeptiker sind ja
keine Mutanten oder Außerirdische.

216

*Die Kirche hat so gut wie überall ihre Finger im Spiel.
... Kirchen sind Großgrundbesitzer, Staatskirchenverträge und Konkordate sind noch immer gültig, Kirchen haben Sonderrechte ohne Ende und bei vielen Regeln und Richtlinien ist dir wahrscheinlich gar nicht klar, dass die von den Kirchen kommen.*

Okay, da hast du wahrscheinlich in allem recht. Die Kirche interessiert mich schon lange nicht mehr. Und außer dass ich vor einigen Jahren hier in Österreich ein (leider gescheitertes) Volksbegehren gegen Kirchenprivilegien unterschrieben habe, bin ich mit dieser Problematik kaum konfrontiert.

—

Nasobēm hat geschrieben:
*„Welche physische Veränderung findet statt (außer im Gehirn) ...“
Na ja, nicht außer im Gehirn, sondern genau da, bzw. in den genetischen Bedingungen die dem Gehirn zu Grunde liegen.*

Jeder einzelne kommt ja mit einer genetischen Disposition zur Welt – d.h. er hat genetisch ein gewisses Potential an Denkleistung, das er ausschöpfen kann oder nicht. Die (vor allem philosophischen) Denkinhalte kommen erst später im Rahmen der Erziehung, der Sozialisation in einer bestimmten Kultur und dem intellektuellen Input, den man sich im Laufe seines Lebens aneignet durch Lesen, Kommunizieren usw. Soweit sind wir uns wahrscheinlich einig.
Wenn man jetzt sein Weltbild formt, hinterfragt oder ändert, dann spielt die Genetik meiner Ansicht nach keine Rolle mehr – es geht ja nur mehr um Denk*inhalte*, um Verschaltungen im Gehirn, um Muster. D.h. wenn du von „genetischen Bedingungen" schreibst, die dem Gehirn zu Grunde liegen, dann ist es nur das Potential, die Fähigkeit zu denken, aber nicht der sym-

bolische Denkinhalt. Und der kann sich relativ rasch (in wenigen Monaten oder Jahren), tiefgründig und fundamental ändern.

Vielleicht können sich heute auch innerhalb nur weniger Generationen die Denkinhalte von relativ vielen Individuen in einer dynamischen komplexen Gesellschaft so ändern, dass es zu radikalen und fundamentalen Änderungen des Weltbildes kommt – nur so eine optimistische Vermutung. Was früher Jahrhunderte gedauert hat, geht heute in wenigen Jahrzehnten. Welcher Opa versteht heute schon, wie sein Enkel „tickt"? Das war in früherer Zeit sicher einfacher, als sich die Lebensbedingungen (Lebensumwelt) nicht so rasch geändert haben wie heute.

***Nasobēm** hat geschrieben:*
„Warum soll das Leben als Skeptiker nicht einfach sein?"
Eine komplizierte Frage. Im Prinzip sind so gut wie alle Menschen skeptisch – auch Gläubige...

Ja, da stimme ich dir zu.

***Nasobēm** hat geschrieben:*
Die Frage ist also: was unterscheidet solche Skeptiker von denen die du meinst? Meiner Meinung nach ist der größte Unterschied, dass ein Skeptiker auch immer bereit sein muss, seine eigenen Überzeugungen anzuzweifeln. Das hatten wir ja schon. Diese Fähigkeit allein ist wahrscheinlich auch noch nicht genug. Es muss auch noch die Bereitschaft vorhanden sein, gegen bestehenden Konsens zu argumentieren, es muss die Bereitschaft vorhanden sein, sich auf den Weg der Belegsuche zu begeben – das kann langwierig sein und man weiß nie wo man da ankommt, man muss bereit sein sich aus einer Gemeinschaft eventuell ausschließen zu lassen.

Ich sehe das nicht so dramatisch. Gemeinschaft können auch Freunde und Familie sein – es muss keine große gesellschaftliche Gruppe sein. Familie ist für viele eine stabile Gemeinschaft, die ein Leben lang anhält, Freunde findet man (immer wieder) unter Gleichgesinnten.

Nasobēm *hat geschrieben:*
Um ein Beispiel zu nennen: Alle Berichte von Menschen, die eine Sekte verlassen, lauten ähnlich – auch wenn ein Teil froh ist, strengen Verhaltensnormen entronnen zu sein, empfinden alle auch den Verlust von Sicherheit, Geborgenheit und Nähe.

Wie gesagt, Sicherheit, Geborgenheit und Nähe findet man auch in sehr kleinen Gemeinschaften wie in der Familie oder bei seinen Freunden. Die Verhaltensnormen in diesen kleinen Gruppen sind meist flexibel. Natürlich kann man sich manchmal von seiner Familie, seinem Partner/seiner Partnerin oder von seinen Freunden entfremden. Aber solche Umbrüche verkraften die meisten nach einer gewissen Zeit.

Nasobēm *hat geschrieben:*
Außerdem wird das eigene Selbstbild nun mal schwer in Frage gestellt, wenn sich ein so radikaler Wandel im Denken vollzieht. Das überhaupt zu können, besonders ohne Hilfe, da bin ich mir sicher, ist nicht erlernbar.

Da magst du recht haben – und trotzdem passiert es – warum auch immer.

Nasobēm *hat geschrieben:*
Es wird einfacher, je weniger groß die Rolle des Glaubensgebäudes ist.

Ja.

Nasobēm *hat geschrieben:*
„Durch Kommunikation? ...Skeptiker sind ja keine ‚Mutanten'...“

Kommunikation ist – befürchte ich – keine Lösung.
Das gehört alles zur sehr dünnen Schicht, die wir „Zi-
vilisation" nennen und die innerhalb der kürzesten Zeit
verschwindet, wenn sich die Umstände ändern. Klar –
es würde weiter kommuniziert, aber die Inhalte sind in
keiner Weise festgelegt.

Ja, wie ich oben schon ausgeführt habe, geht es in der
Zivilisation immer um *Inhalte* – und die sind nicht in
Stein gemeißelt und auch nicht genetisch fix gespei-
chert, sondern verändern sich dynamisch in kürzester
Zeit – in Evolutionsmaßstäben gerechnet sind das
Wimpernschläge.
Zivilisatorische Veränderungen passieren und funktio-
nieren meiner Ansicht nach nur mit Kommunikation –
auch wenn diese sehr dünne Schicht jederzeit ver-
schwinden kann – das ist mir völlig bewusst.

—

Nasobēm *hat geschrieben:*
... Neugier, Geduld, Ausdauer, Frustrationstoleranz, ...

Vielleicht gehst du da zu sehr von dir selbst aus. Als
Wissenschaftler braucht man diese Eigenschaften unbestritten, aber um zu einem *naturalistischen* bzw.
atheistischen Weltbild zu gelangen braucht man neben
einem gewissen Maß an Interesse vor allem eine Porti-
on Abklärung, Coolness und Gelassenheit. Erst wenn
man eben nicht mehr zu sehr neugierig und nicht
mehr auf der Suche ist, kann sich meiner Ansicht nach
vielleicht eine abgeklärte (philosophische) Weltsicht
einstellen, bei der man nicht mehr an das *Wahre, Gute*
und Schöne in der Welt und auch nicht an *Magisches*,
Übernatürliches oder an *Wunder* glaubt, sondern die
Dinge so nimmt, wie sie eben sind. Ich will damit sagen, fast alle Wissenschaftler sind *Naturalisten* bzw.
Atheisten, aber nur relativ wenige Naturalisten bzw.
Atheisten sind Wissenschaftler.

Nasobēm *hat geschrieben:*
*Und während sich bei manchen ohne Förderung z.B.
eben keine Neugier entwickelt, wird sich bei anderen
sogar der Versuch die aufkommende Neugier zu un-
terdrücken fehlschlagen...*

Ja, Förderung und Erziehung ist zwar wichtig, aber
Neugier und Interesse zu gewissen Themen bzw. Fragen ist in der Tat nur schwer zu vermitteln.

Nasobēm *hat geschrieben:*
*„Vielleicht können sich heute auch innerhalb nur weni-
ger Generationen die Denkinhalte von relativ vielen Individuen in einer dynamischen komplexen Gesellschaft
so ändern, dass es zu radikalen und fundamentalen
Änderungen des Weltbildes kommt."*
*Fände ich ja schön. Leider sehe ich nicht, wie das pas-
sieren sollte. Denn auch hier wäre ja ein gewisser
Druck nötig.*
...
*Ich befürchte, dass ein Umdenken nur mit einem im-
mensen Druck stattfinden kann. Dieser Druck wird
zwar kommen, aber ob die Zeit dann noch ausreicht
und die „Denk-Veränderungen" in Richtung weniger
magisches Denken gehen...?*

Immenser Druck ist nicht unbedingt notwendig. Vielleicht ist es ja gerade umgekehrt. Ich denke, je weniger Druck bzw. Stress in einer Gesellschaft vorhanden
ist, desto eher kann sich philosophische Muße einstellen, um zu bestimmten Einsichten und Erkenntnissen
zu gelangen, die sich dann so verfestigen, dass sie
auch bei Druck bzw. Stress abrufbar und wirksam
sind.

Rowan *hat geschrieben:*
*Die Zahl derer, die auf Religion verzichten, wird von
Tag zu Tag größer und damit das Bedürfnis für viele,
auch für mich, sich diese Schöpfung, als Sinn des Lebens, in ihrer gesetzmäßigen Vollkommenheit zu er-*

schließen.

Die „gesetzmäßige Vollkommenheit" des (uns bekannten) Universums sehe ich ja gerade noch ein, aber es
gibt meiner Ansicht nach keine *Schöpfung*, sondern
„nur" eine (sehr lange) Entwicklung bzw. Evolution hin
zu unglaublicher Komplexität, die – so fürchte ich –
für uns keinen erfassbaren Sinn hat.

—

Rowan *hat geschrieben:*
*Was, bitte schön, ist ein atheistisches Weltbild und
wozu soll dieses gut sein?*

Ist die Frage jetzt ernst gemeint? Du befindest dich in
einem *atheistischen* Forum – lies einfach mal eine Zeit
lang mit oder ältere Diskussionen, dann hast du deine
Antwort.
Kurz gesagt: für mich ist ein atheistisches Weltbild ei-
nes, wo man basierend auf (natur–)wissenschaftlichen
Erkenntnissen ohne magisches und übernatürliches
(„Gott"–) Denken auskommt.

Rowan *hat geschrieben:*
Wie soll ich finden, wenn ich nicht suche?

Was suchst du denn konkret?

Rowan *hat geschrieben:*
*Wer hat die Welt positiv verändert, die Neugierigen
oder die Trägen, Satten und geistig Toten?*

Da hast du sicher teilweise recht, aber es ist nur sehr
wenigen beschieden, wirklich bahnbrechend Neues in
Wissenschaft und Technik zu entdecken bzw. eine
ganze Gesellschaft positiv zu verändern. Was sollen
denn all die anderen „Normalbürger" machen?

Rowan hat geschrieben:
Die Dinge so zu nehmen wie sie sind, bedeutet Still-
stand und geistiger Tod.

Kennst du nicht den Zustand, mit hellem und wachem
Bewusstsein zu existieren und einfach wahrzunehmen
bzw. zu beobachten? Das hat sicher nichts mit „Still-
stand und geistigem Tod" zu tun.

Rowan hat geschrieben:
Magisches, Übernatürliches und Wunder haben eine
gemeinsame Erklärung: Fehlende Kenntnis dieser
Schöpfung in ihrer Gesetzmäßigkeit!

Wie gesagt, es gibt für mich keine *Schöpfung*, sondern
nur wissenschaftlich zugängliche und formulierbare
Gesetzmäßigkeiten.

Rowan hat geschrieben:
„Die ‚gesetzmäßige Vollkommenheit' des (uns be-
kannten) Universums sehe ich ja gerade noch ein, aber
es gibt keine Schöpfung, sondern „nur" eine (sehr lan-
ge) Entwicklung bzw. Evolution hin zu unglaublicher
Komplexität, die – so fürchte ich – für uns keinen er-
fassbaren Sinn hat."
Ich weiß nicht wen Sie mit uns meinen?

In diesem Zusammenhang meine ich mit *uns* alle Menschen, die sich für die Frage interessieren, wie all die
Komplexität, die offensichtlich beobachtbar ist, entstanden ist.

Rowan hat geschrieben:
Wie haben Sie herausgefunden, das die in Gang ge-
setzte Evolution (von wem?), hin zu ihrer unglaubli-
chen (!) Entwicklung, keinen erfassbaren Sinn hat?
Heißt das, Sie haben diesen Sinn (noch) nicht erfasst?

Ja, kann sein – die Frage „von wem?" stellt sich mir gar
nicht.

Rowan *hat geschrieben:*
Meine Erkenntnis: Diese vollkommene Schöpfung richtet sich in ihrer Evolution, die ja noch lange nicht zu Ende ist, nicht danach, "Was ich gerade noch einsehe".

Na ja, jeder hat seine eigene Lebensphilosophie – das respektiere ich. Ich brauche jedenfalls für mein persönliches Lebensglück keinen tieferen Sinn der Evolution und auch keinen *Schöpfer* oder irgendeine *Schöpfungsgeschichte*. Die (für interessierte Laien aufbereiteten) Erkenntnisse aus Kosmologie, Physik, Chemie, Biochemie und Biologie reichen mir.

—

Rowan *hat geschrieben:*
„...die Frage ‚von wem?' stellt sich mir gar nicht."
Das erklärt natürlich einiges! ;-)
Ja? Und was erklärt das? Stellst du dir wirklich die Frage, „von *wem*" die Evolution in Gang gesetzt wurde? Ich möchte dir nicht zu nahe treten, aber glaubst du an eine übernatürliche, magische und unsichtbare *Person*? Beschreib einmal, wie du dir das konkret vorstellst. Mit vagen Andeutungen kann ich leider nichts anfangen.
Wenn es um „das *wie*" der Evolution geht, gibt es Unmengen an guter Literatur mit ganz konkreten (populär-) wissenschaftlichen Erklärungen, Hinweisen, Erkenntnissen und Beispielen. Wenn du eine spezielle Frage dazu hast, kann dir **Nasobēm** als Biologe weiterhelfen – na ja, wenn er will ;-)

—

ruebennase *hat geschrieben:*
Damit die Evolution ihren Verlauf nehmen kann, muss ja erstmal etwas "DA SEIN", das ablaufen kann.
Manchen Menschen stellt sich nun die Frage: warum IST etwas und nicht NICHTS? Woher kommt das SEIN? Woher kommt die Energie, die das SEIN ermöglicht

und „am Laufen" hält?

Ja, schon klar – das sind interessante offene Fragen. Das Entscheidende ist für mich, ob man mit diesen offenen Fragen leben kann oder ob man mit aller (Einbildungs-)Kraft verzweifelt versucht, diese mit abstrusen Vorstellungen zu beantworten. Wozu soll das gut sein?

ruebennase hat geschrieben:
„Mit vagen Andeutungen kann ich leider nichts anfangen."
Du wirst mit keiner Antwort etwas anfangen können, es werden immer vage Andeutungen bleiben müssen, das liegt in der Natur der Sache, weil die Antwort in dir selbst liegt und du sie nur da finden kannst.

Wie bitte? Ist das jetzt irgendein Kalenderspruch oder wirklich ein gut gemeinter Ratschlag?

ruebennase hat geschrieben:
Wenn du wirklich an Erkenntnis interessiert bist, dann wirst du dich selber auf die Suche nach ihr machen müssen. Dazu müsstest du aber erstmal die einzig wirklich relevante Frage stellen.

Aha – interessant. Und was ist jetzt die einzig wirklich relevante Frage? Oder darf man diese Frage vielleicht nicht aussprechen bzw. aufschreiben? Ist sie vielleicht geheimnisvoll und die Antwort darauf unergründlich? Tut mir leid – irgendwie fehlt mir die richtige Antenne für solche Anspielungen...

—

ruebennase hat geschrieben:
... warum dann noch Fragen dazu stellen? Erhoffst du dir doch noch eine Antwort, oder geht es nur darum, zu beweisen, dass du schlaue Fragen stellen kannst, die dir niemand beantworten kann?

Moment, du hast doch diese schlauen Fragen gestellt – und ich habe nur festgestellt, dass sie interessant und noch offen sind. Und nein, in diesen sogenannten *Letztfragen* erhoffe ich mir keine Antwort.

***ruebennase** hat geschrieben:*
„....oder ob man mit aller (Einbildungs-)Kraft verzweifelt versucht, diese mit abstrusen Vorstellungen zu beantworten. Wozu soll das gut sein?"
Wenn du die Antwort nicht kennst, woher weißt du dann, dass sie aus abstrusen Vorstellungen und Einbildung besteht?

Ich kenne sehr grob die gängigen religiösen und esoterischen Antworten darauf. Wenn du eine andere Antwort kennst, die nicht aus abstrusen Vorstellungen und Einbildung besteht, dann schreib sie mir bzw. uns doch einfach.

***ruebennase** hat geschrieben:*
„Ist das jetzt irgendein Kalenderspruch oder wirklich ein gut gemeinter Ratschlag?"
Das war ein wirklich gut gemeinter Rat.

Okay, dann danke – ich weiß trotzdem nicht genau, was du mir damit sagen wolltest.

***ruebennase** hat geschrieben:*
„Und was ist jetzt ‚die einzig wirklich relevante Frage'?"
Wenn sie nicht aus dir selbst kommt, dann ist sie nicht relevant, nicht authentisch. Wenn du sie von mir bekommst, dann ist es meine Frage, nicht deine.

Aha.

***ruebennase** hat geschrieben:*
„Ist sie vielleicht geheimnisvoll und die Antwort darauf unergründlich?"
Finde es heraus.

Nein – keine Lust. Ich habe für mich persönlich meinen philosophischen Gedankenhorizont schon erreicht, denke ich. Und der ist groß genug, um mit klarem und hellem Bewusstsein ein glückliches und zufriedenes Leben zu leben. Ich habe keinen Bedarf an geheimnisvollen und unergründlichen Antworten auf *Letztfragen*.

ruebennase *hat geschrieben:*
„Tut mir leid – irgendwie fehlt mir die richtige Antenne für solche Anspielungen..."
Das ist nicht schlimm. Es gab auch mal eine Zeit, da konntest du nicht alleine laufen. Hast du trotzdem wie von selbst gelernt. ;–)

Diese „Antenne" werde ich – auch nicht wie von selbst – in meinem restlichen Leben nicht mehr bekommen – das hoffe ich zumindest. ;–)

—

ruebennase *hat geschrieben:*
... Antworten für die ‚Schafe' ... nicht unwahr ... Du bist ein "Produkt" des Seins und dieses Universums und der Urgrund dessen ist auch in Dir vorhanden ... Antwort gefunden ... Vertrauen ... Wegweiser ... eine ganze Ewigkeit ...

Bist du nebenberuflich irgendein esoterischer Guru? Ich musste beim Lesen deines Beitrags hart kämpfen, nicht einer Gehirnwäsche unterzogen zu werden. ;–) Aber der Reihe nach...

ruebennase *hat geschrieben:*
„Und nein, in diesen sogenannten Letztfragen erhoffe ich mir keine Antwort."
Erhoffst du dir denn wenigstens eine Antwort auf deine Eröffnungsfrage?

Natürlich erhoffe ich mir eine positive Antwort auf die Frage, ob Religion eine *magische Phase* der Menschheit ist. Das würde nämlich bedeuten, dass diese Phase irgendwann ganz natürlich zu Ende geht – bei einem Individuum genauso wie bei großen gesellschaftlichen Gruppen.

ruebennase *hat geschrieben:*
„Ich kenne sehr grob die gängigen religiösen und esoterischen Antworten darauf."
Denen kann man auf dieser Welt auch kaum ausweichen. Das sind die Antworten für die ‚Schafe' (was nicht heißen soll, das sie unwahr sind, sie bedienen sich nur einer leicht verständlichen Sprache für die Schafe)...

Du meinst also wirklich, man könnte bzw. sollte „Schafen" die gängigen religiösen und esoterischen (deiner Meinung nach richtigen??) Antworten einfach geben und nicht versuchen, sie mit einer leicht verständlichen Sprache aufzuklären?

ruebennase *hat geschrieben:*
... und die können nicht jeden befriedigen, das weiß ich aus eigener Erfahrung. Darum habe ich mich ja dazu entschlossen, die Antwort auf diese "Letztfragen" selbst herauszufinden, weil mir nichts wichtiger erschien, als eben diese Antwort.

Und diese gefundene Antwort kannst du auch leicht verständlich vermitteln?

ruebennase *hat geschrieben:*
„Wenn du eine andere Antwort kennst, die nicht aus abstrusen Vorstellungen und Einbildung besteht, dann schreib sie mir bzw. uns doch einfach."
Nein, so billig ist die Antwort nicht zu bekommen. Du willst mal schnell so auf dem Grabbeltisch eine Antwort aufgabeln, obwohl du dir keine Antwort erhoffst und nicht mal eine Frage hast. Das ist etwas unredlich, findest du nicht?

Nein – finde ich nicht. Du musst erst beweisen, dass deine gefundene Antwort auf diese Letztfragen nicht abstrus ist (*abstrus* bedeutet ja: diffus, konfus, absonderlich, kraus, töricht, weltfremd, verworren, unverständlich – und das Gegenteil davon ist: vernünftig, klar, deutlich, offensichtlich, verständlich – habe ich gerade nachgelesen).

Ich will deine Antwort auch gar nicht schnell – ich habe Zeit (ich bin nur ab nächsten Dienstag für zehn Tage auf Urlaub und kann daher hier nicht mitlesen bzw. mitschreiben). Was meinst du mit „so auf dem Grabbeltisch eine Antwort aufgabeln"?

ruebennase hat geschrieben:
Du bist ein „Produkt" des Seins und dieses Universums und der Urgrund dessen ist auch in Dir vorhanden.

Hm, na ja, geht's ein bisschen alltagstauglicher?

ruebennase hat geschrieben:
Willst du existenzielle Fragen beantwortet haben, die DEIN SEIN betreffen (die du ja nicht hast), dann wäre es sicher besser, die innere Welt zu erforschen, und wo liegt die näher als in dir selbst?

Da ist sie – die Nebelwand. Ich kann mir keine *innere Welt* vorstellen und sie schon gar nicht erforschen. Wie schaffst du das nur?

ruebennase hat geschrieben:
„Nein – keine Lust."
Siehst du, das nenne ich unredlich. Du willst eine billige Antwort geliefert bekommen und nichts dafür tun :-)

Warum unredlich? Ich habe mir mein kritisches, helles und klares Bewusstsein (das soll jetzt nicht eingebildet klingen) hart erarbeitet bzw. erdacht und will es mir nicht durch irgendwelche Antworten vernebeln lassen – dazu habe ich eben keine Lust. Es ist für mich lust-

voller, mich und die Welt bewusst, reflexiv und aufmerksam wahrzunehmen – ganz ohne *Letztantworten.*

ruebennase *hat geschrieben:*
*Es hat im Verlaufe der Menscheitsgeschichte schon
viele Menschen gegeben, die die Antwort gefunden
haben und sie nicht weitergeben konnten. Du müsstest dieser Antwort ja kritiklos glauben schenken können, aber wem würdest du soviel Vertrauen entgegenbringen können? Mehr Hinweise als ein Wegweiser
wird dir niemand geben können. Den Weg musst du
dann allein gehen.*

Klingt zwar wieder wie ein Kalenderspruch, aber was
soll's.

ruebennase *hat geschrieben:*
*„Diese Antenne werde ich – auch nicht wie von selbst –
in meinem restlichen Leben nicht mehr bekommen –
das hoffe ich zumindest ;-)"*
*Wer weiß ... du hast ja noch eine ganze Ewigkeit vor
dir. :-)*

Wie soll ich denn das wieder verstehen? Ich lebe zum
Glück sicher keine Ewigkeit! ;-)

—

ruebennase *hat geschrieben:*
*„Ich musste beim Lesen deines Beitrags hart kämpfen,
nicht einer Gehirnwäsche unterzogen zu werden ;-)"*
Da staune ich jetzt aber.
*Grundsätzlich ist eine Wäsche ja nichts Schlechtes. ...
Niemand außer dir selbst kann deinen Verstand wa-
schen.*

Ja, da hast du vollkommen recht. Ich habe meinen
Verstand als Selbstschutz sogar *Teflon-beschichtet* –
er ist unangreifbar bzw. beständig gegen esoterische
Gehirnwürmer aller Art. Sie prallen einfach ab.

ruebennase _hat geschrieben:_
Was du meinst, ist wohl die anrüchige Bedeutung des
Begriffes, sprich: der Versuch der Manipulation deiner
Gedanken. Das ist dann aber nicht mein Problem. Ich
halte jeden, mit dem ich spreche, für mündig genug,
Herr seiner Gedanken zu sein.

Ich will dir natürlich nicht unterstellen, dass du mich
bewusst manipulieren willst, aber deine Gedanken und
Argumente gehen meiner Ansicht nach ganz subtil in
diese Richtung. Und ja, ich fühle mich mündig genug,
dem zu widerstehen.

ruebennase _hat geschrieben:_
Würde ich dir die Antworten geben, die du von mir ha-
ben möchtest, dann könnte man mir unter Umständen
den Vorwurf machen, dich manipulieren zu wollen.
Wenn ich dir aber keine vorgefertigten Antworten gebe
und sage, du musst die Antwort auf existenzielle Fra-
gen selbst finden, dann weiß ich nicht, worin die Ma-
nipulation bestehen sollte.

Schon klar, dass jeder die Antwort auf existenzielle
Fragen selbst finden muss. Das Problem dabei ist das
„Wie". Es gibt eine Art zu reden und zu schreiben – wie
soll ich sagen –, die einem den Verstand raubt, die also nicht zum Denken anregt, sondern suggestiv vermitteln will, dass es positive Antworten auf existentielle _Letztfragen_ gibt. Anders ausgedrückt: „Es wird alles gut", wenn du dies oder das tust. Das ist meiner
Ansicht nach einfach falsch. Es wird gar nichts gut
oder positiv. Wer sich auf den gefährlichen Weg macht,
sein eigenes existenzielles Denken einzuschalten, der
kommt in ein „Niemandsland", wo ihm keiner mehr
weiterhelfen kann. Da gibt es kein Happy-End. Da ist
eher eine kalte einsame Antarktis im Kopf – ohne Ziel
und Sinn. Das hält nicht jeder aus. Das Befriedigende
dabei ist aber, dass es in dieser Antarktis eine sehr
klare Sicht gibt. Das sind nur meine Erfahrungen – sie
müssen natürlich nicht für jeden gelten.

Selbstverständlich lasse ich jedem seine Religion, wenn sie ihm etwas gibt – auch wenn ich es nicht verstehen kann. Wir sind hier aber in einem *atheistischen* Forum, wo eben kommuniziert wird. Es sollte sicherheitshalber auf der Eingangsseite *„Betreten auf eigene Gefahr"* stehen, damit jeder weiß, worauf er sich da einlässt. ;–)

Dass z.B. die gängigen religiösen und esoterischen Antworten menschliche Phantasiegebilde, Märchen und Projektionen sind und das Problem die davon abgeleiteten Verhaltensregeln *(„Du sollst dies oder das, sonst passiert dies oder das")* sind, die von einflussreichen Gruppierungen nach wie vor eingefordert werden. Dieses Forum ist voll von Beiträgen und Diskussionen über diese Problematik.

gendein anderes Problem.

Soweit so gut.

***ruebennase** hat geschrieben:*
„Ich will deine Antwort auch gar nicht schnell – ich habe Zeit (...bin nur ab nächsten Dienstag für zehn Tage auf Urlaub und kann daher hier nicht mitlesen/mitschreiben)."
Dann wünsch ich dir schon mal einen schönen Urlaub mit viel Spaß! :-)

Danke :-)

***ruebennase** hat geschrieben:*
„Hm, na ja, geht's ein bisschen alltagstauglicher?"
Nein. Ich finde das alltagstauglich.

Was leitest du aus dieser Erkenntnis, dass wir ein Produkt des Seins und dieses Universums sind, ab? Natürlich ist der Urgrund dessen auch in mir vorhanden. Wir haben uns alle aus „Sternenstaub" entwickelt. Und was kommt jetzt? Was fange ich mit dieser (positiven?) Erkenntnis im Alltag an?

***ruebennase** hat geschrieben:*
„Warum unredlich?"
Unredlich deshalb, weil du die „Arbeit" der Selbsterkenntnis von anderen, in diesem Fall von mir, erledigt haben möchtest.

Mit *Selbsterkenntnis* fange ich schon eher etwas an als mit *innerer Welt*. Klar muss die jeder selber leisten, soweit er halt will oder kann. Da gibt es viel aufzuarbeiten, je nach Lebensumständen in der Kindheit und der Erziehung usw. Das alles hat meiner Ansicht nach aber nichts mit Antworten auf existentielle *Letztfragen* zu tun.

ruebennase *hat geschrieben:*
„Wie soll ich denn das wieder verstehen? Ich lebe zum Glück sicher keine Ewigkeit! ;-)"
Musst du nicht verstehen, vergiss es ganz einfach wieder. Dafür hast du bestimmt noch genug Zeit. ;-)

Ich bin nicht mehr so jung, wie du vielleicht glaubst ;-)

—

ruebennase *hat geschrieben:*
„Ich habe meinen Verstand als Selbstschutz sogar ,Teflon-beschichtet' – er ist unangreifbar bzw. beständig gegen esoterische Gehirnwürmer aller Art. Sie prallen einfach ab."
... Unter esoterischen Gehirnwürmern kann ich mir allerdings nichts vorstellen.

Na ja, ich verstehe darunter folgendes: ein Gehirnwurm kriecht in das Gehirn, durchdringt es, setzt sich fest, sodass man immer wieder, manchmal andauernd an ihn denken muss, verändert langsam die bisherigen Denkinhalte und schwups ist man diesem Gehirnwurm vollkommen ausgeliefert – ohne dass man das eigentlich wollte. ;-)

ruebennase *hat geschrieben:*
Um es noch einmal zu betonen: ich bin nicht gegen die Exoterik und die Erforschung der Welt (z.B. durch Wissenschaft), ...

Was heißt hier *z.B.*? Wie kann man denn die Welt noch erforschen, außer durch Wissenschaft?

ruebennase *hat geschrieben:*
... ich bin nur gegen Einseitigkeit und die Vernachlässigung der Esoterik (im ursprünglichen Sinne).

Okay, ich denke, ich verstehe, was du meinst. Die allermeisten Bereiche in dieser hochkomplexen Lebenswirklichkeit sind und bleiben nicht berechenbar. Sie sind deswegen aber nicht weniger wichtig. Das sehe ich auch so. Dazu gehört sicher auch die Selbstreflexion und Selbsterkenntnis von Individuen – das kann selbstverständlich jeder nur für sich machen und kann prinzipiell nicht Teil einer Wissenschaft werden.

ruebennase hat geschrieben:
„Und ja, ich fühle mich mündig genug, dem zu widerstehen."
Keine Ahnung, was es da zu widerstehen gibt. :-)
Wenn deine Widerstandskräfte erlahmen sollten,
kannst du das Gespräch mit mir jederzeit abbrechen.
Ich werde dir kein Gespräch aufdrängen. ;-)

Ich kann dich beruhigen, meine Widerstandskräfte sind stark genug, um mit einem Esoteriker ein Gespräch zu führen – das ich übrigens als sehr spannend und interessant empfinde. :-)

ruebennase hat geschrieben:
Wenn ich dir überhaupt etwas rauben wollen würde,
dann nicht deinen Verstand (das kann ich gar nicht
und den wirst du noch brauchen), sondern deine Vorurteile (das ist schon eher möglich). Aber ich lasse sie
dir natürlich auch, wenn du sie behalten möchtest.

Als (selbst)kritischer Mensch bin ich natürlich froh, wenn mich jemand auf meine Vorurteile aufmerksam macht. Wenn möglich, werde ich das bewusst hinterfragen. Welche Vorurteile (zum Thema passend) erkennst du denn aus dem, was ich bisher geschrieben habe?

ruebennase hat geschrieben:
In einem Punkt stimme ich dir vollkommen zu: der
Weg der Selbsterkenntnis ist gefährlich, denn irgendwann auf dem Weg begegnet man dem Tod, und zwar
nicht von außen betrachtet, wie wir Lebenden das in
der Regel nur kennen, sondern als reale Erfahrung. Et-

was Gefährlicheres als den Tod gibt es nicht und du hast recht: das hält nicht jeder aus. Daher wäre es aus meiner Sicht auch unverantwortlich, jemand gegen seinen Willen auf diesen Weg zu schicken.

Passt zwar nicht ganz in diesen Thread (es gibt zum Thema *Tod* bereits einige), aber mich würde interessieren, wie du „reale Erfahrungen" mit dem Tod haben kannst. Wie soll das gehen? Entweder du bist ganz real tot, dann könntest du hier nicht mehr schreiben, oder aber du lebst ganz real und kannst nur versuchen dir den Tod vorzustellen – und das ist zugegeben schwierig.
Aber diesen Umstand bzw. dieses Denken sehe ich nicht als besonders gefährlich. Wenn ich tot bin, dann existiere ich einfach in dieser individuellen (Körper-) Form nicht mehr, sondern werde „von der Natur" langsam wieder in meine biochemischen und physikalischen Bestandteile (Stichwort: „Sternenstaub") zerlegt. Viel mehr ist für mich da nicht dahinter. Das halte ich locker aus. Ich sehe mich weder als so wichtig an, noch bin ich unersetzlich – vielleicht für meine nahen Angehörigen im ersten Moment – aber nach einer gewissen Trauerphase hält das auch jeder irgendwie aus. Das zeigt die alltägliche Erfahrung, die jeder in seinem Leben macht. Auch ich habe nahe Angehörige verloren und alle Phasen der Trauer durchgemacht. Das einzige, was bleibt, sind Erinnerungen in den Köpfen der Hinterbliebenen. Aber auch die verblassen bzw. verschwinden nach wenigen Generationen.

ruebennase hat geschrieben:
…Nur Mut, die Antarktis ist nicht das Ende, es gibt auch den Äquator der Seele und am Ende führt kein Weg vorbei an dem, das alle Gegensätze in sich vereint und das ich aus Gründen der Pietät in einem Atheistenforum den "Urgrund des Seins" nenne. ;-) Dann beginnt ein neuer, endloser Weg, aber mit anderen Augen.

Zum Einen glaube ich nicht an eine *Seele* (wir haben nur ein *Bewusstsein*), zum Anderen ist mir dieser *Urgrund des Seins*, wie du es nennst, viel zu positiv gedacht. Was ist – und ich sehe das als sehr wahrscheinlich an –, wenn dieser *Urgrund des Seins* absolut nichts mit uns Menschen zu tun hat? Also weder positiv, noch negativ ist? ...Weder gut, noch böse? ... Uns also im Grunde gar nichts angeht? Wenn diese kosmische Entwicklung einfach so abläuft – ohne Sinn und Bedeutung für uns („zufällig" denkenden) Lebewesen auf einem stinknormalen Planeten einer stinknormalen Galaxie?

Beginnt dann auch ein neuer, endloser Weg, aber mit anderen Augen? Ja, vielleicht – aber nicht in deiner scheinbar eher positiven Weltsicht. Ich nenne solche Gedankengänge *gefährlich*, weil sie einem verdeutlichen, wie abgrundtief leer unsere Existenz eigentlich ist. Hätten wir nicht unseren bunten bewegten Alltag, der uns von solchen Gedanken ablenkt, könnten wir kaum weiterleben.

ruebennase *hat geschrieben:*
„Mit Selbsterkenntnis fange ich schon eher etwas an als mit ‚innerer Welt'. Klar muss die jeder selber leisten, soweit er halt will bzw. kann. Da gibt es viel aufzuarbeiten, je nach Lebensumständen in der Kindheit, der Erziehung usw. Das alles hat meiner Ansicht nach aber nichts mit Antworten auf existentielle Letztfragen zu tun."

Hm, jetzt wird es schwierig, jetzt kommen wir in den Bereich, wo Worte versagen, weil jeder etwas anderes darunter versteht. Wenn ich von Selbsterkenntnis rede, dann meine ich nicht das Aufarbeiten von individuellen Lebensumständen, dann meine ich die Suche nach der Antwort auf die Frage: was ist dieser innere „Kern" des Selbst, das Bewusstsein des „Ich bin", das wohl jedem Menschen innewohnt, unabhängig von individuellen Lebensumständen.

Ja, du hast recht, jetzt wird es schwierig – und sprengt

wahrscheinlich den Rahmen meiner Antwortmöglich-
keit und den Rahmen diesen Threads.

Deshalb nur knapp: die Suche nach der Antwort auf
die Frage: was ist dieser *innere Kern des Selbst*, das
Bewusstsein des „Ich bin" kann auch ein Irrweg sein.
Vielleicht gibt es gar keinen *Kern des Selbst*. Kennst
du das Zwiebelschalenmodell (von Physikern gerne für
ihr Atommodell benutzt)? Eine Zwiebel hat unschwer
zu erkennen eine gewisse Form. Schält man sie Schicht
für Schicht, dann verändert sie sich Schritt für Schritt.
Und am Schluss bleibt nichts übrig.

So ähnlich stelle ich mir unser Bewusstsein vor. Es gibt
Schichten, die reichen ganz weit bzw. tief zurück in
die Evolution hier auf der Erde. Und es gibt Schichten,
die entstehen erst bei der Geburt, in der Kindheit usw.
Jede tiefere Erfahrung und jedes außergewöhnliche Ereignis bildet neue Schichten. Schält man jetzt diese
Schichten im Rahmen eines Selbsterkenntnis-
Prozesses ab, dann bleibt am Schluss vielleicht nichts
übrig – auch kein *Kern*. ;–)

—

@*ruebennase:* Sorry, dass ich deinen langen Beitrag
stark gekürzt habe, aber ich fürchte einerseits, dass
das meiste davon vom Thema abweicht und ich andererseits mitten in meinen Reisevorbereitungen stecke.
Aber in zwei Wochen habe ich wieder mehr Zeit, damit
wir einige Fragen bzw. Antworten vertiefen können.

ruebennase hat geschrieben:
*„Was heißt hier z.B.? Wie kann man denn die Welt noch
erforschen, außer durch Wissenschaft?"*
*"z.B." soll heißen: jedes Kleinkind fängt an, die Welt zu
erforschen, Forschung ist nicht auf Wissenschaft allein
beschränkt, das ist halt die Beschäftigung der Menschen, die Forschung professionell betreiben. Jeder
Einzelne von uns kann die Welt auf seine Weise erforschen. ...*

Wenn du das *Forschen* so weit ausdehnst, gebe ich dir recht, dass Wissenschaft nur eine Form von vielen ist. Ich stelle mir unter Forschen doch immer eine strenge methodische Vorgehensweise (im Sinne der Wissenschaftstheorie von **Karl R. Popper**) vor und die hat nur die seriöse Wissenschaft.

ruebennase hat geschrieben:
„Was ist (und ich sehe das als sehr wahrscheinlich an), wenn dieser ‚Urgrund des Seins‘ absolut nichts mit uns Menschen zu tun hat? Also weder positiv, noch negativ ist? Weder gut, noch böse? … Uns also im Grunde gar nichts angeht? Wenn diese kosmische Entwicklung einfach so abläuft – ohne Sinn und Bedeutung für uns (zufällig denkenden) Lebewesen auf einem stinknormalen Planeten einer stinknormalen Galaxie?"
Diese Gedanken kenne ich sehr gut, es sind die Gedanken eines Skeptikers, eines Alles-Anzweiflers, dem es schwerfällt, irgendwas und irgendjemandem zu vertrauen, nicht einmal sich selbst.

Ja, ich fühle mich als Skeptiker in philosophischen Fragen, habe aber ein – hoffentlich gesundes – Selbstvertrauen. Ich vertraue natürlich auch anderen nahestehenden Personen.

ruebennase hat geschrieben:
Wie könnte denn der "Urgrund des Seins" nichts mit uns Menschen zu tun haben? Wie kann ein seelenloses, bewusstloses und unpersönliches Universum Bewusstsein und Persönlichkeit hervorbringen?

Zugegeben, das ist im Grunde ein faszinierendes, merkwürdiges und rätselhaftes Phänomen, aber die menschliche Entwicklungsgeschichte bzw. Evolution zeigt doch sehr deutlich, wie so etwas Schritt für Schritt entstanden sein könnte. Bei allem Zweifel steht für mich als *Naturalist* fest, dass es in dieser Entwicklungsgeschichte mit rechten Dingen zugegangen ist und ich muss nicht auf mystische und transzendente

Erfahrungen zurückgreifen, um mit diesem Phänomen klar zu kommen.

ruebennase *hat geschrieben:*
„Beginnt dann auch ein neuer, endloser Weg, aber mit anderen Augen? Ja, vielleicht – aber nicht in deiner scheinbar eher positiven Weltsicht. Ich nenne solche Gedankengänge gefährlich, weil sie einem verdeutlichen, wie abgrundtief leer unsere Existenz eigentlich ist. Hätten wir nicht unseren bunten bewegten Alltag, der uns von solchen Gedanken ablenkt, könnten wir kaum weiterleben."
Und wer hat uns diesen bunten, bewegten Alltag ermöglicht und beschert, wenn nicht das Universum?

Na ja, primär haben uns seriöse Wissenschaftler, Techniker, Unternehmer und nicht Esoteriker den modernen bunten, bewegten Alltag beschert, der uns Privilegierte ermöglicht, hier virtuell über deren Entstehung zu philosophieren. ;-)
Im Ernst: Es gibt offensichtlich eine Tendenz im Universum zu immer höherer Komplexität, die auf geeigneten Planeten eine Evolution zu höher entwickelten Lebewesen ermöglicht. Die tiefere Frage lautet nun: Warum gibt es diese Tendenz zu immer höherer Komplexität? Das *Wie* kann die Wissenschaft bis zu einem gewissen Grad schon beantworten, aber das *Warum?* bzw. *Wozu?* bleibt offen. Mit dieser Offenheit bzw. Unsicherheit müssen wir zurecht kommen.

ruebennase *hat geschrieben:*
„Kennst du das Zwiebelschalenmodell (von Physikern gerne für ihr Atommodell benutzt)? Eine Zwiebel hat unschwer zu erkennen eine gewisse Form. Schält man sie Schicht für Schicht, dann verändert sie sich Schritt für Schritt. Und am Schluss bleibt nichts übrig."
Doch, der Schäler, der Beobachter, der feststellt, dass nichts übrig bleibt, bleibt übrig.

Ja, aber der ist dann vollkommen aufgeklärt. Du würdest ihn dann *erleuchtet* und *weise* nennen. ;-)

ruebennase hat geschrieben:
"Nicht kann das Sein zu Nichts vergehen, nicht kann aus Nichtsein Sein entstehen. Das Ende beider wird gesehen von den Weisen."
Krishna in der Bhagavad-Gita (Gesang des Erleuchteten) vor über 2000 Jahren
Den Satz halte ich persönlich immer noch für die höchste Erkenntnis, die man noch in Worte fassen kann. :-)

Na ja, dieser poetische Satz löst in mir nicht unbedingt das großes Aha-Erlebnis aus – aber das wundert dich jetzt sicher nicht. ;-)

—

[...]

—

Nach einer interessanten und erholsamen Irland-Reise möchte ich den Faden diesen Threads wieder aufnehmen und ein paar Gedanken in Erinnerung rufen. In meiner Abwesenheit ist in diesem Thread ja viel diskutiert worden – das meiste leider *offtopic*.
Ausgangspunkt war meine These, dass sich die Menschheit zum Großteil noch in einer *magischen Phase* befindet, in der die meisten Menschen an übernatürliche, imaginäre, esoterische, transzendente, spirituelle, mystische, geheimnisvolle, unerklärbare Kräfte, Energien, Erscheinungen oder was auch immer glauben.
Eine kleine skeptische Minderheit glaubt das nicht und kann mit offenen Fragen (z.B. "Woher kommt der Urknall?", „Wie entsteht Bewusstsein?") ziemlich gelassen leben. Solche Menschen bezeichne ich als reif und aufgeklärt in dem Sinne, den ich schon ganz am Anfang der Diskussion beschrieben habe:
„Reif und aufgeklärt sind für mich Menschen, die bei Phänomenen, die wir beobachten können und bei

manchen (philosophischen) Fragen bzw. Antworten ein bestimmtes Gespür entwickelt haben, was *real* sein kann und was nicht. Mit anderen Worten Menschen, die *Naturalisten* sind, die also annehmen, dass es in der Welt mit rechten Dingen zugeht."

Man sieht anderen Menschen nicht sofort an, ob sie reif und aufgeklärt nach meiner obigen Beschreibung sind oder nicht – d.h. ob sie ohne Hilfe und Leitung einer übernatürlichen, imaginären, esoterischen, transzendenten, spirituellen, mystischen Vorstellung selbständig denkend ihr Leben meistern können oder nicht. Wobei ich gleich hinzufügen muss, dass sehr wohl viele Menschen ihren Alltag sehr gut meistern können, aber in manchen Lebenssituationen bzw. Lebenskrisen auf solche oben beschriebenen Vorstellungen zurückgreifen.

Dieses Phänomen kann man auch bei Kindern in einem gewissen Alter beobachten: sie glauben nicht ständig an *magische* Dinge, sondern nur manchmal in bestimmten Situationen, z.B. aus Furcht bzw. Angst bei Dunkelheit, wenn sie spielen oder tagträumen, bei bestimmten Festen usw. Kinder meistern auch ihren Alltag, glauben aber zusätzlich in einem gewissen Alter eben an *Magisches*.

Genauso machen es die meisten Erwachsenen: sie verhalten sich in ihrem durchgeplanten und oft hektischen Alltag wie ganz normale vernünftige Menschen, haben aber zusätzlich manchmal das Bedürfnis, ohne viel und differenziert nachzudenken, an *Magisches* zu glauben (z.B. an einen *Schöpfer*, an das ewig *Gute*, an die (göttliche) *Liebe*, an ein Leben nach dem Tod, an Himmel und Hölle usw.).

Dazu gehört viel Einbildungskraft – ein faszinierendes, merkwürdiges, rätselhaftes (und deshalb erklärungsbedürftiges) evolutionäres Phänomen. Der Mensch ist offensichtlich ein phantasiebegabtes Wesen mit überschüssigem Denkpotential.

—

ruebennase hat geschrieben:

„Dazu gehört viel Einbildungskraft – ein faszinieren-
des, merkwürdiges, rätselhaftes (und deshalb erklä-
rungsbedürftiges) evolutionäres Phänomen. Der
Mensch ist offensichtlich ein phantasiebegabtes Wesen
mit überschüssigem Denkpotential."
Mit diesem Gedanken hast Du Dich selbst gerade ins
Reich der Magie begeben.

Verstehe ich nicht. Warum? Ich behaupte ja nur, dass
der Mensch offensichtlich eine über das reine (instink-
tive) Überleben hinausgehende Gabe bzw. Kraft hat,
sich alles Mögliche einzubilden, an das er dann glauben kann. Diese Fähigkeit an sich ist nichts Magisches.
Das Eingebildete gehört aber sehr wohl ins Reich der
Magie.

ruebennase hat geschrieben:

Ebenso, wenn Du Dich verliebst, Dir einen Film an-
siehst, Musik anhörst, die Dich anspricht ... etc. etc.
An der Technik der Musikproduktion ist nichts Magi-
sches, an der Wirkung, die sie in Dir auslöst, aber
schon.

Ja, Filme, Musik, Kunst und Kultur ganz allgemein ist
von Menschen gemacht und kann bei manchen Menschen eine ganz außerordentliche Wirkung haben.
Kunstproduktion bzw. Kunstgenuss ist eine menschliche Kulturleistung – die in dieser abstrakten und
komplexen Form nur beim Menschen vorkommt.
Der Unterschied zu magischem Denken besteht meiner Ansicht nach darin, dass der Mensch, der Kunst
konsumiert bzw. genießt, üblicherweise genau weiß,
dass das alles von Menschen gemachte Werke sind.
Beim Glauben an übernatürliche, imaginäre, esoterische, transzendente, spirituelle, mystische, geheimnisvolle, unerklärbare Kräfte, Energien und Erscheinungen wird aber angenommen, dass es Werke gibt,
die nicht von Menschen gemacht wurden – das ist eine
reine Projektion, Vorstellung oder eben Einbildung.

—

ruebennase *hat geschrieben:*
Wir Menschen sind auch nur Instrumente, auf denen
Gott sein Lied spielt. Und je mehr die Flöte glaubt, sie
sei es selbst, die spielt, desto schräger pfeift der Wind
hindurch. ;-)

Ist zwar schön gesagt und als Analogie verstehbar,
aber das „Lied Gottes" ist eben nicht für alle hörbar.
Ich kann es mir einbilden, aber wozu?

—

ruebennase *hat geschrieben:*
Vielleicht hört man das Lied ja, wenn man aufhört, sich
einzubilden, man spiele selbst.

Wenn ich aufhöre, mir einzubilden, ich spiele selbst
mein Lebenslied, dann lande ich früher oder später in
der Psychiatrie. Dann höre ich nämlich auch zwanghaft
Stimmen („die Stimme Gottes"?) in mir, die mir dies
oder das einflüstert und leide wahrscheinlich an einer
schizophrenen Psychose. Das kannst du ja wohl nicht
meinen, oder?

—

Die Frage steht im Raum, ob und wieviel sich ein
Mensch einbilden kann. Der, der sich etwas einbildet,
sieht natürlich nicht, dass er sich etwas einbildet. Ich
bilde mir auch ein, dass ich mich und die Welt um
mich herum klar und richtig wahrnehme. Mit Sicherheit wissen kann ich es nicht. Vielleicht bin ich sehbe-
hindert oder blind gegenüber Zeichen, die ich nicht
erkenne. Übernatürliche Zeichen kann ich nicht wahrnehmen – dazu fehlt mir die richtige Antenne. Ich
kann auch keine gesendeten Radiosendungen emp-
fangen – dazu brauche ich ein geeignetes Empfangsgerät.

244

Sehen sich Gläubige als „Empfangsgerät" für versteckte übernatürliche Botschaften bzw. Zeichen? Wie sehen Gläubige die Welt? Das interessiert mich wirklich. Eine weitere Frage war, wieweit wir Selbsterkenntnis treiben können – jeder für sich alleine natürlich. Wie kann darüber kommuniziert werden? Mit Worten ist es schwierig. Da gibt es oft Missverständnisse am laufenden Band. Aber wir haben nur die Sprache. Also was sollen wir tun in einer solchen Situation? Meditatives Schweigen? Na ja, das ist sicher eine Möglichkeit. Aber sehr ergiebig ist das nicht in einem Diskussionsforum. Mit Analogien, Metaphern, Aphorismen, Sprüchen und Zitaten? Das ist meist langweilig, weil es oft ,Killer-Phrasen' sind, die eine Diskussion auch abwürgen können. Mich würde ehrlich interessieren, wie manche Menschen sich eine *magische Welt* ausmalen. So konkret wie möglich. Vielleicht verstehe ich es dann besser.

—

***idefix2* hat geschrieben:**
„Ich bilde mir auch ein, dass ich mich und die Welt um mich herum klar und richtig wahrnehme."
Klar, das tut jeder. Aber da hilft eben die Logik als Korrektiv. ... Die sollte uns aber auch ganz klar erkennen lassen, wenn wir uns manchmal auch „Wahrnehmungen" zusammen phantasieren, für die es gar keine Entsprechung in der wirklichen Welt gibt.

Ja, die Logik kann in vielen Fällen helfen, eine eingebildete Wahrnehmung zu korrigieren – aber nicht in allen Fällen. Eine umfassende bzw. gesamtheitliche Sicht auf die Welt lässt sich meiner Ansicht nach nicht mehr rein logisch denken. Gerade menschliche Extremsituationen (z.B. eigenes Sterben, früher Tod eines nahen Angehörigen, Betroffener bei großen Naturkatastrophen usw.) lassen sich nicht nur logisch bzw. analytisch erklären, sondern verlangen ein zusätzliches Verstehen bzw. Akzeptieren auf einer anderen kognitiven und emotionalen Ebene. Da geht es nicht mehr nur darum, logisch zu erkennen, dass manche Dinge im Leben bzw. in der Natur eben einfach so passieren oder man eben Pech gehabt hat. Vieles muss erst einmal emotional verarbeitet, oft auch einfach verdrängt werden, um relativ unbelastet ein normales Leben leben zu können.

Um das zu schaffen, suchen eben viele Menschen nach der erstbesten (oft religiösen) Antwort und glauben daran. Natürlich ist das viel zu kurz gedacht, weil religiöse Antworten fast immer unlogisch und manchmal reiner Schwachsinn sind. Dies zu erkennen und diese Einsicht dann in entsprechenden Extremsituationen anzuwenden, verlangt eine gewisse mentale Stärke, die nicht jeder hat.

idefix2 hat geschrieben:
Das „Gefühl", Gott begegnet zu sein, mag ja von manchen Menschen wirklich so empfunden sein, aber es ist halt ganz offensichtlich nur ein Artefakt, den das Gehirn produziert, ohne Bezug auf irgendetwas, was es in der Realität gibt.

Ja, offensichtlich ist das der Fall. Nur kann man denjenigen, der dieses „Gefühl" einmal gehabt hat und ihm in einer Situation geholfen hat, nur mehr sehr schwer klarmachen, dass es keinen Bezug zur Realität hat. Dieses „Gefühl" ist für ihn *real*, weil er daran glaubt – genauso, wie ich daran glaube, dass dieses „Gefühl" nur eingebildet und eine mentale Krücke ist, um manches nicht klar erkennen oder manches nicht zum bitteren Ende fertig denken zu müssen.

—

idefix2 hat geschrieben:
„Dieses ‚Gefühl' ist für ihn real, weil er daran glaubt – genauso, wie ich daran glaube, dass dieses ‚Gefühl' nur eingebildet und eine mentale Krücke ist".

246

Das „Gefühl" selbst ist real – nicht weil „er dran glaubt", sondern weil er es wirklich erlebt hat. Falsch ist nur seine Interpretation des Gefühls, denn in der wirklichen Welt war eben nichts, das ganze hat sich nur in seinem Kopf abgespielt.

Na ja, irgendwie spielt sich ja alles in unserem Kopf ab (da gebe ich **ruebennase** einmal recht) – und nein, ich bin kein *Solipsist.* ;-)

idefix2 hat geschrieben:
Das Problem bei gläubigen Menschen ist, dass sie nicht in der Lage oder nicht willens sind, derartige Erlebnisse einer rationalen Analyse zu unterziehen. Da wird lieber davon gefaselt, dass „Logik nicht alles" ist, und ähnlicher Müll.

Dass du gerne *Mr. Spock* hier spielst, ist mir schon klar. Aber denkst du nicht, dass es im Leben Dinge gibt, die nichts mit Logik zu tun haben? Was hat z.B. spielen, lieben, ein Alltagsgespräch mit Vertrauten, eine beeindruckende Landschaft anschauen und genießen ganz allgemein mit Logik zu tun? Das frage ich als Naturalist und Atheist.

—

idefix2 hat geschrieben:
In unserem Gehirn landen unzählige Sinnesreize, die mehr oder weniger akkurat das abbilden, was in der Außenwelt passiert, und das Gehirn bastelt sich daraus ein Modell.
Und weil der Vorgang nicht „perfekt" ist, entstehen in dem Modell auch Artefakte, die mit der Außenwelt nichts zu tun haben. Auch diese Artefakte werden „erlebt". Aber der Teil des Gehirns, der „logisches Denken" implementiert, hilft dabei, solche Artefakte zu erkennen und aus dem gebastelten Modell zu entfernen.

Ich bin mir nicht sicher, ob das mit dem „Modell-basteln *nach* Sinnesreizen" auch so stimmt. Wir wissen nicht genau, wie viele Modelle in unserem Gehirn schon angeboren sind und wie sie nach der Geburt zustande kommen. Außerdem ist es oft umgekehrt: wir sehen mit unserer „Modell–Brille" die Umwelt und nehmen nur das wahr, was diesem Modell entspricht – alles andere wird nicht wahrgenommen. Wir reduzieren praktisch ständig die Komplexität der Umwelt. Diesen selektiven Blick kennen wir alle: Wir kaufen z.B. ein neues Auto und plötzlich sehen wir diese Marke überall.

Genauso, aber viel komplizierter, funktionieren wahrscheinlich auch Weltanschauungen. Bevor wir überhaupt wissen, was das ist (also schon bei der Geburt), haben wir schon eine „Weltanschauung" und korrigieren die dann bzw. passen sie im Laufe des Lebens an, je nachdem, welchen bzw. wie viel Input wir unserem Gehirn liefern. Das passiert mit der „Versuch–und–Irrtum"-Methode solange bis wir irgendwann bei einer Weltanschauung gelandet sind, die uns zusagt und mit der wir zufrieden sind.

idefix2 hat geschrieben:
„Aber denkst du nicht, dass es im Leben Dinge gibt, die nichts mit Logik zu tun haben?"
Wo zum Teufel habe ich auch nur den leisesten Verdacht aufkommen lassen, dass ich das bestreiten würde?

Indem du (fast ausnahmslos) rein logisch analysierst bzw. argumentierst und nicht–logische Andeutungen, die nichts mit einem (religiösen) Glauben zu tun haben müssen, bzw. Zwischentöne (also das, was zwischen den geschriebenen Zeilen manchmal mitschwingt) einfach nicht hören kannst oder willst.

Mein Vergleich mit *Mr. Spock* war übrigens nicht böse gemeint, aber er ist doch der Inbegriff des rein logischen Denkens und Sprechens. Menschen sind in der Regel nicht ständig logisch – sie handeln oft intuitiv, emotional, irrational und unlogisch. Das kann man

zwar kritisieren, bringt aber nichts – sie denken bzw. handeln trotzdem so.
Ich will damit sagen, dass ich auch als Atheist und Naturalist primär Mensch bleibe, auch wenn mir bewusst ist, dass logisches Denken eine beeindruckende und wichtige Leistung bzw. Eigenschaft des Menschen darstellt.

idefix2 hat geschrieben:
Beim Bewundern einer Landschaft oder beim Genuss eines Musikstücks hat sich bei mir noch nie „die Logik" bremsend zu Wort gemeldet.

Okay, das beruhigt mich. ;-)

—

ruebennase hat geschrieben:
„Ich will damit sagen, dass ich auch als Atheist und Naturalist primär Mensch bleibe, auch wenn mir bewusst ist, dass logisches Denken eine beeindruckende und wichtige Leistung bzw. Eigenschaft des Menschen darstellt."
„Atheist" würde ich zwar für meine Person mit „Theist" ersetzen, aber das ist sekundär.

„Der Theismus begreift Gott als Schöpfer der Welt, der sie auch erhält und lenkend in sie eingreift." (*Wikipedia*)
Du kannst nicht gleichzeitig Naturalist *und* Theist sein, weil ein Naturalist an keinen „Schöpfer-Gott" glaubt.

ruebennase hat geschrieben:
Primär sind wir alle Menschen, wir sitzen alle in einem Boot und es wäre daher für uns alle und auch unser „Boot", die Erde, besser, wenn wir uns mehr um gegenseitiges Verständnis bemühen würden, als immer nur die Gegensätze herauszuarbeiten. Das geht nur, wenn jeder damit bei sich selbst anfängt.

Das bleibt wohl ein frommer Wunsch. Ein sehr guter und kluger Lehrer hat in meiner Schulzeit immer gesagt, dass er erklären will, wie die Welt *ist* – die Religion will beschreiben, wie die Welt sein *soll*.

—

idefix2 *hat geschrieben:*
„Ich bin mir nicht sicher, ob das mit dem ‚Modell-basteln nach Sinnesreizen' auch so stimmt. Wir wissen nicht genau, wieviele Modelle in unserem Gehirn schon angeboren sind und wie sie nach der Geburt zustande kommen."
Wenn ich mir mein einjähriges Enkelkind anschaue, dann bin ich ganz sicher, dass die Zahl der „Modelle", die er von Geburt an mitbekommen hat, sehr überschaubar sind.

Das mag stimmen, aber er hat eben schon angeborene Modelle, sonst könnte er die Welt möglicherweise gar nicht wahrnehmen. Übrigens: Kinder lernen in den ersten Wochen, Monaten und Jahren sehr schnell.

idefix2 *hat geschrieben:*
... – was ein Mensch aber sicher von Geburt an hat, ist die Fähigkeit zur Modellbildung.

Ja, unbestritten.

idefix2 *hat geschrieben:*
Natürlich, hat man einmal ein Modell gebildet, wird man versuchen, seine Wahrnehmungen in dieses Modell einzuordnen. Und ja, manches wird auch nicht wahrgenommen oder verdrängt, aber worauf willst du damit hinaus?

Dass eben die Modellbildung in der Regel *vor* der Wahrnehmung von Sinnesreizen stattfindet. Auf mehr wollte ich gar nicht hinaus (führt auch wahrscheinlich ins *offtopic*).

„Diesen selektiven Blick kennen wir alle: wir kaufen z.b. ein neues Auto und plötzlich sehen wir diese Marke überall."
Stimmt. Und unsere Rationalität sagt uns dann, dass bei dem Eindruck etwas nicht stimmen kann.

Das meine ich nicht damit. Das Phänomen des „selektiven Blicks" (bei dem sehr wohl alles stimmt, weil die gesehenen Autos mit der eigenen Marke existieren ja wirklich, nur blenden wir in einer kurzen Phase alle anderen aus) sollte zeigen, dass wir in der Wahrnehmung nicht nur nach unseren schon vorher gebildeten Modellvorstellungen, sondern auch selektiv vorgehen.

Ich bin ziemlich sicher, dass mein einjähriger Sohn noch keine "Weltanschauung" hat. Der weiß vermutlich noch gar nicht, dass es eine Welt gibt, die über das hinaus geht, was er kennt.

Ich bin mir auch sicher, dass alle keine Ahnung haben, wie die „Welt" aussieht jenseits seiner eigenen Weltanschauung.

„Das passiert mit der ‚Versuch-und-Irrtum'-Methode solange bis wir irgendwann bei einer Weltanschauung gelandet sind, die uns zusagt und mit der wir zufrieden sind."
Nein. Ich kann aus eigener Erfahrung sagen, dass ich nie bei einer Weltanschauung „gelandet" bin, die mir „zugesagt" hat und mit der ich „zufrieden" war. Auf viele Gläubige mag das aber zutreffen, die dürften in der Mehrzahl irgendwann aufhören, ihre Anschauungen weiter in Frage zu stellen.

Okay, da hast du vielleicht recht. Das *In-Frage-stellen* der eigenen Weltanschauung sollte für einen Skeptiker eine Selbstverständlichkeit sein – die meisten Gläubigen sind aber keine Skeptiker.

***idefix2* hat geschrieben:**
Was meinst du mit „nicht-logische" Andeutungen?

Auch wenn ich Kalendersprüche so wie du nicht leiden kann, können manche sprachliche Formulierungen (z.B. Poesie, Lyrik, Zen-Kōans u.a.) zum Denken anregen, obwohl sie keine logischen Aussagen bzw. Argumente enthalten.

***idefix2* hat geschrieben:**
Was der Logik widerspricht, ist ziemlich sicher Blödsinn. ... Und was zwischen den geschriebenen Zeilen manchmal mitschwingt, höre ich schon, ist aber leider häufig Blödsinn...

Das sehe ich eben etwas anders. Für mich ist nicht ziemlich alles Blödsinn, wenn ich es nicht gleich verstehe. Zumindest denke ich es mir nur und schreibe es nicht gleich hin. ;-)

***idefix2* hat geschrieben:**
„Mein Vergleich mit Mr. Spock..."
... ist der reinste Unsinn. Mr. Spock hat in Wirklichkeit nur insofern mit Rationalität zu tun, als er eine Karikatur von Rationalität bildet. Empfindungen und Gefühle zu bestreiten, zu negieren und zu ignorieren ist im höchsten Grad irrational. Wenn du mir das unterstellen willst, dann hast du ganz offensichtlich nichts von dem verstanden, was ich schreibe.

Okay sorry, wenn du dich damit angegriffen fühlst, nehme ich den Vergleich mit *Mr. Spock* zurück. Er war nicht so ernst gemeint – ich hätte ein Smiley dazufügen müssen.

—

***ruebennase** hat geschrieben:*

In meinen Augen kann echte Religiösität immer nur in einer individuellen Beziehung zwischen dem Individuum und Gott gelebt werden, niemals in der Masse.

Das erinnert mich eben an die individuelle Beziehung zwischen einem Kind mit seiner Mutter oder seinem Vater, die auch nicht in der Masse gelebt werden kann (um wieder mal *ontopic* zu schreiben).

Dieses Elternmodell wird von dir gedanklich überhöht und in einen „Gott" projiziert – so meine These.

– Eltern sind die Ursache für die Existenz des Kindes. Überhöht: „Gott" ist die Ursache für die Welt und die darin existierenden Menschen.

– Eltern sind für ein Kind verantwortlich. Überhöht: „Gott" ist für die Menschen verantwortlich.

– Eltern leiten, helfen und trösten ihre Kinder. Überhöht: Die „Gottesvorstellung" leitet, hilft und tröstet gläubige Menschen.

***ruebennase** hat geschrieben:*

In der Aussage deines Lehrers steckt leider ein immer wieder vorkommender Kategorienfehler, der für alle Missverständnisse zwischen Atheisten und Theisten verantwortlich ist.

Der Lehrer vermittelt das Wissen darüber, wie die äußere Welt nach unserem bisherigen Erkenntnisstand beschaffen IST.

Das ist aber nicht das Anliegen einer Religion. Bei ihr geht es um die innere Welt des Menschen.

Die sogenannte „innere Welt" eines Individuums bzw. individuelle Selbsterkenntnis (soweit waren wir schon einmal) ist sicher wichtig und kann mit keiner Wissenschaft untersucht werden – von seriöser Psychoanalyse/-therapie einmal abgesehen, die ich nicht zur Wissenschaft rechne.

Ich vermute, dass mir eine religiöse Einstellung nicht weiterhelfen kann, wenn ich mich selbst erkennen will. Im Gegenteil: Sie würde mir im Weg stehen und den

Prozess unnötig kompliziert machen.

ruebennase *hat geschrieben:*
Die Religionen der Vergangenheit sind überholt und es
wird Zeit, dass die Menschheit dieser Kinderschuhe
entwächst.

Da gebe ich dir recht ...

ruebennase *hat geschrieben:*
Die Worte der Propheten bleiben wahr, sie sind zeitlos,
denn die innere Welt des Menschen ist immer noch
gleiche wie damals. Sie bedürfen aber auch einer
Transformierung in unsere heutige Zeit und Sprache.

... hier stimme ich dir nicht zu.
Manche Erkenntnisse bzw. Einsichten sind so sehr
zeitgebunden, dass sie nur sehr schwer in unsere heutige Zeit und Sprache transformiert werden können,
um auch wirklich verstanden zu werden.
Die Entwicklung der Menschheit und deren Lebensumstände in den letzten drei- bis vierhundert Jahren ist
so tief gehend und irreversibel, dass es mir unmöglich
erscheint, dass irgendeine Weisheit eines einzelnen
Denkers vor zweitausend und mehr Jahren uns heute
Lebenden irgendetwas in die Hand geben könnte, das
uns hilft, mit unserem Leben einigermaßen gut zurechtzukommen.

—

idefix2 *hat geschrieben:*
Ich weiß nicht recht, ob man die Fähigkeit zur Bildung
von Modellen als Modell bezeichnen kann. Viel mehr
Modell wird bei der Geburt aber wohl nicht da sein.
...
Was sollen denn ohne Sinnesreize für Modelle gebildet
werden? Unter Modell verstehe ich eine Struktur mit
Inhalt, nicht eine leere Struktur. Wobei ich nicht einmal
glaube, dass im Gehirn leere Strukturen auf Vorrat ge-

bildet werden. Warum auch?

Ich erinnere mich daran, dass ich im Rahmen meiner Beschäftigung mit der *Evolutionären Erkenntnistheorie* (von **Konrad Lorenz**, **Rupert Riedl** u.a.) vor vielen Jahren über so etwas ähnliches wie angeborene *Apriori-Formen/-Strukturen* gelesen habe. Das führt aber wahrscheinlich hier zu weit ins *offtopic*. Vielleicht eröffne ich einmal einen eigenen Thread zu dieser Frage, wenn ich Interesse und Lust dazu habe.

idefix2 *hat geschrieben:*
„Okay sorry, wenn du dich damit angegriffen fühlst, nehme ich den Vergleich mit Mr. Spock zurück. Er war nicht so ernst gemeint – ich hätte ein Smiley dazu fügen müssen."
Um der Heiligen Dreifaltigkeit Willen – wirke ich denn so empfindlich? :-)

Nein, natürlich nicht :-)

—

Herr der Augenringe *hat geschrieben:*
Dass es sich um Projektion handelt, ist naheliegend. Christen sprechen ihren Gott nicht ohne Grund mit „himmlischer Vater", „allmächtiger Vater" an. Wer hat nicht gern einen starken, tollen Vater. Wenn dieser dann auch noch „ewig" ist, dann muss man nichts mehr fürchten. Auch den Tod nicht.

Ja, richtig. Genau das meine ich.

Herr der Augenringe *hat geschrieben:*
Du fragtest vor längerer Zeit danach, wie Gläubige die Welt sehen. Das ist schwer zu beantworten. Es gibt wohl so viele Sichtweisen auf diese Welt, wie es Menschen gibt.

Auch da stimme ich dir zu. Wenn ich hier meine eigenen Erkenntnisse verallgemeinere, dann ist mir schon auch bewusst, wie problematisch das ist, weil eben jeder eine andere Sichtweise auf diese Welt hat. Aber deswegen kommunizieren bzw. diskutieren wir ja hier, um vielleicht Gemeinsamkeiten zu entdecken oder wenn nicht, sich gegenüber anderen Sichtweisen besser abgrenzen zu können.

Herr der Augenringe *hat geschrieben:*
Was in all diesen Abhandlungen noch gar nicht recht zur Sprache kam, ist der Unterschied der Geschlechter. Die Themen Gott, Religiosität usw. wurde bisher sehr maskulin erörtert, was natürlich nicht verwunderlich ist und auch keine Kritik darstellen soll. :-)

Was mich betrifft, muss ich zugeben, dass ich formal zwar nicht geschlechtsneutral formuliere – ich verwende aus Gewohnheit bzw. Faulheit meist die männliche Form von Begriffen und Wörtern, weil ich in einer Zeit sozialisiert wurde, wo das noch keine Rolle gespielt hat – aber inhaltlich fällt mir keine Formulierung ein, die darauf hindeuten würde, dass der Unterschied der Geschlechter eine große Rolle spielt. Wenn ich vom Menschen schreibe, denke ich automatisch an Mann *und* Frau – diese Gleichstellung halte ich bei (philosophischen) Abhandlungen im 21. Jahrhundert für eine Selbstverständlichkeit.

Herr der Augenringe *hat geschrieben:*
Ich wage zu behaupten, die Weltsicht der Gläubigen und Ungläubigen unterscheidet sich nicht so sehr wie die Weltsicht von Männern und Frauen. Es wird zwar immer betont, dass „Gott" weder männlich, noch weiblich sei, aber wenn man genau beobachtet, wie geredet wird, so fällt schon auf, dass in den Köpfen der Gläubigen eher ein männlicher Gott herumspukt. Der Vater eben. Jesus, Mohammed, Buddha, und wie sie alle heißen, waren Männer. Mit entsprechend männlicher Weltsicht. Das Weibliche ist dem Männlichen fremd. Umgekehrt auch, dennoch wird das Weibliche in ein

männliches Weltbild gepresst. Das kann nicht gut ge-
hen und tut es auch nicht.
Die von bestimmten Foristen viel besprochene "Wahr-
heit" ist also solange unvollständig, und somit nicht
mehr wahr, wie sie das Weibliche ausschließt bzw.
herabsetzt.

Ja, das hast du sicher recht.

***Herr der Augenringe** hat geschrieben:*
Gottvater als Schöpfer der Welt – Adam der erste
Mensch – Eva seine Gespielin und in vielen männlichen
Köpfen die Schuldige am Sündenfall – Päpste, Kardinä-
le, Bischöfe – Pfarrer auf den Kanzeln... Und in dieser
männerdominierten Religionswelt sollen sich Frauen
wohlfühlen oder zurechtfinden...

In so einer männerdominierten Religionswelt fühle ich
mich als Mann auch nicht wohl. ;–)

***Herr der Augenringe** hat geschrieben:*
Die Wahrheit findet man überall dort, wo von Herzen
gelacht und geweint wird. Man begegnet ihr in Mutter
Natur. Und in den Armen einer liebenden Frau. So ein-
fach. :–)

:–)

—

***ruebennase** hat geschrieben:*
„Dieses Elternmodell wird von dir gedanklich überhöht
und in einen ‚Gott' projiziert – so meine These."
Diese These kann ich natürlich nicht entkräften. Das
Einzige, was ich dagegen ins Feld führen könnte: Ob
ich mit einer Projektion, also einer Einbildung, wohl
diese lange Zeit in einem Atheistenforum durchstehen
könnte? Das traue ich mir selbst nicht zu.

Einbildungen und Projektionen können sehr stark sein

und ein Leben vollständig durchdringen. Du musst es selbst durchstehen – da hilft dir keiner. ;-)

„Eltern sind mehr oder weniger die Ursache für die Existenz des Kindes. Überhöht: ‚Gott' ist die Ursache für die Welt und die darin existierenden Menschen."
Tja, so ist es nun mal.

Wie jetzt? Stimmst du dieser Überhöhung zu und ist dir bewusst, dass es nur eine Überhöhung bzw. Projektion ist oder glaubst du wirklich daran?

„Ich vermute, dass mir eine religiöse Einstellung nicht weiterhelfen kann, wenn ich mich selbst erkennen will. Im Gegenteil: Sie würde mir im Weg stehen und den Prozess unnötig kompliziert machen."
Ja, vollkommen richtig.
Alles, was jemand zu diesem Thema sagt, kann im Wege stehen, weil es gewisse Vorstellungen im Zuhörer/Leser erzeugen würde und jede Vorstellung, die man sich von etwas Unbekanntem macht, ist falsch und steht der eigenen Erkenntnis im Wege. Sagt man aus diesem Grunde nur das Nötigste, wird man von den Skeptikern der Phrasendrescherei bezichtigt. Das ist verständlich und damit muss man leben. Aber wenn man nur einen erreicht, der aufhorcht und versucht, zu verstehen, dann ist das die Mühe wert gewesen.

Ich höre dir zwar aufmerksam zu und versuche zu verstehen, aber irgendwie ist deine Weltanschauung nicht ganz zu fassen. Du distanzierst dich von organisierten Religionen, behauptest aber im Handumdrehen, dass die schriftlichen Aufzeichnungen dieser Religionen (auch heute noch) passen und wahr sind. Du legst wert auf Selbsterkenntnis und eigenes Denken, versteckst dich aber oft hinter scheinbar weise Aussagen von lange verstorbenen Denkern.

ruebennase *hat geschrieben:*
„Die Entwicklung der Menschheit und deren Lebens-
umstände in den letzten drei- bis vierhundert Jahren
ist so tief gehend und irreversibel, dass es mir un-
möglich erscheint, dass irgendeine Weisheit eines ein-
zelnen Denkers vor zweitausend und mehr Jahren uns
heute Lebenden irgendetwas in die Hand geben könn-
te, das uns hilft, mit unserem Leben einigermaßen gut
zurechtzukommen."
Dem stimme ich nicht zu. Die äußeren Lebensumstän-
de haben sich sicher tief gehend verändert, aber das
Ego des Menschen nicht. Und um das geht es.

Na ja, den Begriff *Ego* finde ich genauso unpassend
wie den Begriff *Seele* – einigen wir uns auf den Begriff
Bewusstsein. Das hat sich in den letzten zweitausend
Jahren höchstwahrscheinlich radikal verändert. Und
wenn du auch der Ansicht bist, dass sich die äußeren
Lebensumstände tief gehend verändert haben, dann
wirkt doch das auf das Bewusstsein ein. Ich meine damit nicht nur den heutigen schnelllebigen Alltag in einer hochkomplexen technisierten Umwelt, sondern
auch die (von der Wissenschaft) aufgeklärte Sicht auf
die Welt. Das hinterlässt Spuren, die frühere Denker
nicht einmal ansatzweise erahnen konnten.

—

Föderation *hat geschrieben:*
Einiges, was die Römer so von sich gegeben haben,
wirkt aber doch recht nah. Ciceros "de natura deorum"
(Über die Natur der Götter) z.B. oder auch einiges von
den alten Griechen.

Stimmt – sehr kluge, „gottlose" und hellsichtige Aussagen findet man in der Tat schon bei den Vorsokrati-
kern. Die Frage ist, ob, von wie vielen und inwieweit
sie damals im Alltag auch gelebt wurden.

—

ruebennase *hat geschrieben:*
Jeder muss seinen Weg allein gehen. Aber niemand von uns ist eine Insel im Niemandsland.

Nein, niemand ist eine Insel. Vielleicht ein Einsiedler oder ein Mönch in einem einsamen Wald. Aber auch die müssen, sofern sie keine Selbstversorger sind, mit anderen kommunizieren, um zu überleben. Wenn du es metaphorisch gemeint hast, weil ich so etwas Ähnliches in einem anderen Zusammenhang einmal geschrieben habe, dann gebe ich dir teilweise recht. Es gibt wahrscheinlich Höhen – besser Tiefen – im Denken, die völlig abgehoben scheinen, weil sie mit unserer täglichen Erfahrung gar nichts mehr zu tun haben. Theoretische Physiker z.B. dringen mit ihrem Forschen in Bereiche ein, die nur schwer nicht-mathematisch kommunizierbar bzw. vermittelbar sind. Die leben dann wirklich auf einer Insel, wo sie sich aber mit Gleichgesinnten austauschen können.

ruebennase *hat geschrieben:*
Für das Erkennen der Wahrheit ist kein Glaube notwendig, im Gegenteil. Der Glaube wird im Wege stehen. Jeder Glaube schafft sich ein Bild von dem, an das er glaubt, das ist unvermeidlich, so funktioniert unser Verstand. Das tut auch der Atheist, er schafft sich sein Bild der Welt, in der kein Gott vorkommt und glaubt an dessen Richtigkeit. Atheist und Gläubiger, beide glauben an ihr Bild der Welt.

Das sehe ich anders. Ein Atheist vertraut wissenschaftlicher Forschung und deren Vermittler, die versuchen, ein anschauliches Bild zu vermitteln. Das hat überhaupt nichts mit Glauben zu tun. Die Ergebnisse wissenschaftlicher Forschung lassen sich jederzeit überprüfen und müssen der Realität standhalten. Ein Gläubiger muss gar nichts überprüfen – sein Glaubensinhalt muss mit der Realität auch gar nichts zu tun haben.

ruebennase *hat geschrieben:*
Besser wäre es, die agnostische Haltung einzunehmen:
"Ich weiß nicht, was die Ursache dieser Welt ist, viel-
leicht gibt es einen Gott, vielleicht auch nicht. Solange
ich es nicht sicher weiß, kann ich es nicht entschei-
den." Das nenne ich einen freien und offenen Geist.

Ich war lange Zeit *Agnostiker*, weil es die Philosophen, Wissenschaftler und Autoren, die ich gelesen habe, auch waren. Aber irgendwann bin ich zum *Atheisten* mutiert, weil ich selber intensiver nachgedacht habe und nirgends Ansatzpunkte entdecken konnte, die es rechtfertigen würden, an einen „Gott" oder ähnliches zu glauben. Agnostiker haben zwar eine Haltung, nehmen aber keine Stellung zur Gottesfrage – sie mischen sich nicht ein. Das kann auch manchmal Feigheit sein. Was das mit einem freien und offenen Geist zu haben soll, musst du mir noch einmal erklären.

ruebennase *hat geschrieben:*
Nur der Agnostiker, der staunend in der Welt steht und
ahnt, dass sie ein Geheimnis birgt, hat überhaupt die
Chance, den Schleier dieses Geheimnisses zu lüften.

Eine reale Chance, den Schleier irgendeines Geheimnisses zu lüften, hat heute nur mehr der, der eine wissenschaftliche Ausbildung genossen hat und wissenschaftlich forscht – und nicht ein staunender Agnostiker.

ruebennase *hat geschrieben:*
Ich habe keine Weltanschauung, die sich durch Worte
in eine bestimmte Form einengen lässt. Diese Welt
lebt, sie verändert sich ständig. Durch jede starre
Weltanschauung würde man sich selbst von dieser Le-
bendigkeit abschneiden. Nur eines verändert sich nie:
das Sein.

Okay, soweit so gut. Aber warum schneiden sich Atheisten von der Lebendigkeit des Seins ab? Ich fühle mich sehr lebendig, lebe in meinem Alltag ein lebendiges Leben und verändere mich nach wie vor nicht nur äußerlich, sondern auch in meinem Denken. Ich habe keine starre Weltanschauung, sondern bin neugierig und offen für alles Mögliche.

ruebennase hat geschrieben:
Auf dessen „Leinwand" läuft der bunte, bewegte Film des Lebens ab. Den Ursprung dieses Seins zu finden, scheint mir das einzig wirklich Erstrebenswerte zu sein. Der Ursprung des Seins ist in allem, was ist, verborgen und lässt sich finden, vorausgesetzt, man empfindet einen ehrlichen, unstillbaren Durst danach, der sich nicht mit vordergründigen Erklärungen zufrieden gibt.

Nennst du wissenschaftliche Erklärungen vordergründig? Wir haben nichts anderes – außer individuelle Selbsterkenntnis, aber das haben wir schon besprochen. Der *Ursprung des Seins* hat mit sehr großer Wahrscheinlichkeit nichts mit uns Menschen zu tun. Theoretische Physiker werden das eines Tages erklären können – nur verstehen wird es wahrscheinlich (fast) keiner. ;–)
Der bunte, bewegte Film des Lebens spielt sich hier auf der Erde ab (und vielleicht auf vielen anderen geeigneten Planeten, zu denen wir keinen Zugang haben) und läuft solange, bis Leben hier unmöglich ist – dann ist der Film hier auf der Erde aus. Mehr sehe ich nicht. Jeder Film hat ein Ende. Aber nicht jeder Film hat ein Happy-end.

ruebennase hat geschrieben:
„Na ja, den Begriff Ego finde ich genauso unpassend wie den Begriff Seele – einigen wir uns auf den Begriff Bewusstsein."
Wie du das nennen möchtest, ist egal, das Wort ist natürlich nicht „das Ding an sich". Jeder versteht etwas anderes unter „Ego, Bewusstsein, Seele, Psyche" etc. Und manche bestreiten, dass das Gemeinte überhaupt

existiert. Bevor wir uns also auf einen Begriff einigen,
sollten wir uns erstmal einig sein, dass es in uns etwas
„Geistiges" gibt, das schwer durch Worte zu fassen ist.

Da kann ich mich nicht mit dir einigen. Dass du, ich
und Menschen überhaupt *Bewusstsein* haben, ist unbestritten. Das ist Konsens in der Wissenschaft, in der
Medizin, Psychologie und im Alltag. *Psyche* ist ein
Synonym zu Bewusstsein. Aber der Begriff *Seele* ist religiös besetzt und erklärungsbedürftig. Was meint man
damit? Was soll das sein? Und was verstehst du unter
etwas „Geistiges", das schwer durch Worte zu fassen
ist?

ruebennase *hat geschrieben:*
Durch Denken allein hat noch nie jemand die Wahrheit
gefunden. Die Wahrheit ist etwas Existenzielles, die
kann man erfahren, die kann man leben, die kann man
sein, aber denken kann man sie nicht.

Auch nach mehrmaligen Lesen komme ich nicht dahinter, was du damit sagen willst. Hier ist für mich
wohl die Grenze zur Esoterik erreicht. Ich bin und
werde keine Eingeweihter, der mit solchen Aussagen
glücklich werden kann.

—

ruebennase *hat geschrieben:*
Ein Agnostiker, wie ich den Begriff verstehe, hat keine
klar definierte Haltung zur Gottesfrage, er lässt sie of-
fen, weil er sie nach seiner derzeitigen Beurteilung für
nicht entscheidbar hält. Hat er eine klar definierte Hal-
tung zur Gottesfrage, dann ist er kein Agnostiker
mehr. Ein freier Geist (im Sinne von denkendem
Verstand) ist ein Geist, der Antworten offen lässt, so-
lange er sie nicht mit Gewissheit entscheiden kann.

Okay, jetzt verstehe ich es besser. Ich habe eine halbwegs klar definierte Haltung zur Gottesfrage und bin

deshalb kein Agnostiker (mehr). Aber ich nehme trotzdem für mich in Anspruch, ein *freier Geist* zu sein, der viele Antworten offen lässt. Klingt jetzt eher wie ein Widerspruch, aber mit dem kann ich leben.

ruebennase *hat geschrieben:*
„Okay, soweit so gut. Aber warum schneiden sich Atheisten von der Lebendigkeit des Seins ab?"
Wo soll ich das gesagt haben? Ich sprach von starrer Weltanschauung, nicht von Atheisten.

Ich habe es so verstanden, dass du meinst, Atheisten hätten eine starre Weltanschauung – war vielleicht ein Missverständnis.

ruebennase *hat geschrieben:*
„Nennst du wissenschaftliche Erklärungen vordergründig?"
Kommt auf die Frage an. Bezogen auf die Gottesfrage sind alle Antworten vordergründig, auch die der Religionen.

Sollte das stimmen, dann ist es doch müßig darüber nachzudenken. Das sehe ich anders. Scheinbar vordergründige Antworten, die z.B. die Wissenschaft liefert, können tiefgründiges Nachdenken ermöglichen und einen erst zum Staunen bringen. Dieses Staunen muss aber nicht unbedingt in einen religiösen Glauben münden.

ruebennase *hat geschrieben:*
Ich bezweifle, das der Ursprung des Seins eines Tages erklärt werden kann, denn es ist ein Mysterium. Aber in meinen Augen ist es auch müßig, darüber nachzudenken, denn ich lebe hier und jetzt. Und der Zugang zu diesem Mysterium existiert auch immer nur im Hier und Jetzt.

Endlich ein Berührungspunkt: ja, wir leben im *Hier und Jetzt* und sollten diesen Umstand nie aus den Augen verlieren.

ruebennase *hat geschrieben:*
Das Leben hat niemals ein Ende, höchstens das indivi-
duelle körperliche Dasein, mit dem du dich identifi-
zierst. Und diese Identifizierung ist die Illusion, der wir
erliegen. DU wirst niemals sterben.

Ich fürchte – nein, ich ahne es mit Gewissheit ;-) – ich
werde sterben.

ruebennase *hat geschrieben:*
Psyche ist ein Synonym für Seele und damit auch nicht
mehr erklärungsbedürftig wie „Psyche".

Ja, aber *„im Gegensatz zur Seele umfasst die Psyche*
keine transzendenten Elemente" (Wikipedia). Das
meinte ich mit „religiös besetzt und erklärungsbedürftig".

ruebennase *hat geschrieben:*
"Hier ist für mich wohl die Grenze zur Esoterik er-
reicht. Ich bin und werde keine Eingeweihter, der mit
solchen Aussagen glücklich werden kann."
Ja, das verstehe ich. Deswegen sollten wir auch wenig-
stens eine Pause machen. Ich fühle mich nämlich auch
langsam etwas überfordert mit so viel Resonanz aus
allen Ecken. ;-)

Okay, Pause :-)

—

Herr der Augenringe *hat geschrieben:*
Ich habe mir eben mal die ersten Seiten deines
Threads in Erinnerung gerufen und es wurde mir be-
wusst, dass es wirklich um Angst geht. Angst davor,
sich aufzulösen, bzw. Angst vor der Auflösung des
Ego, vor der Auflösung des Selbst. Vor dem Ende. Die-
se Angst ist nachvollziehbar, jeder hängt an diesem

Dasein und auch an sich.

Ja, diese Angst ist nachvollziehbar und hat Menschen wahrscheinlich schon seit jeher dazu veranlasst, tiefer nachzudenken und sich mit allen möglichen Geschichten zu trösten. Es ist sicher schwer zu ertragen, dass dieses Dasein, das Ego bzw. Selbst einmal endet. Im Grunde gibt es da keinen wirklichen Trost, weil dieses Ereignis so fundamental bzw. elementar ist, dass alle gut gemeinten Formulierungen halbherzig klingen müssen, solange man nicht selbst betroffen ist.

Herr der Augenringe hat geschrieben:
Da bewundere ich deine Gelassenheit in dieser Sache. Man kann sie richtig spüren, es ist nicht einfach dahingesagt. Die Gelassenheit ist echt.

Na ja, ich bemühe mich zwar, gelassen zu sein, muss aber gleich hinzufügen, dass ich selbst noch nie dem Tod nahe war und mir wahrscheinlich diese Gelassenheit dann auch nicht weiterhelfen wird. Ich wünsche mir zwar, dass ich in den letzten Stunden, Tagen, Wochen(?) meines Lebens keine Angst verspüren werde und ich relativ gelassen dem Tod – bewusst und wach – in die Augen blicken kann, aber wissen werde ich es erst, wenn es wirklich soweit ist.

Herr der Augenringe hat geschrieben:
Nun ja – und eben diese Ängste sind es, die Götter erschaffen, um es überhaupt aushalten zu können. Es ist beileibe nicht nur die christliche Religion, die mit der Angst spielt. ...
Dieser Glaube an die Auferstehung der Toten und das ewige Leben ist also meiner Meinung nach der Trost für alle Menschen, die Angst vor dem Nichts haben. Oder anders ausgedrückt: Der Glaube (neuerdings ist es nicht mehr Glaube, sondern Gewissheit, okay...) daran, dass es nie WIRKLICH zu Ende ist, ist das Hilfsmittel für alle Menschen, die sich wünschen, unsterb-

lich zu sein.

Also unsterblich zu sein, wünsche ich mir definitiv nicht. Hast du diesen Gedanken schon einmal versucht zu Ende zu denken? Ich glaube, es ist im Normalfall – also nach einem gelebten Leben im hohen Alter – eine Erlösung zu sterben. Tragisch ist es immer nur, wenn Menschen sehr früh oder mitten im Leben sterben und das auch noch bewusst miterleben müssen.
Ich habe meinen Vater relativ früh verloren – er ist mit 53 Jahren an Krebs gestorben. Es war sicher eine erste Zäsur in meinem Leben und hat mich in meinem Denken – rückblickend gesehen – schon radikal verändert und mich von einem Jahr auf das andere sehr reif gemacht.

Herr der Augenringe hat geschrieben:
Aber trotzdem: Menschen, die von sich behaupten, dass sie WÜSSTEN, was Sache ist, also die meinen, ganz sicher werden wir niemals sterben – die sind mir sehr suspekt.

Mir auch.

Herr der Augenringe hat geschrieben:
Die außerordentlich schönen Dinge, die man als Mensch im Hier und Jetzt, in diesem Leben, das bald zu Ende sein wird, erleben kann, werden gar nicht mehr richtig wertgeschätzt. Das Leben selbst ist es, worum es geht.

Sehe ich auch so.

Herr der Augenringe hat geschrieben:
Da muss man sich nur mal seine Kinder/Enkelkinder anschauen. Ein Kind lehrt einen jeden Tag, was es heißt, zu leben. Ein Kind kennt nur das Hier und Jetzt, es macht sich keine Gedanken über das, was nach dem Tod kommt (oder nicht), es lebt einfach. Und hat Spaß an allem. Selbst an den geringsten Dingen.

Diese Sicht auf das Leben und die Welt ist die weise-
ste, die es in meinen Augen gibt. Da wird im Sandka-
sten mit Buddelförmchen gedankenverloren gespielt
und alles Andere ist nebensächlich.

Ich verstehe zwar was du damit meinst, muss aber etwas ergänzen. Wir haben als Erwachsene die Fähigkeit,
auf ein Leben zurückzuschauen – wir haben Lebenserfahrung. Das hat ein Kind nicht, kann es nicht haben.
Ebenso können wir ab einem gewissen Alter das Leben
als Spanne mit einem Anfang und einem Ende erkennen (*ontopic*: wir haben im 21. Jahrhundert als
Menschheit schon ein relativ großes Geschichtsbe-
wusstsein!). Das können Kinder auch noch nicht – es
interessiert sie (zum Glück) überhaupt nicht.
Und das mit dem *gedankenverloren* ist so eine Sache.
Es gibt sicher Möglichkeiten, auch als Erwachsener gedankenverloren Dinge zu tun bzw. zu erleben, aber ich
bin draufgekommen, dass die Zeitspannen, wo ich
möglichst hell, klar und bewusst wahrnehmen und
denken kann, ungleich schöner und befriedigender
sind als gedankenverloren mich abzulenken.

—

Föderation hat geschrieben:
„Es ist sicher schwer zu ertragen, dass dieses Dasein,
das Ego bzw. Selbst einmal endet."
Ob wir uns mit der Realität anfreunden können, hängt
auch davon ab, wie weit eine ursprüngliche Erwar-
tungshaltung von der Realität entfernt war.

Ja, richtig. Eine angemessene Erwartungshaltung, die
mit der Realität in Einklang zu bringen ist, könnte zuerst von Eltern, dann von Lehrern schon relativ früh
vermittelt werden – tut es aber leider nicht, weil die
meisten den Tod verdrängen, und das Thema *Sterben*
generell von unserer Gesellschaft an den Rand ge-
drängt wird.
Das Verstehen, dass das Leben endlich ist, setzt –

denke ich – erst viel später als Erwachsener ein, wenn wir bewusst, oft auch anlassbezogen (z.B. nach einem Begräbnis) darüber nachdenken. Die meisten wollen aber mit diesem Thema nicht belästigt werden und flüchten als Beruhigung in die gängigen kindlichen (Wahn-)Vorstellungen.

Föderation *hat geschrieben:*
Es geht bei der Selbstaufklärung nicht nur darum, eine Suggestion hinsichtlich der Beschaffenheit der Welt zu erkennen, sondern auch die damit verbundene Erwartungshaltung zu verarbeiten – auch emotional. Und es geht auch darum, eine neue Erwartungshaltung positiv emotional zu verankern.

Ja, wäre sicher gut, wenn so etwas gelingen würde.

Föderation *hat geschrieben:*
Schwierig finde ich es nach wie vor, wenn ein Mensch erfährt, unerwartet früher sterben zu müssen. Ansonsten kann man schon das Leben so einrichten, dass man HIER leben will, aber auch irgendwann damit fertig zu sein.

Genau.

Föderation *hat geschrieben:*
Meine christliche Oma meinte übrigens, dass man das Fenster offen lassen solle, wenn sie verstirbt, damit die Seele raus kann. Was für kindliche Wahnvorstellungen, dass jemand als Toter herumgeistern könnte: Nicht nur für den Horrorfilm, sondern ganz real die Welt so zu sehen!

Ich hatte einmal ein ähnliches Erlebnis mit dieser kindlichen Wahnvorstellung, als ich auf dem Friedhof eine Frau traf, die verschiedene Gräber pflegte, und die mir als Grund dafür, warum sie fremde Gräber pflege, sagte, dass sie so auf der Himmelsleiter ein paar Stufen höher kommen könne. ;-)

Thema: *„Wie ernst darf man Glauben nehmen?"*

[...]

Also ich nehme Glauben schon lange nicht mehr ernst – genauso wenig ernst wie (scheinbare) Hoheiten, Herrschaften und Autoritäten ganz allgemein. Ich fühle mich da wie das Kind im Märchen *„Des Kaisers neue Kleider"* von **Hans Christian Andersen,** das klarsichtig erkennt, dass der Kaiser ja in Wirklichkeit nackt ist. ;-) Der Glaube an übernatürliche „Wesen" ist vor allem für Menschen geeignet, die sich gerne unterordnen sowie ängstlich, mutlos und (denk-)faul (wie **Nasobēm** richtig festgestellt hat) übernommenen Regeln unterwerfen, die ihnen scheinbar Sicherheit in ihrem Leben geben, die es in unserer Welt aber nicht gibt. Glaube vernebelt das Bewusstsein. Für mich sind alle anderen nicht „blind" sondern klarsichtig und brauchen keine Hilfsmittel (mehr) um zu sehen!

—

Bergamotte hat geschrieben:
„Der Glaube an übernatürliche ‚Wesen' ist vor allem für Menschen geeignet, die sich gerne unterordnen sowie ängstlich, mutlos und (denk-)faul (wie Nasobēm richtig festgestellt hat) übernommenen Regeln unterwerfen, die ihnen scheinbar Sicherheit in ihrem Leben geben, die es in unserer Welt aber nicht gibt."
Mmh... warum sind Frauen (zumindest im Westen) eigentlich religiöser als Männer?

Interessante Frage – die ich aber nicht beantworten kann.

Bergamotte hat geschrieben:
Ängstlicher, mutloser, fauler? Na, das wäre aber nicht politisch korrekt.

Warum? Ich habe – z.B. bezogen auf das Geschlecht –

ja niemanden gekränkt bzw. beleidigt, oder?

Es ist eben meine persönliche Ansicht bzw. Erfahrung, dass religiöse Menschen in der Regel ängstlich, mutlos und denkfaul sind – sonst würden sie manchen widersprüchlichen Schwachsinn, der in religiösen Büchern steht, nie im Leben glauben...

—

***ruebennase** hat geschrieben:*
Es ist wirklich erstaunlich, dass so ein widersprüchlicher Schwachsinn, wie er in religiösen Büchern zu finden ist, tausende von Jahren überleben kann und so ziemlich die ganze Welt beeinflusst.

Ja, aber es ist genauso erstaunlich, dass es schon seit mehreren Jahrhunderten viele unerschrockene, unabhängige und mutige Aufklärer, Wissenschaftler und Freigeister gibt, die unermüdlich dafür kämpfen – früher mit dem Einsatz ihres eigenen Lebens, dass diese religiösen Bücher und deren machtbesessenen Vermittler eben immer weniger Einfluss weltweit bekommen.

***ruebennase** hat geschrieben:*
Aber wohl nicht erstaunlich genug, um mal an seiner eigenen Denke zu zweifeln. Wo doch nichts sicher ist auf dieser Welt. Außer der eigenen Sichtweise natürlich. Diese Sicherheit ist ja auch nötig, damit man beurteilen kann, was Schwachsinn ist und was nicht. ;-)

Ich habe mir mein Urteilsvermögen hart erarbeitet bzw. erlesen und versuche fast täglich, mit der Unsicherheit der Welt – und auch der „eigenen Denke" – irgendwie fertig zu werden. Selbstzweifel gehören genauso dazu wie emotionale Durchhänger an manchen Tagen. Aber all das kann mich nicht dazu verführen, einen irrationalen Glauben anzunehmen und mich naiven Illusionen hinzugeben.

Thema: *„Allein mir fehlt der Glaube"*

[...]
ruebennase *hat geschrieben:*
Ich habe für mich gefunden: Wahrheit ist nur im Sein zu finden, das ist heil, ganz und vollständig. Sie lässt sich nicht in Worte fassen, weil immer etwas fehlt.
...
Ich möchte mich daher mit drei Zitaten von Jeshar66 erstmal aus den Diskussionen über Gott/Nicht-Gott zurückziehen:

„Wenn wir von der Gottesidee sprechen, kommen wir an eine Grenze: Gott wäre der Grund allen Seins, auch meines eigenen. Wie könnte ein Teil des geschaffenen Seins das ungeschaffene Sein (Gott) fassen?

Was hältst du davon:
Du stehst am Meeresstrand und hast ein leeres Glas in der Hand. Und nun versuch, den Ozean in dein Glas zu füllen. Du füllst dein Glas. Was ist drin? Der Ozean? Ein Teil von ihm?
Wie kann man den Ozean fassen, wenn man einfach kein passendes Gefäß dafür hat?

So schließt sich der Kreis:
Um Gott zu akzeptieren, muss er den Beweiskriterien der Welt unterliegen. Unterliegt er aber diesen Kriterien, ist er bereits ein Teil der Welt. Ist er ein Teil der Welt, kann er nicht mehr Ursache/Grund der Welt sein. Ist er nicht mehr Ursache/Grund der Welt, ist er nicht mehr Gott.
Ergo: Es kann den Ozean nicht geben, weil er nicht ins Wasserglas passt."

Ich habe mir erlaubt, dein Zitat von **Jeshar66** etwas umzuformulieren – und es macht noch immer Sinn – und zwar, wie ich glaube, einen Sinn, den auch Atheisten annehmen können:

Wenn wir vom Universum sprechen, kommen wir an eine Grenze: Das Universum wäre der Grund allen Seins, auch meines eigenen. Wie könnte ein Teil des geschaffenen Seins das ungeschaffene Sein (Universum) fassen?

Mit dieser kleinen Umformulierung spart man sich meiner Ansicht nach die ganze Diskussion über „Gott/Nicht-Gott" und das Spiel „Finde den Irrtum des Gegenübers", weil über das Sein bzw. das Universum lässt sich nicht viel mehr sagen als dass es unzweifelhaft einfach da ist – in deinen Worten: „heil, ganz und vollständig".
Wenn man gut drauf ist, kann dieses „ozeanische Gefühl" je nach Vorstellungskraft überwältigend sein und dann kann man nur ehrfürchtig darüber staunen (im Sinne von **Albert Einstein**) – wenn man weniger gut drauf ist, dann wird einem auch bewusst, dass das Universum keine Gebete erhört, es einem nicht hilft, nicht gut oder böse ist – ja mehr noch: dass es vollkommen gleichgültig uns Menschen gegenüber ist. Das muss man erst einmal aushalten können. Aber es geht.

ruebennase _hat geschrieben:_
All unsere "Gläser" sind zu klein.

Ja, das hast du sicher recht – aber eben nur in Bezug zum ganzen Universum, das ja definitionsgemäß alles umfasst.

—

Nasobēm _hat geschrieben:_
„Wenn wir vom Universum sprechen, kommen wir an eine Grenze: Das Universum wäre der Grund allen Seins,..."
Ja, nett. Nur für viele Glaubende zu wenig 'Mystik' . ;-)

Ja, das stimmt wohl.

—

ruebennase *hat geschrieben:*
„Das Universum", so wie ich es verstehe, ist ein Ober-
begriff für all das, was ist, für all das, was wir in der
Welt außerhalb von uns wahrnehmen können, ...

Soweit kann ich dir noch zustimmen – wobei „wahrnehmen können" für uns Menschen relativ ist: wie weit
siehst du denn bei klarer Nacht, wenn du in den Ster-
nenhimmel schaust? Auch wenn wir technische Appa-
raturen als Hilfsmittel nutzen, ist unser Wahrneh-
mungshorizont immer irgendwo begrenzt – d.h. wir
können das Universum nicht ganz wahrnehmen, sondern nur annehmen bzw. definieren, dass es alles beinhaltet, was ist, wie du richtig festgestellt hast.

ruebennase *hat geschrieben:*
... es ist Teil des Seins, es ist schon geschaffen (wie
auch immer) und kann daher nicht als Ursache des
Seins angesehen werden.

Hier hört sich unsere Gemeinsamkeit bereits auf. Das
Sein – die *Existenz von allem* – kann doch auch nur alles sein, was ist. Das *Sein* als Begriff ist für mich ein
Synonym zum Begriff *Universum*. So eine Diskussion
um Begriffe führt aber jetzt wirklich zu weit...

ruebennase *hat geschrieben:*
Für mich ist das Sein wie die Leinwand, auf die ein fes-
selndes Bild gemalt ist. All unsere Aufmerksamkeit
wird von dem Bild gefangengenommen. Wir nehmen
immer nur das Bild war, nicht die Leinwand.

Schöne Metapher – für deine persönliche Sichtweise –,
aber für mich gehört die Leinwand, die Farben und
(nicht zu vergessen!) der Maler auch zum Sein ;-) –
wobei ich, wie du dir denken kannst, eher davon aus-
gehe, dass das fesselnde Bild, das wir aufmerksam
wahrnehmen, irgendwie von selbst entsteht – ganz

274

ohne Maler.

ruebennase *hat geschrieben:*
Aber ich möchte mich ungern auf neue Diskussionen einlassen. Jeder soll und muss letztendlich seine eigene Wahrheit finden.

Ja, kann ich verstehen und stimme dir zu.

—

Herr der Augenringe *hat geschrieben:*
Vor einigen Wochen habe ich nachts, gegen vier oder fünf Uhr wach gelegen und habe sie ganz deutlich gespürt: die Nichtexistenz Gottes. Das hatte rein gar nichts damit zu tun, dass ès mir nicht gut ging oder so. Es ging mir gut. Es war einfach eine Klarheit in diesem Moment. Und es hat auch gar nicht wehgetan. ;-)

Diese klarsichtigen Momente kenne ich auch sehr gut – und ja, sie tun wirklich nicht weh. ;-)

Herr der Augenringe *hat geschrieben:*
Es ist ja nicht so, dass es "nichts" gibt. Es gibt die Liebe, die Fantasie, den Spaß, den Ernst, die Hoffnung, das Vertrauen ineinander, Freundschaft, Nähe, die MUSIK, Filme, Gedichte, Romane, Beethoven, Led Zeppelin, Goethe, Humor, Sex, Erstaunen, Trost, Hilfe, Unterstützung, Kaffee, Sachertorte, Lavendelbüsche, Rosenbüsche, Sonnenuntergänge, Sonnenaufgänge, das Meer, die Berge, Südfrankreich... und nicht zu vergessen: Stammtische!

Ja, vor allem Kaffee und Sachertorte kann über die Nichtexistenz „Gottes" hinwegtrösten. :-))
Spaß beiseite: Was du hier richtig beschreibst, sind die vielfältigen Aspekte und Facetten des Lebens, die das Leben auch meiner Ansicht nach erst lebenswert machen. Viele Menschen sehnen sich aber – und das verstehe ich nicht ganz – nach einem übergeordneten

Sinn, Grund oder Glauben, der über die körperlichen, sozialen, gesellschaftlichen und kulturellen Bedürfnisse und Wünsche hinausgeht.

„Wozu eigentlich?" frage ich mich.

Es gibt offensichtlich eine Art mystisches, spirituelles, überhöhendes Bedürfnis nach einem *Mehr* an Leben. Das ist aber meiner Ansicht nach der Irrweg, der vom eigentlichen Leben eher ablenkt und die kleinen bzw. großen Freuden des Lebens vernebelt. Wir, die z.B. hier im Forum schreiben und lesen, sind ja alle in einer privilegierten Lage in einer friedlichen und reichen Region der Welt. Warum sollte nicht jeder einfach nur versuchen, sein Leben in jedem Moment zu genießen? Es gibt – abgesehen von diesem irrationalen, mystischen, spirituellen, überhöhenden Bedürfnis – meiner Ansicht nach aber doch noch für einige Menschen auch so etwas wie ein philosophisches Bedürfnis nach Erkenntnis und Klarsicht, das über das „normale" Alltagsleben hinausragt bzw. genau dieses Alltagsleben manchmal wieder in Frage stellt. Die Befriedigung dieses Bedürfnisses tut aber auch nicht weh ;-) – im Gegenteil: eine neue Erkenntnis, eine klare Sicht oder ein tieferes Verstehen von Zusammenhängen kann durchaus sehr angenehm und befriedigend sein.

Herr der Augenringe hat geschrieben:
Das sind aber meiner Erfahrung nach alles Sachen, die sich zwischen Menschen abspielen, die Menschen für sich wichtig und schön finden.
Es kann eine ungemein erleichternde Erfahrung sein, dass alles, was den Menschen bewegt, durch andere Menschen oder mit anderen Menschen seine Bedeutung erhält.

Schön formuliert :-)

—

Herr der Augenringe hat geschrieben:
Meine Theorie dazu ist ja folgende:

276

Die Menschen erleben im Laufe ihrer Kindheit so einige Dinge, die sie positiv oder negativ prägen. Negative sind Entbehrungen, Traumata, Verlusterfahrungen usw., die sich im Unterbewusstsein festsetzen und den Menschen sein Leben lang begleiten. Und nun versucht dieser Mensch also unbewusst, da eine Lücke zu füllen, die durch Verlust entstanden ist, ein Gefühl von Angenommensein zu bekommen, wo man als Kind vielleicht nicht vollkommen angenommen wurde, Wunden zu heilen, die einem zugefügt wurden.

Ich stimme deiner (tiefenpsychologischen) Theorie zu – sie ist eine plausible Erklärung für das starke (unterbewusste) Bedürfnis nach einem „übernatürlichen Wesen", das alles ausgleichen kann, was man als Kind an Negativem eventuell erleben bzw. ertragen musste.

Herr der Augenringe hat geschrieben:
... Der „barmherzige Gott" ... Übervater ... Gott ist eben anders. das Höchste ... der allmächtige Gott in seiner unendlichen Liebe ... „der Gott", eine männliche Autorität...

„Gott" dient als Projektionsfläche für alles Mögliche und Unmögliche, dessen Widersprüche hier im Forum ja schon oft herausgearbeitet und diskutiert wurde.

Herr der Augenringe hat geschrieben:
Wenn ich mit jemandem Spaß habe, ihn liebe, mich wohl fühle in seiner Gegenwart und wundervolle Stunden oder gar Jahre mit ihm verbringe, dann liegt das daran, dass dieser Mensch etwas Schönes ist für mich. Und nicht daran, dass irgendein Gott da irgendeine Liebe offenbart. Warum immer dieses Weglenken vom Menschlichen?

Genau das frage ich mich auch.

Herr der Augenringe hat geschrieben:
Wir alle wissen, wie Leben entsteht, wie das ungebore-

*nene Kind im Bauch der Mutter heranwächst und wie
eine Geburt verläuft. Und trotzdem hat es etwas Be-
rührendes, wenn ein Mensch das Licht dieser Welt er-
blickt.
Man muss seine (gottgegebenen ;-)) Augen nicht vor
den Dingen verschließen.*

Eben.

—

Der böse Wolf hat geschrieben:
*... Gott [ist] eher eine Art Erbinformation, die praktisch
in jedem Element des Universums – vom Elementarteilchen bis hin zu komplexen Systemen – steckt. Also
eine Art Bauplan und Entwicklungsprogramm, das allem zugrunde liegt. Sozusagen das Betriebssystem des
Universums oder der Quellcode.*

Das ist aber schon der reinste *Pantheismus* – gut formuliert mit modernen Begriffen:
*„Der Ausdruck Pantheismus ... bezeichnet die Auffas-
sung, dass ‚Gott' eins mit dem Kosmos und der Natur
ist. Das Göttliche wird im Aufbau und in der Struktur
des Universums gesehen, es existiert in allen Dingen
und beseelt von daher auch alle Dinge der Welt bzw.
ist mit der Welt identisch. Somit ist hier kein personifi-
zierter Gott vorhanden." (Wikipedia)*

—

Der böse Wolf hat geschrieben:
*Ja, genau so meine ich Rübennases Gottesbild zu ver-
stehen.*

Ich denke nicht, dass das sein Gottesbild beschreibt.
Aber vielleicht schreibt er ja noch etwas dazu.

—

Herr der Augenringe hat geschrieben:
Ich kann´s kaum glauben, dass mir ein Atheist andauernd zustimmt. :-)

Du machst für mich nicht gerade den Eindruck, dass du ein typischer Gottesgläubiger bzw. -fürchtiger, sondern eher ein aufmerksamer, nachdenklicher, reflektierter und emanzipierter Mensch bist, der genau weiß bzw. spürt, dass „Gott", wir er üblicherweise gesehen und verstanden wird, nicht existiert.
Von da an, ist es nur ein kleiner Schritt zum waschechten *Atheisten*, der die Welt nur mehr mit „gottlosen" Augen sehen kann – und siehe da, die Welt erscheint dann genauso bunt, berührend, aufregend, faszinierend und merkwürdig, wie mit „gottgegebenen" Augen – nur mit dem Unterschied, dass man sich dann unbeschwerter und freier fühlt. ;-)

—

ruebennase hat geschrieben:
Es gibt überhaupt keinen -Ismus, der das beschreiben könnte. Und ja, mein Gottesbild läuft auf einen personifizierten Gott hinaus.

Doch, es gibt einen *-Ismus*, der dein Gottesbild beschreiben könnte. Es ist eine spezielle Form des *Individualismus* mit einer Nähe zum *Narzissmus* – nennen wir ihn einmal (nicht respektlos gemeint) *Ruebennasismus*. ;-)
„Erkenne dich selbst!" ist doch dein Leitspruch, soweit ich weiß. Wer das lange genug und tief genug tut, erkennt nicht nur *sich selbst*, sondern in weiterer Folge auch „Gott" *in sich selbst*. Konsequenterweise ist man dann irgendwann selbst „Gott" – natürlich nicht für alle Menschen, sondern „nur" für *sich selbst*.
Diese positiv abgeschlossene („Gottes"-)Suche hat ein unglaubliches und unerschütterliches Selbstbewusstsein zur Folge, weil es ja nichts und niemanden mehr gibt – ja geben kann –, der das noch erhöhen könnte.

Also hat man es in und ab diesem Zustand nicht mehr nötig, etwas (z.B. ein Buch) zu lesen, sich (von anderen) inspirieren, kritisieren oder infrage stellen zu lassen. Denn was soll es schon Höheres noch geben? Wenn dann noch eine Menge Lebenserfahrung und -weisheit dazukommt, dann ist jeder *Ruebennasist* (okay, ein etwas unaussprechliches Wort ;-)) nahezu unantastbar und kann sich in Foren wie diesem hier nur mehr köstlich amüsieren, weil sich hier ja nur solche Menschen tummeln, die noch nicht sich selbst und in sich „Gott" erkannt haben. Da kommt höchstens nur mehr der freundliche Hinweis „Du hast ja noch viel Zeit" mit einem Augenzwinkern – soll heißen: „Streng dich an, versuche es immer und immer wieder, dann gelingt auch dir diese Selbst-/Gottes-Erkenntnis, so wie es mir gelungen ist".

Aber das ist natürlich alles nur eine unausgereifte Vermutung und mein ganz persönlicher Eindruck nach all dem, was ich bisher von dir gelesen habe. Wie ich dich kenne, kommt bestimmt jetzt eine schöne Metapher oder ein kluger Aphorismus, der deinen Glauben nochmals unterstreichen soll – oder der Hinweis, dass du dich jetzt endgültig zurückziehen wirst, weil wir, undankbar wie wir alle sind, auch den *Ruebennasismus* als Glaube nicht unkritisch zur Kenntnis nehmen wollen. ;-)

—

ruebennase *hat geschrieben:*
So, dann werde ich mal versuchen, auf einiges zu antworten, was sich zwischenzeitlich hier angesammelt hat.

Du bestätigst irgendwie meine Diagnose bzw. Theorie – das beste, was einem *Ruebennasist* passieren kann, ist Aufmerksamkeit von möglichst vielen Seiten ;-) Aber gut, Aufmerksamkeit in Form von Feedback wünscht sich wohl jeder in einem Forum und die schlimmste Strafe ist es sicher, ignoriert zu werden.

Also schenke ich dir noch eine Weile Aufmerksamkeit, obwohl ich deine Position nicht so prickelnd finde. ;-)

ruebennase _hat geschrieben:_
Es wird allerdings schwer werden, in dem, was ich sage, eine Ideologie zu finden, die über die Aufforderung "Erkenne dich selbst" hinausgeht.

Gut, das kann dir hier keiner vorwerfen. Du präsentierst zwar oft und regelmäßig dein Welt- bzw. Gottesbild, aber missionieren tust du nicht, soweit ich das beurteilen kann.

ruebennase _hat geschrieben:_
Man kann mir sicher auch eine gewisse Nähe zum Narzissmus zuschreiben. Jeglicher Eigensinn ist eine Form des Narzissmus. Er sollte nur nicht so weit gehen, dass man sich damit über andere erhebt.

Okay, das sollte selbstverständlich sein. Aber du machst eben doch durchwegs den Eindruck auf mich, dass du dich über andere erhebst, indem du vermittelst, dass Atheisten „etwas Wichtiges" noch nicht erkannt haben, dass sie noch „unvollständig" sind in ihrer Erkenntnissuche bzw. dass ihnen höchstwahrscheinlich „etwas" fehlt. Und das ist in deiner Sprache „Gott" bzw. das „Sein", das hinter allem existiert. Wer das nicht genauso sieht wie du, ist entweder kindisch, blind, geistlos oder sonst wie nicht geeignet, „Gott" und das wahre „Sein" zu erkennen.

ruebennase _hat geschrieben:_
Ich bin nicht Gott.

Gut, dann hätten wir wenigstens das einmal geklärt ;-)

ruebennase _hat geschrieben:_
Aus irgendeinem unerfindlichen Grund muss er sich wohl gedacht haben: „So eine Rübennase fehlt mir noch in meiner Sammlung, vielleicht wird's mit dem ja

lustig". Tja, und nun versuche ich, mein Bestes zu geben. ;-)

Siehst du, hier ist es wieder: ich habe das Gefühl, du siehst dich also doch irgendwie als „Auserwählter Gottes" bzw. als jemand, der „Gott" näher ist, als andere.

ruebennase *hat geschrieben:*
Ich habe aber kein Problem damit, kritisiert und infrage gestellt zu werden, solange es fair und ohne Diffamierungsversuche der Person, also auf Augenhöhe, vor sich geht. Ich lasse mich auch gern inspirieren (warum bin ich wohl in diesem Forum?), aber Inspiration kann nur durch Gedanken bzw. Sichtweisen kommen, die ich selbst noch nicht gedacht habe, die mir neu sind, und davon habe ich noch nicht allzu viele hier gefunden. Aber es gibt sie durchaus, ich nehme sie auf und sie fließen in meine Weltanschauung ein.

Kann es sein, dass du selektiv nur das wahrnimmst, was deine Weltanschauung bestärkt? Lässt du dich wirklich inspirieren und kritisieren? Okay, das sind rhetorische Fragen, fällt mir gerade auf. ;-)

ruebennase *hat geschrieben:*
Gott hat immer neue Überraschungen für uns auf Lager. Durch das „Sich-selbst-erkennen" wird man nicht zu Gott, es verschiebt sich nur der Fokus des eigenen Blickes auf die Welt, die eigenen gesetzten Prioritäten verändern sich.
Gott ist unerreichbar, man kann nicht einfach zu ihm gehen, aber er kann zu dir kommen, wenn er es für angebracht hält. Dazu muss man ihm allerdings erstmal Vertrauen entgegenbringen, das ist meine Erfahrung.

Und hier noch einmal: Du machst alles richtig – und siehe da, „Gott" kommt zu dir. Wir (Atheisten) machen etwas falsch – und siehe da, „Gott" bleibt uns fern. Das ist das einfache Schema der Idee des „Auserwählt-

282

seins".

Wie soll man so eine Position ernsthaft kritisieren? Wer so denkt, ist in gewisser Weise unantastbar in seinem Glauben.

ruebennase hat geschrieben:
Ist ja nicht so, dass ich eure Gedanken nicht nachvollziehen könnte, ich habe sie ja alle selbst gehabt und habe sie auch immer noch ... Ich messe diesen Gedanken nur nicht mehr so viel Bedeutung zu.

Hier erhebst du dich wieder in eine übergeordnete Position, die es gerade unmöglich macht, auf neue bzw. andere Gedanken und Sichtweisen einzugehen oder empathisch sich vorzustellen, wie es z.B. für jemanden ist, der mit dem Begriff „Gott" oder einer *personifizierten Gottesvorstellung* überhaupt nichts anfangen kann. Indem du vorgibst, solche Gedanken und Sichtweisen zu kennen und ihnen „nicht mehr so viel Bedeutung" zumisst, blockierst du meiner Ansicht nach in Wirklichkeit jede Chance, einen Atheisten wirklich zu verstehen, der „gottlos" zufrieden und – die meiste Zeit – glücklich dabei ist.

ruebennase hat geschrieben:
Um es mal ganz drastisch zu sagen: in Bezug auf die Erkenntnis Gottes sind sie wie der Teufel, der uns raffiniert von der Erkenntnis Gottes abhält.

Dein Feindbild ist damit klar definiert. ;-)

ruebennase hat geschrieben:
Ich verteufele den Verstand nicht, ich bediene mich seiner sehr gerne, aber ich lasse nicht zu, dass er sich meiner bedient. Ich bin mehr als mein Verstand und lasse mich nicht zu seinem Diener degradieren. Das ist meine Art von Narzissmus. :-)

Soviel Selbsterkenntnis überrascht mich jetzt irgendwie. ;-)

ruebennase *hat geschrieben:*
Ich versuche aufzumuntern, sich nicht mit etwas zu-
frieden zu geben, das nicht zufriedenstellt. Aber ohne
Stress, der ist nicht angebracht. Vertrauen kennt kei-
nen Stress. Unbeirrbarkeit und Hartnäckigkeit wird
immer belohnt, wenn die Zeit reif dafür ist.

Und hier ein letztes Mal: du präsentierst dich als jemand, der unbeirrbar und hartnäckig alle Höhen und
Tiefen der *Selbst–* bzw. *Gotteserkenntnis* hinter sich
hat und allen anderen erklären kann bzw. will, wie sie
diesen besten und lohnenswertesten aller Wege auch
gehen könn(t)en. Nur vergisst du meiner Ansicht nach
dabei, dass sich auch andere auf ganz andere Wege
begeben haben, die mindestens genauso gut und loh-
nenswert sind wie dein Weg – ganz ohne „Gott".

ruebennase *hat geschrieben:*
Ich möchte gern authentisch bleiben, so gut, wie es
mir möglich ist.

Das bist du zweifellos – das muss man dir lassen.

ruebennase *hat geschrieben:*
Zum Zurückziehen neige ich nur, wenn ich das Gefühl
habe, hier meine Zeit zu verschwenden. Ist erkennbar
im Moment nicht so, kann sich aber im nächsten Mo-
ment wieder ins Gegenteil verkehren. :-)
Das glaube ich dir nicht ganz, wie schon ganz oben
beschrieben: ein wirklicher *Ruebennasist* braucht eine
Bühne – auch wenn es nur so eine ganz kleine ist, wie
dieses Forum. Und der Applaus ist ein Beitrag als
Feedback – den ich dir hiermit gegeben habe. Weiß der
Teufel, warum ich das gemacht habe. ;-)

—

*@**ruebennase**:*
Ich könnte jetzt kurz und souverän schreiben, was du
dir als Reaktion vielleicht wünschen würdest:

"Okay, das alles ist deine Meinung. Ich kann sie zwar nicht verstehen aber akzeptieren, dass du eine eigene Sicht hast, ebenso wie ich. Man kann drüber reden, oder auch nicht."
Das wäre aber in meinen Augen unfair und unbefriedigend – nach all der Mühe, die du dir mit deinem Beitrag gemacht hast. Außerdem bin ich (zeitweise) **LSD**-süchtig (**L**esen–**S**chreiben–**D**enken), wie ich wahrscheinlich schon öfter hier geschrieben habe. ;-)
Also auf in die nächste Runde...

ruebennase *hat geschrieben:*
Ich versuche, auf jeden Gesprächspartner individuell einzugehen. Das bedeutet einiges an Arbeit. Arbeit, die einer Sisyphusarbeit gleicht, weil die nächsten Missverständnisse schon vorprogrammiert sind.

Es ehrt dich, dass du auf jeden Gesprächspartner individuell eingehen willst – ich weiß das zu schätzen, weil ich das ebenfalls versuche. Aber die Arbeit an deinen Beiträgen macht dir doch auch Spaß, oder? Mir geht es z.b. so, dass ich sehr gerne schreibe, weil ich nach der Formulierung meiner Gedanken oft meine Position besser verstehe.

ruebennase *hat geschrieben:*
Du bist doch auch nicht erst seit gestern in diesem Forum, du solltest mitbekommen haben, wie ein Großteil der Atheisten die Gläubigen/Theisten sieht und behandelt.

Ja, das habe ich mittlerweile mitbekommen und ich teile die Art und Weise, wie hier manchmal miteinander umgegangen wird, nicht.

ruebennase *hat geschrieben:*
Die sind dumm, konditioniert, indoktriniert, können nicht logisch denken etc. etc. ... Kurz gesagt, es wird ihnen Intelligenz abgesprochen, zusammengefasst in dem Kampfbegriff "Religioten". Oder anders gesagt:

wären sie intelligent, wären sie ja nicht Gläubige, son-
dern Atheisten. Damit erheben Atheisten eine Art Al-
leinvertretungsanspruch auf Intelligenz. Ich finde das
sehr überheblich.

Da gebe ich dir teilweise recht. Das Wort *Religiot* verwendet hier aber nur **idefix2**, soweit ich weiß. Er hat
es vielleicht von **Michael Schmidt-Salomon** – zumindest kenne ich es aus den Büchern von **MSS**. Den Begriff *Intelligenz* würde ich aber auch nicht unbedingt
ins Spiel bringen. Wer seine Gedanken in Worte fassen
kann und seine Position so formulieren kann, dass ein
anderer sie prinzipiell vom Inhalt her verstehen kann,
der ist meiner Ansicht nach intelligent genug – egal ob
Atheist oder Theist/Gläubiger. Niemand sollte einen
„Alleinvertretungsanspruch auf Intelligenz" erheben.

***ruebennase** hat geschrieben:*
Wenn man diesen Atheisten dann entgegnet, sie wären
„blind" und sie würden etwas „Wichtiges" übersehen,
dann reagieren sie empört und beleidigt und fühlen
sich herablassend behandelt.
Sicher, es sind nicht alle Atheisten so, es gibt auch
Ausnahmen, da würde ich aktuell dich und den bösen
Wolf nennen, aber diese Ausnahmen verhalten sich
meist relativ still und vor allem tun sie eines nicht: sie
kritisieren nur die Überheblichkeit der Gläubigen, in
diesem Fall die meinige, aber niemals die ihrer „Artge-
nossen". ;-)

Das liegt doch in der Natur der Sache. Warum sollte
ich mich in Diskussionen von anderen einmischen? Ich
bin nicht der Moderator hier. Ich denke mir meinen
Teil, amüsiere mich auch manchmal, bin aber dann
still.
Allerdings stimmt das nicht ganz, fällt mir gerade ein.
Ich habe sehr wohl *idefix2* schon einmal darauf aufmerksam gemacht, dass ich seinen manchmal besser-
wisserischen Diskussionsstil nicht mag – andererseits
schätze ich seine oft prägnant und klug formulierten

Beiträge. Wir sind hier in einem Diskussionsforum. Da geht es eben manchmal etwas härter zu.

Der Gefahr, nur das wahrzunehmen, was die eigene Weltanschauung bestärkt, unterliegt wohl jeder Mensch. Das nennt man im allgemeinen Sprachgebrauch Subjektivität. Dieser Subjektivität unterliegt ein Subjekt immer, egal wie sehr er sich um Objektivität bemüht.

Da ich noch nie ein Freund von Einseitigkeit war, bemühe ich mich immer, beide Seiten einer Münze zu sehen. Wohlwissend, dass meine Sichtweise der Ganzheit dieser Münze letztlich wieder der Subjektivität unterliegt.

In Sachen Glauben/Nicht-Glauben gibt es aber meiner Ansicht nach keine „zwei Seiten einer Münze" oder „Halbe-Halbe" oder „Die Wahrheit liegt in der Mitte". Das hat auch nichts mit Einseitigkeit zu tun. Dass wir alle Subjekte sind und nur subjektive Weltanschauungen haben können, sollte jedem klar sein.

„Und hier noch einmal: Du machst alles richtig – und siehe da, ‚Gott' kommt zu dir. Wir (Atheisten) machen etwas falsch – und siehe da, ‚Gott' bleibt uns fern."

Tja, so ist das nun mal. Mit richtig- oder falsch machen hat das aber nichts zu tun. Es hat mehr etwas mit Bewusstsein zu tun.

Gott ist niemandem fern, es ist mehr die Frage, ob wir das erkennen oder eben nicht erkennen.

Wenn man sich auf seinen Verstand beschränkt, um die Frage nach Gott beantworten zu wollen, dann macht man etwas „falsch", die Falschheit besteht in der Einseitigkeit.

Der Verstand ist nur eine Seite der Medaille, die andere Seite ist die emotionale Seite, ich nenne sie mal „Glaube, Liebe, Hoffnung". Das Bewusstsein steht über diesen beiden Seiten, es denkt nicht und es glaubt nicht, es beobachtet, es ist ein Zeuge. Daher ist Bewusstsein nicht vermittelbar, es muss sich, um sich mitteilen zu können, immer einer der beiden Seiten bedienen und damit ist jede Aussage unvollständig.

Na ja, hier muss ich dir widersprechen bzw. noch ein paar Fragen stellen: Woher weißt du, dass „Gott" niemandem fern ist? Wie kannst du das erkennen? Erkennst du das nur bei dir selber oder auch bei anderen?

Der Vergleich mit den zwei Seiten einer Medaille passt auch hier meiner Ansicht nach nicht gut. **Sigmund Freud** hat doch sehr überzeugend gezeigt – auch wenn seine Erkenntnisse bereits hundert Jahre alt und umstritten sind und heute differenzierter gesehen werden –, dass es ein „Über-Ich", ein „Ich" und ein „Es" gibt, die alle irgendwie zusammenhängen bzw. sich gegenseitig beeinflussen. Vor allem hat er die psychische Struktur des Unterbewussten entdeckt, das unser (bewusstes) Denken und Handeln steuert. Wo passt jetzt deiner Meinung nach „Glaube, Liebe, Hoffnung" hinein? Und wo befindet sich das „Gottesbewusstsein"?

ruebennase hat geschrieben:
„Das ist das einfache Schema der Idee des ‚Auserwähltseins'."
Mag sein, so nennt man das wohl, und das wird natürlich von den „Nicht-Auserwählten" argwöhnisch beäugt, das Ego bäumt sich auf und sieht darin eine Kränkung. „Wieso der/die und nicht ich? Was ist Besonderes an dem/der, was ich nicht habe oder kann?" So funktioniert unser Ego und damit ist die Falle gestellt. Das Ego reagiert, wenn es sich angegriffen oder in Frage gestellt fühlt, je nach Bewusstseinsstand fuchsteufelswild bis leicht ärgerlich, auf jeden Fall aber abwehrend.

Ich fühle mich aber gar nicht gekränkt als „Nicht-Auserwählter" – sondern finde es eher merkwürdig, dass sich jemand als „Auserwählter" mit besonderem

Bewusstsein sieht.

Es ist nichts Besonderes an dem „Auserwählten", er ist ein ganz gewöhnlicher Mensch. Er hat nur ein anderes Bewusstsein, das er sich im Laufe seines Lebens (vielleicht sogar über einen Zeitraum vieler Leben) durch ständiges Bemühen erworben hat. Es gibt keine Nicht-Auserwählten, die sogenannte „Erleuchtung" gehört zum Geburtsrecht jedes Menschen. Ob man es nutzt, liegt bei jedem Einzelnen selber.

Und was ist, wenn ich gar nicht „erleuchtet" sein will? Oder umgekehrt formuliert: Was ist, wenn „Erleuchtetsein" für mich das genaue Gegenteil von (religiösem) Glauben ist?

... Nicht ein einziges Atom des eigenen Körpers können wir kontrollieren, aber das Produkt dieses unheimlich komplexen Systems „menschlicher Körper", das Ego, tut sich sehr schwer damit, sein Ausgeliefertsein zu erkennen. Es meint, alles Mögliche zu wissen, aber es weiß nichts über sich selbst.

Mit dieser für mich richtigen Aussage widersprichst du dir aber selbst, oder? Du weißt über „Gott" scheinbar mehr als über dich selbst – das kann ja nicht gut gehen.

„Wie soll man so eine Position ernsthaft kritisieren?"
Dieser Satz sagt eine Menge aus. Warum muss man denn überhaupt eine Position „ernsthaft kritisieren"? Woher kommt denn diese „Kritiksucht"?

Bei mir persönlich kommt diese „Kritiksucht" von **Karl R. Popper**, den ich früh gelesen und verinnerlicht habe. Wir sollten Theorien nicht nur so gut wie möglich formulieren, sondern immer auch möglichst kritisier-

bar machen. Auch wenn **Popper** eher naturwissen-
schaftliche Theorien gemeint hat, gilt dieser Grundsatz
meiner Ansicht nach auch für philosophische und religiöse „Theorien" im weitesten Sinne. Genau diese Offenheit und Kritisierbarkeit sehe ich bei vielen Gläubigen nicht.

ruebennase hat geschrieben:
*Ich stelle meine Position nur dar, ich greife niemanden
an, der mich nicht angreift, ich erwarte von niemandem, dass er meine Position übernimmt. Das würde
allem widersprechen, was ich hier von mir gebe. Ich
respektiere Eigensinn und Eigenverantwortlichkeit jedes Menschen. Ich mache einen Vorschlag („Erkenne
dich selbst"), mehr nicht. Den kann man annehmen
oder ablehnen oder ganz ignorieren. Aber warum kritisieren? Ein Ego, das keine Ahnung davon hat, was es
ist, weiß doch gar nicht, was es da kritisiert.*

Ohne die Möglichkeiten der Kritik können wir doch nur
feststellen, dass jeder sein subjektives „Hirngespinst"
hat – und damit Ende der Diskussion. Das willst du
doch nicht wirklich, oder?

ruebennase hat geschrieben:
*„Wer so denkt, ist in gewisser Weise unantastbar in
seinem Glauben."*
Richtig. Und das darf nicht sein, nicht wahr?

Nein – nicht wahr. Wer scheinbar unantastbar ist, ist
nicht kritikfähig und damit erübrigt sich jede Diskussion, jede Lernerfahrung und jede Weiterentwicklung
von Theorien (siehe oben bei **Popper**).

ruebennase hat geschrieben:
*Nichts ist leichter, als einen Atheisten zu verstehen,
denn ich weiß, warum er die Gottesidee blockiert.*

Jetzt bin ich neugierig: Warum blockiert ein Atheist die
„Gottesidee"?

ruebennase *hat geschrieben:*
Aber ich kritisiere ihn deswegen nicht.

Solltest du meiner Ansicht nach aber. Vielleicht kommt
ja etwas heraus – für beide.

ruebennase *hat geschrieben:*
*Ich erkläre nichts, ich mache einen Vorschlag, wie man
selbst herausfinden kann, ob Gott existiert oder nicht.
Jede Erklärung von mir wäre da wie ein Stein im Weg.*
...
*Ich lasse auch jeden seinen Weg gehen. Ich sage nur:
Schau mal etwas genauer hin. Nichts anderes machen
die Atheisten, wenn sie den Gläubigen unterstellen, sie
würden nur nicht genug nachdenken.*

Wie geht *Schauen* ohne Nachdenken? Also ich denke
meistens nach, wenn ich (im philosophischen Sinne)
schaue. Und wohin und wie genau ich auch *schaue*, ich
sehe nirgends einen Hauch eines Hinweises einer wie
auch immer gearteten *Gottesexistenz*, sondern „nur"
eine sehr komplexe, meist faszinierende und schöne,
aber auch manchmal merkwürdige und absurde *Realität* (aber das ist eine andere Geschichte...)

—

ruebennase *hat geschrieben:*
*„Woher weißt du, dass ‚Gott' niemandem fern ist? Wie
kannst du das erkennen? Erkennst du das nur bei dir
selber oder auch bei anderen?"*
*Hm, das sind so Fragen, deren Motivation ich zwar
nachvollziehen kann, deren Beantwortung ich aber
nicht für sinnvoll halte.*

Ich schon, weil du andauernd Aussagen über die Existenz und das Mysterium „Gottes" machst und mich
einfach interessiert, wie man als Mensch das überhaupt kann. Aber gut, ich erwarte mir hier keine end-
gültige Beantwortung dieser Frage und nehme zur

Kenntnis, das du es dir offensichtlich zutraust, solche Dinge wie die Existenz und das Mysterium „Gottes" zu erkennen und Aussagen darüber zu machen.

ruebennase hat geschrieben:
Ich bin hier, um ein bisschen am atheistischen Gedankengebäude zu rütteln und vielleicht ein bisschen Neugier auf das Mysterium Gott zu wecken. Es geht um das Mysterium und darum, dass der Weg zu seiner Entdeckung für jeden offen steht.
...jeder trägt den „Schlüssel" zu dem Mysterium in sich selbst. Er kann nicht von außen übergeben werden. Das könnt ihr mir glauben oder nicht, einen Beweis dafür kann ich euch nicht liefern.

Okay, das müssen wir wohl einfach im Raum stehen lassen, weil ich dir das nicht glaube.

ruebennase hat geschrieben:
„Und wo befindet sich das ‚Gottesbewusstsein'? ;-)"
Du kannst Fragen stellen.

Dass ich oft Fragen stelle, liegt einfach an meiner Neugier. ;-)
Du musst natürlich nicht jede beantworten.

ruebennase hat geschrieben:
„Oder umgekehrt formuliert: Was ist, wenn ‚Erleuchtet-sein' für mich das genaue Gegenteil von (religiösem) Glauben ist?"
Was soll dann sein? Dann ist es halt für dich das genaue Gegenteil von (religiösem) Glauben. Entweder verstehe ich deine Fragen nicht richtig, oder sie sind wirklich so sinnlos, wie sie mir vorkommen.

Sinnlos finde ich keine Frage – es gibt auch keine dummen Fragen, sagt man schon Kindern in der Schule. ;-)
Mit meiner Frage wollte ich andeuten, dass für mich „Erleuchtet-sein" etwas mit *Licht* und *Aufklärung* zu

tun hat und (religiöser) Glauben etwas mit Schatten, Nebel und Dunkelheit. Das siehst du natürlich anders – das ist mir klar. Ich fürchte, auch da kommen wir nicht weiter.

***ruebennase** hat geschrieben:*
„Mit dieser (für mich richtigen) Aussage widersprichst du dir aber selbst, oder? Du weißt über ‚Gott‘ scheinbar mehr als über dich selbst – das kann ja nicht gut gehen."
Nein, ich weiß nicht viel über Gott, ich weiß nur, dass er existiert und dass ich ihm vertraue.

Ich respektiere selbstverständlich deinen Glauben und dein Vertrauen in „Gott" – auch wenn ich es nicht nachvollziehen kann.

***ruebennase** hat geschrieben:*
Ich gestehe auch gern, dass ich kein großer Freund von Kritikern bin. Um das Recht zu haben, etwas kritisieren zu dürfen, muss man das Kritisierte besser machen können. Das können Kritiker aber meistens nicht. Kritik ist negativ, es ist ein ständiges „Nein". Das Leben aber ist ein ständiges „Ja".

Das sehe ich anders. Kritik ist die einzige Möglichkeit, sich selbst oder Theorien weiterzuentwickeln – und das ist für mich positiv. Kritik sollte natürlich nur den Inhalt einer Position betreffen und nie persönlich werden. Das Leben ist dynamisch und durch Kritik können wir uns und unsere Ansichten ständig weiterentwickeln.

***ruebennase** hat geschrieben:*
„Ohne die Möglichkeiten der Kritik können wir doch nur feststellen, dass jeder sein subjektives ‚Hirngespinst‘ hat – und damit Ende der Diskussion. Das willst du doch nicht wirklich, oder?"
Ein Ende der Diskussion würde mich nicht stören. Man kann auch ohne Kritik seine „Hirngespinste" austau-

schen, das kann unterhaltsam und spannend sein. Das ist die Quelle von Kreativität und aller Künste.

Na ja, konstruktive, rationale und sachliche Kritik hat meiner Ansicht nach nichts mit unterhaltsamer, spannender oder kreativer Kunst zu tun. Ein Bild oder Musikstück z.B. lässt sich schwer kritisieren – es existiert für sich selbst ein für alle mal in der Welt. Weltanschauungen oder wissenschaftliche Theorien verändern sich andauernd und können nur durch Kritik verbessert werden.

ruebennase *hat geschrieben:*
Gott ist aber kein Objekt dieser Welt und kann daher niemals Objekt wissenschaftlicher Forschung werden. Auch die Theologie, der ja von vielen Atheisten die Existenzberechtigung als Wissenschaft abgesprochen wird, erforscht nicht Gott, sondern nur die „heiligen" Schriften. Gott selbst ist unerforschlich.

Genau dieser Umstand macht für mich eine wie auch immer geartete *Gottesannahme bzw. -Theorie* uninteressant.

ruebennase *hat geschrieben:*
Kritik ist immer destruktiv. Sie akzeptiert nichts so, wie es ist. Sie ist auf den negativen Aspekt einer Sache, eines Menschen fokussiert und übersieht die Schönheit des Ganzen. Selbst die Psychologie weiß: will man einen Menschen fördern, bessern, dann sollte man ihn nicht kritisieren, sondern ihm positive Anreize vermitteln.

Wie oben schon geschrieben, es kommt meiner Ansicht nach auf die Formulierung der Kritik an. Destruktive Kritik auf persönlicher Ebene bringt niemanden etwas. Sachliche Kritik kann hingegen oft sehr förderlich sein – auch für die persönliche Weiterentwicklung eines Menschen.

ruebennase *hat geschrieben:*
„Wie geht Schauen ohne Nachdenken? Also ich denke meistens nach, wenn ich (im philosophischen Sinne) schaue."
Das geht durchaus, aber das muss man schon üben. Wir haben uns daran gewöhnt, immer irgendwelche Gedanken zu haben, das ist eine notorische Angelegenheit geworden, die wir kaum hinterfragen.
Fang an, indem du versuchst, dich nicht mit deinen Gedanken zu identifizieren und dann versuchst, ihr Treiben zu beobachten. Sei du der Herr im Haus. Das ist anfangs nicht leicht, man wird immer wieder in die Identifikation verfallen, das ist die Gewohnheit. Beharrlichkeit bringt auch hier Erfolge. Sich immer wieder an das Zeuge-sein erinnern wird dann immer öfter passieren.
Und keine Angst, du wirst dadurch nicht dümmer und dein Verstand wird auch nicht verschwinden. Im Gegenteil, er wird leistungsfähiger, konzentrierter und aufmerksamer werden. Benutze ihn, wenn du ihn brauchst und wenn er nicht gebraucht wird, dann beobachte ihn wie du vorbeiziehende Wolken am Himmel beobachten würdest. Er ist immer beschäftigt. Aber du bist mehr als dein Verstand.

Ich wäre schon froh, wenn ich meinen Verstand und mein (philosophisches) *Schauen* bis zum bitteren Ende nicht verliere.

ruebennase *hat geschrieben:*
Grundsätzlich stehe ich allen Lehren skeptisch gegenüber, die sind sicher ein schöner Zeitvertreib, aber die einzig wirkliche Lehre von existenzieller Bedeutung lässt sich meiner Ansicht nach in drei Worte packen: Erkenne dich selbst. Damit ist man genug ausgelastet. Man kann sich natürlich noch „Tipps und Tricks" von großen Denkern holen und mit deren Hilfe Fortschritte machen, aber ab einem gewissen Punkt des Weges ist man auf sich selbst angewiesen, ab da muss man alleine gehen. Das liegt in der Natur der Sache und ist

Nachdem ich nicht annehme, dass du mir/uns eine *Psychotherapie* oder *Psychoanalyse* empfiehlst, wo man seine Geburtstraumata und negativen (Klein-)Kindheitserfahrungen aufarbeiten kann, habe ich mal bei *Wikipedia* nachgeschaut, was man zu diesem Spruch „*Erkenne dich selbst!*" findet.

Da steht nichts von Emotionen (auch nichts von *Glaube, Liebe, Hoffnung*), sondern etwas von Einsicht in die Begrenztheit und Hinfälligkeit des Menschen, die prinzipiellen Grenzen des für den Menschen Erreichbaren, die Warnung vor der Überschätzung individueller Möglichkeiten, das Bewusstsein, dass man als Mensch sterblich, unvollkommen und begrenzt sei, die körperliche und geistige Verletzlichkeit des Menschen und von Tugend sowie der Veredelung des Charakters und Entwicklungsmöglichkeiten.

Sind es solche Einsichten bzw. Erkenntnisse, die dir vorschweben, die jeder machen soll?

Um das alles zu erkennen, braucht es meiner Ansicht nach weniger Emotionen, sondern einen hellen Verstand und eine große Vorstellungskraft. Denn nur klares Denken führt zur Bescheidenheit und kann Anmaßung vermeiden. Das Wissen um das eigene Nichtwissen kann nur der erlangen, der neugierig bleibt. Wenn man jetzt noch die antike Mythologie (viele Götter, unsterbliche Seele usw.) wegdenkt – immerhin sind seit damals 2.500+ Jahre vergangen – dann bleibt von dem alten Spruch „*Erkenne dich selbst!*" nur mehr die Zurückgeworfenheit des Menschen auf die eigene Existenz und das eigene Selbst übrig. Und um das zu erkennen, brauche ich – wie gesagt – „nur" einen klaren Verstand und keinen „Gott" oder sonstige „übergeordnete Entität".

—

[...]

—

***ruebennase** hat geschrieben:*
Ich bedanke mich für das Gespräch mit dir, es war eines der angenehmsten, die ich hier geführt habe.

Den Dank gebe ich gerne zurück. :-)

***ruebennase** hat geschrieben:*
Es war teilweise lehrreich, manchmal spannend und oft auch amüsant. Es war interessant, die vielen unterschiedlichen Blickwinkel auf die Welt kennenzulernen und wie der Einzelne sich damit auseinandersetzt, aber irgendwann wird es zu einer Art Karussellfahrt, alles wiederholt sich und man kommt nicht vom Fleck weg.

So geht es meiner Ansicht nach auch Atheisten manchmal. Was bleibt, ist die Offenheit und Neugier auf „unterschiedliche Blickwinkel auf die Welt" – aber das habe ich dir ja schon in einem der vorigen Beiträge geschrieben.

***ruebennase** hat geschrieben:*
Damit verabschiede ich mich erstmal aus dem Forum, gebe allerdings keine Garantie, bei gegebenem Anlass nicht doch mal wieder kurz zurückzukehren. ;-)

Tja, schade irgendwie – dein Entschluss steht scheinbar fest. Es gibt allerdings auch keine Garantie dafür, dass dieses Forum dann noch existiert. ;-)

Abschließend möchte ich mich den versöhnlichen Worten von **Herr der Augenringe** anschließen:

***Herr der Augenringe** hat geschrieben:*
Dann wünsche ich Dir an dieser Stelle mal alles Gute für Deinen weiteren Weg, möge er noch viele schöne Momente bereithalten :-)

Thema: „Nach Gott"

Ich habe jetzt das aktuelle Buch von **Peter Sloterdijk** –
„Nach Gott" – mit Mühe fertig gelesen und kann es nur
bedingt weiterempfehlen. Ich muss vorausschicken,
dass ich einmal (in den 90er Jahren des letzten Jahrhunderts) ein echter Anhänger von **Sloterdijk** war, weil
ich seine frühen Bücher, wie z.B. *„Kritik der zynischen
Vernunft", „Eurotaoismus"* oder *„Der Denker auf der
Bühne"*, sehr geschätzt habe und sogar bei einigen
Vorlesungen, die er an der Kunstakademie in Wien
gehalten hat, als externer Gasthörer dabei war.
Sloterdijk ist ohne Zweifel ein außerordentlich gelehr-
ter, belesener, gebildeter und origineller Philosoph,
der am laufenden Band Bücher veröffentlicht, die aber
für mich über weite Strecken immer schwerer lesbar
werden, weil er teilweise schwierig formuliert und nie
klar etwas auf den Punkt bringt. Das mag an mir liegen, weil ich klare Gedanken schätze und wahrscheinlich seinen anspruchsvollen Gedankengängen mangels
einschlägiger philosophischer bzw. theologischer Bildung nur bedingt folgen kann.
Trotzdem hat er im letzten Kapitel ein paar klare – für
mich aber problematische – Gedanken formuliert, die
ich hier zur Diskussion stellen will.

*„Wie James aus früher Leiderfahrung wußte, wird ein
gewaltiges depressives Potential entbunden, wenn
Menschen die eigene Existenz unter buchstäblich ernst
genommenen naturwissenschaftlich–deterministischen
und mechanistischen Begriffen reflektieren. Es kann zu
einer fatalen Wechselwirkung zwischen psychischer
Depression und theoretischer Selbstvergegenständli-
chung kommen.*
...
*Wer sich selbst, im Geist konsequenter Objektwissen-
schaften, als durch und durch fremdverursachtes Partikelchen in der Weltfabrik begreift, trennt sich von
seiner Spontaneität und riskiert, in unheilbarer Entsee-
lung zu versinken – ein solches Individuum müßte bis*

zum trostlosen Ende wie ein Stück geisteskranker Materie durch ein totes Weltall treiben.

...

Was wäre nämlich den Menschen zu raten, bei denen die Quellen des Selbstvertrauens aktuell versiegt sind? Wie kann der Philosoph zu denen reden, die seelisch trockenliegen und gegenwärtig keinen Zugang zu Visionen und Willenskräften finden?"
Peter Sloterdijk in „Nach Gott", Suhrkamp Verlag, 2017, S. 350f

Ich bin als Determinist bzw. Naturalist naturwissenschaftlich orientiert, vertraue den sogenannten Objektwissenschaften, bin religiös unmusikalisch und esoterisch ein Analphabet – sehe mich daher wirklich als *„Partikelchen in der Weltfabrik"*, aber nicht als psychisch depressives *„Stück geisteskranker Materie"*, das *„durch ein totes Weltall"* treibt. Mein Selbstvertrauen ist noch intakt und ich habe Zugang zu meinen Willenskräften, woher auch immer diese kommen. Mit dem Begriff *Seele* fange ich wenig an und bei Visionen bin ich eher vorsichtig.

Mich beschleicht aber die Befürchtung, dass areligiöse Menschen, die mit „Gott" und Transzendenz nichts anfangen können, eher in eine philosophisch depressive Stimmung kippen können, wenn sie – wissenschaftlich aufgeklärt – ihre Existenz reflektieren, aber keine Motivation verspüren, ihre Reflexionen anderen mitzuteilen.

Wo sind all die Erfahrungsberichte und -geschichten (Literaturhinweise willkommen ;-) von Menschen, die „nach Gott" ihr Leben möglichst glücklich bewältigen (wollen)?

Wie geht ihr mit solchen Gedanken um?

Welche Erfahrungen macht ihr, wenn ihr euer Leben areligiös reflektiert?

—

nautilus *hat geschrieben:*
Wieso macht es deiner Ansicht nach einen Unter-
schied, ob man die Reflexion anderen mitteilt?

Ich denke, wenn man seine philosophischen Reflexionen – wie von **Sloterdijk** oben beschrieben – mit anderen teilt, dann verlieren sie eventuell die „negative
(depressive) Wirkung" auf einen selbst – vorausgesetzt
man teilt sie mit ähnlich denkenden Menschen und
wird auch verstanden.

nautilus *hat geschrieben:*
Ich vermute, ich bin ziemlich eigen, was diese Gedan-
ken angeht. Die Idee eines mechanistischen Univer-
sums kommt mir beruhigend vor, selbst wenn Men-
schen und ich eingeschlossen sind. Wir sind in gewisse
Weise Roboter, die durch Evolution entstanden sind
und dadurch lässt sich menschliches Verhalten vor-
hersagen. Ich finde das schön.

Respekt für diese gelassene Grundhaltung, die ich
auch die meiste Zeit habe, wenn ich gut drauf bin –
nur manchmal finde ich unsere menschliche Existenz
nicht schön, sondern eher absurd.

nautilus *hat geschrieben:*
Die Unaufhaltsamkeit biologischen Zerfalls ist natür-
lich nicht schön, vom Kältetod unseres Universums gar
nicht erst angefangen. Ewige Jugend wäre mir ganz
recht. Peter Sloterdijk könnte also sagen, mir fehle das
Jenseits.

Ich bin mir nicht sicher, ob **Sloterdijk** das so formulieren würde – er neigt in dieser Hinsicht eher zu ver-
schachtelten Sätzen mit teilweise neuartigen Begriffen
mit schwer nachvollziehbarem Inhalt (wie **Heidegger**),
wo man nie sicher sein kann, welche Position er wirklich einnimmt. ;–)

—

300

manniro *hat geschrieben:*
... Interessantes Thema. Ich bin nur etwas traurig, dass Du den Thread nicht unter „Philosophie" aufgemacht hast, denn Sloterdijk hat zwar „Nach Gott" getitelt, aber genau ab da ist ja die Religion nicht mehr zuständig. Und in den von Dir zitierten Fragmenten findet sich dementsprechend auch nichts davon. ;-)

Ja, ich habe auch kurz überlegt, wo ich den Thread am besten eröffne und mich dann eben für *„Atheistisches/Religiöses"* entschieden, weil mich primär interessiert, was Atheisten zu den von mir zitierten Gedanken von **Sloterdijk** sagen – aber nicht tief schürfend und streng philosophisch, sondern eher locker und lebensnahe. Außerdem ist dieses neue Buch von **Sloterdijk** wirklich über weite Strecken sehr schwer bzw. mühsam zu lesen und zu verstehen. Und ich habe wenig Lust dazu, näher auf den Inhalt einzugehen. Die von mir ausgewählten Zitate sind (fast) die einzigen, die mich persönlich angesprochen haben und über die ich diskutieren wollte.

manniro *hat geschrieben:*
Auch in freier Rede vorgetragene Sätze von Sloterdijk sind in der Regel „schwere Geburten" und scheinen sich sämtlich in Steißlage zu befinden, bis sie endlich das Licht der Welt erblicken. :-)
Das liegt nach meiner Einschätzung daran, daß er „Originalität" als seinen Markenkern empfindet, was dann auch zu den von Dir angesprochenen „neuartigen Begriffen" führt. Diesen Anspruch kann er jedoch glücklicherweise weitgehend einlösen, was ihn auch für mich zeitweise interessant gemacht hat, weil er dadurch „neue Blicke durch alte Löcher" ermöglicht.

Genau dieser Umstand hat mich anfangs an seinen frühen Büchern fasziniert, wo es ihm als Fachphilosoph augenzwinkernd wirklich gelungen ist, neuartige Aspekte und Sichtweisen zu den verschiedensten Themen und Problemen so zu formulieren, dass man als interessierter Laie Lust und Mut bekommt, sich mit dem eher trockenen Thema *Philosophie* näher zu beschäftigen. In den letzten Jahren kommt es mir aber leider fast so vor, als ob *Sloterdijk* in seiner etwas abgehobenen philosophischen Sphäre Selbstgespräche führt und seine Bücher (fast) nur mehr für seine Freunde und Fachkollegen schreibt – und nicht mehr für interessierte Laien. Sie sind auch sicher keine Bestseller mehr so wie die *„Kritik der zynischen Vernunft"*.

***manniro* hat geschrieben:**
Zwar funktionieren die Objektwissenschaften in Sachen Welterklärung ganz hervorragend, können aber leider keinen „Sinn" liefern.

Nicht nur das – wer die Objektwissenschaften ernst nimmt und sie reflektiert, wird zwangsläufig drauf kommen, dass es so etwas wie einen übergeordneten „Sinn" gar nicht gibt. Genau diesen Zustand finde ich dann spannend – dass zwar viele ahnen, dass das (*mesokosmische*) komplexe Leben als solches kausal und rückblickend meist verstehbar abläuft, aber das Ganze keinen erkennbaren Sinn zu haben scheint. Das Individuum (das *„Partikelchen der Weltfabrik"*) lebt aber so und tut so als ob es einen Sinn machen würde, von Tag/…/Jahr zu Tag/…/Jahr weiter zu planen, zu entscheiden und zu handeln. Wir sind offensichtlich dazu verurteilt, ohne erkennbaren Sinn einfach weiter zu machen – mit der Hoffnung, dass „es" (das individuelle Leben, die Gesellschaft, die Welt als Ganzes) ein Stück „besser" wird – und es möglichst vielen Menschen „gut" geht („besser" und „gut" deshalb in Anführungsstrichen, weil es meiner Ansicht nach keine objektiven Kriterien gibt, diese Begriffe halbwegs eindeutig und für alle gültig zu definieren – das muss schon jeder selber herausfinden, wie es ihm persönlich *gut* und *besser* geht…).

***manniro* hat geschrieben:**
Und genau deshalb flüchten sich Menschen in Religio-

302

nen, glauben den größten Quark, nur um irgendeine Antwort auf die sich besonders in Leidenssituationen aufdrängende quälende Frage: „Was soll eigentlich dieser ganze Mist?" serviert zu bekommen. Da es bisher noch nicht gelungen ist, diese Frage befriedigend im Diesseits zu beantworten, verlagert man die Antwort eben ins „Jenseits".

Das macht meiner Ansicht nach unter anderem auch den lang anhaltenden Erfolg der Religionen aus, dass sie nach wie vor einfache – und großteils unsinnige – Antworten auf existentielle Fragen liefern, mit denen einfache Menschen offensichtlich zufrieden sind – vielleicht mangels Alternativen? – na ja, Alternativen wären ja Philosophie, Wissenschaft, Kunst und Literatur – aber das ist den meisten zu anstrengend...

manniro *hat geschrieben:*
Die früher erwogene Alternative, den „Sinn" in der Generationenfolge zu suchen – Motto: „Meine Kinder sollen es einmal besser haben" – hat im Zeitalter der grassierenden Egomanie – Motto: „ICH! Wer sonst?" – auch deutlich an Attraktivität verloren, aus nachvollziehbaren Gründen. Ganz abgesehen von der inhärenten logischen Schwäche dieses Konzepts.

Also das Glück, eigene Kinder zu haben und ihnen einen guten Lebensweg zu ermöglichen, ist meiner Ansicht nach schon sehr befriedigend und macht z.B. bei mir derzeit einen Großteil meines ganz persönlichen Lebenssinns aus – ganz ohne Egomanie.

manniro *hat geschrieben:*
Natürlich kann man sich das Alles auch ersparen, indem man sich in platten Hedonismus flüchtet, das Resthirn abschaltet und ein Dauerabo im „Ballermann" bucht. Geschmackssache.

Man kann doch hedonistisch – im positiven Sinn und nicht abwertend gemeint – leben, ohne das Resthirn

303

abzuschalten, oder nicht? :-)

—

Es gab über Jahrhunderte das stabile Modell (Dreieck)
„Gott-Welt-Mensch(Seele)", das Menschen einen über-
geordneten Sinn – nämlich „Gott" – vermittelte. Der
Mensch war quasi eingebettet sowohl in die Welt als
auch in einen transzendenten „Gott". Das gab ihm Si-
cherheit und Orientierung.
Seit dem Aufkommen der Objektwissenschaften wird
„Gott" Schritt für Schritt zurückgedrängt und der
Mensch auf sich selbst in der Welt zurückgeworfen.
Den Sinn seines Daseins muss er sich jetzt selbst zu-
schreiben bzw. vermitteln, wie du richtig schreibst.

Das Problem, das sich dabei ergibt und das ich sehe,
ist, dass Menschen sich irren können. Sie sind fehlbar.
Sie können mit ihren „Sinn-Projekten" scheitern. Und
das wissen sie und es ist ihnen völlig bewusst. Es gibt
„nach Gott" keine sichere Instanz mehr, die (Lebens-)
Wege und Ziele vorgibt.

Andererseits bietet diese neue existentielle Situation den Individuen eine nie dagewesene Freiheit, selbst zu entscheiden, wie sie ihr Leben gestalten und führen. Das als Privileg zu begreifen, macht meiner Ansicht nach schon einen Großteil des individuellen Glücks aus.

—

nautilus hat geschrieben:
„Ich denke, wenn man seine philosophischen Reflexionen – wie von Sloterdijk oben beschrieben – mit anderen teilt, dann verlieren sie eventuell die ‚negative (depressive) Wirkung' auf einen selbst – vorausgesetzt man teilt sie mit ähnlich denkenden Menschen und wird auch verstanden."
Klingt für mich wie eine Therapie. Ich kenne mich damit nicht gut aus. Gibt es vergleichbare Situationen, in denen das Teilen an sich hilft?

Ja, vermutlich – reden bzw. sich mitteilen und Kommunikation ganz allgemein hilft wahrscheinlich bei fast jedem Problem und ist Bestandteil bzw. Voraussetzung jeder Therapie. Ob Teilen an sich in vergleichbaren Situationen hilft? – hm, ja kann schon sein...

—

manniro hat geschrieben:
„In den letzten Jahren kommt es mir aber leider fast so vor, als ob Sloterdijk in seiner etwas abgehobenen philosophischen Sphäre Selbstgespräche führt und seine Bücher (fast) nur mehr für seine Freunde und Fachkollegen schreibt – und nicht mehr für interessierte Laien."
Das ist leider die Crux jeder intensiven Beschäftigung mit einem Medium und kein Spezifikum der Philosophie. Du wirst als Laie ab einem bestimmten Punkt auch nicht mehr verstehen, womit sich ein Maler, Mu-

siker oder meinetwegen auch Briefmarkensammler auseinandersetzt. Jede Kunst – und auch jede Wissenschaft – wird irgendwann esoterisch und ist nur noch für Eingeweihte zu verstehen.

Das muss aber nicht immer so sein. Es ist auch eine Kunst und zeugt meiner Ansicht nach von intellektueller Redlichkeit, wenn so gesprochen bzw. geschrieben wird, dass auch ein interessierter Laie den Inhalt versteht. **Karl Popper** hat z.B. bis zuletzt so über philosophische Probleme und Erkenntnisse gesprochen bzw. geschrieben, dass ihn jeder verstanden hat. Auch ein Arzt ist erst dann ein guter Arzt, wenn er seinen Patienten ihre Krankheit und die Behandlung bzw. Therapie verständlich ohne lateinische Fachausdrücke erklären kann. **Peter Sloterdijk** hingegen ist nicht (mehr) redlich, sondern kommt mir selbstverliebt vor und versteckt sich oft hinter komplizierten und kryptischen Formulierungen und legt offensichtlich keinen großen Wert, dass er auch von seinen Zuhörern und Lesern verstanden wird.

manniro hat geschrieben:
„Nicht nur das – wer die Objektwissenschaften ernst nimmt und sie ein wenig reflektiert, wird zwangsläufig drauf kommen, dass es so etwas wie einen übergeordneten ‚Sinn' gar nicht gibt."
Und das ist für leidende Menschen eben schwer zu verknusen, denn der „Sinn" dient in erster Linie zur Rechtfertigung des „Leids". Du kannst für „Führer, Volk und Vaterland" leiden, oder für „Allah" oder „Jahwe", für das „Seelenheil der Menschheit", das eigene, oder eine „bessere Zukunft", wie Du im Folgenden ja auch selber ausführst. Aber „leiden" für nichts?

Ja, es leiden oftmals Menschen für nichts – mit dem müssen wir uns abfinden und zu leben lernen. Krankheit, Leid und Tod ist jedes mal eine sinnlose „Naturkatastrophe", bei der niemand schuld ist. Das zu begreifen und anzunehmen, fällt zugegeben schwer.

manniro *hat geschrieben:*
„Also das Glück, eigene Kinder zu haben und ihnen ei-
nen guten Lebensweg zu ermöglichen, ist meiner An-
sicht nach schon sehr befriedigend und macht z.B. bei
mir derzeit einen Großteil meines ganz persönlichen
Lebenssinns aus – ganz ohne Egomanie."
Da ich selbst Vater von – mindestens – 3 Kindern bin,
kann ich diese Sichtweise nachvollziehen. Ich würde
das allerdings eher unter der Rubrik „Verantwortung"
ansiedeln, als unter „Glück". Obwohl sich auch das ge-
legentlich nicht vermeiden lässt, wie auch ein beken-
nender Pessimist schweren Herzens einräumen muß.
;-)
Das löst aber das von mir bereits erwähnte Problem
der „...inhärenten logischen Schwäche dieses Kon-
zepts" nicht. Denn welchen Sinn macht es, die Sinnfra-
ge ad infinitum an die jeweils nachfolgende Generati-
on zu delegieren? Wenn mein Leben keinen Sinn hat,
wieso sollte dann deren Leben einen haben?

Das habe ich ja so nicht behauptet. Mein Leben hat
den Sinn, den ich ihm gebe. Es hat nur keinen *überge-*
ordneten und *transzendenten* Sinn. Auch die Evolution
hat als Ganzes gesehen offensichtlich keinen Sinn.
Aber jede kleine (Alltags–)Handlung kann sinnvoll
sein, wenn ich ihr einen solchen zuschreibe. Das versuche ich, meinem Kind zu vermitteln – mit dem Ziel,
dass es auch einen Lebensweg mit *sinnvollen* Tätigkeiten einschlägt, die zufrieden und glücklich machen.
Ich delegiere also die Sinnfrage nicht an die nächste
Generation, sondern gebe meine Erfahrungen mit dieser Frage weiter.

—

Föderation *hat geschrieben:*
Sloterdijk baut eine massive Suggestion auf, dass De-
terminismus einen negativen psychologischen Effekt
haben müsse.

Ja, diesen Eindruck habe ich auch. Er schneidet das Thema *Determinismus* und die damit einhergehenden Konsequenzen und Effekte in seinem Buch leider nur sehr kurz an – mehr als die Zitate, die ich geschrieben habe, gibt es nicht.

Föderation *hat geschrieben:*
Der Punkt, dass uns von Vertretern der Religion, von unseren Eltern, Großeltern, Freunden und sonst wem suggeriert wird, dass die Welt so und so gehört und nur dann gut ist, ist für den psychologischen Effekt wichtig: Gerade wir als rational denkende Menschen vernachlässigen das gerne, weil so etwas bei rein rationaler Betrachtung zunächst immer ausgeblendet wird: Wir zimmern uns das Weltbild ja gerade NICHT so zurecht, weil wir uns darin so und so wohlfühlen, sondern in erster Linie geht es uns doch darum, die Welt so zu sehen, wie sie wirklich ist (und nicht wie man sie psychologisch-angenehm zusammenlügt oder herbeihalluziniert).

Ja, mir geht es auch primär darum, herauszufinden, wie die Welt wirklich ist – und das ist global gesehen meiner Ansicht nach oft nicht *gut*, *schön* und *zum Wohlfühlen*. Es gibt aber – wahrscheinlich bei allen Menschen – das große Bedürfnis, in einer *guten* und *schönen* Welt zu leben und sich *wohlzufühlen* – und sei es nur in dem kleinen Bereich, in dem sie leben, entscheiden und handeln.

Föderation *hat geschrieben:*
Die wesentlichste Suggestion hängt daran, dies alles aufzuhängen am Determinismus, während es mit der Alternative, nämlich Indeterminismus keineswegs besser läuft? Interessant wäre, ob Sloterdijk es schafft, sich mit den Konsequenzen der Unterstellung von Akausalität auseinander zu setzen, oder ob er passt...

Ich habe wirklich keine Ahnung, wie **Sloterdijk** über Determinismus bzw. Indeterminismus denkt. Das dürfte nicht sein philosophisches Hauptthema sein.

Föderation *hat geschrieben:*
Womit Sloterdijk sich eigentlich auseinandersetzen muss, sind die impliziten psychologischen Nachwirkungen der Religion bei ihm selbst.

Na ja, ich gehe davon aus, dass er das schon längst getan hat. Er hat als erfahrener Philosoph sicher neben 2500+ Jahren Philosophie- und Religionsgeschichte auch sich selbst sehr tief reflektiert.

—

manniro *hat geschrieben:*
„Es ist auch eine Kunst und zeugt meiner Ansicht nach von intellektueller Redlichkeit, wenn so gesprochen und geschrieben wird, dass auch ein interessierter Laie den Inhalt versteht."
Die populärwissenschaftliche Darstellung einer Wissenschaft oder Philosophie macht aber nur begrenzt Sinn, beispielsweise wenn es um Sicherung von Fördermitteln oder Sponsoring geht. Oder um Generierung des eigenen Einkommens. Dieser Bereich wird vorwiegend von jenen genutzt, die irgendwo im Halbfeld der jeweiligen Fakultät stecken geblieben sind, die Grundzüge verstanden haben, aber für neue, originelle Lösungsansätze zu unbegabt sind.

Es gibt aber auch viele gute Beispiele von Wissenschaftlern – gerade auch von naturwissenschaftlichen Nobelpreisträgern –, die es geschafft haben, über ihren Fachbereich und/oder allgemeine Fragestellungen so zu schreiben, dass sie von interessierten Laien verstanden werden. Das ist auch notwendig, weil die normale interessierte Bevölkerung meiner Ansicht nach das Recht, vielleicht auch irgendwie die Pflicht dazu hat, am wissenschaftlichen Erkenntnisfortschritt und am intellektuellen Diskurs in der Gesellschaft teilzunehmen.

manniro *hat geschrieben:*
Ein ambitionierter Musiker wird auch andere Ansprü-
che an sich stellen, als ständig Schlager zu produzie-
ren, nur weil die von den meisten „verstanden" wer-
den. Ebenso wird ein begabter Maler sich nur in ex-
tremen Notlagen zum Malen von röhrenden Hirschen
oder glutäugigen Zigeunerinnen bereit finden. ;-)

Musik und Malerei sind denkbar schlechte Beispiele für
die Wichtigkeit von intellektueller Redlichkeit. In diesen Bereichen gibt es kein richtig/falsch, sondern nur
seicht/oberflächlich bis anspruchsvoll – da zählt meiner Ansicht nach letztendlich nur der Geschmack, der
bekanntlich so unterschiedlich ist wie die Menschen
selbst.

manniro *hat geschrieben:*
Noch schwerer fällt allerdings die Einsicht, dass nie-
mals irgendjemand „schuld" ist, dass es so etwas wie
"Schuld" im Sinne „vorsätzlicher" Verursachung gar
nicht gibt. Weshalb wir im Alltagsleben partout nicht
darauf verzichten wollen – und vermutlich auch nicht
können – festzustellen, wer oder was an missliebigen
Entwicklungen „Schuld" hat.
Die unausrottbare Vorstellung eines „vorsätzlichen
Verursachers" ist der Acker, auf dem Religionen ge-
deihen.

Da gebe ich dir vollkommen recht.

manniro *hat geschrieben:*
Gott ist halt tot. Zumindest der alte..., basteln wir uns
also einen neuen. ;-)

Genau diese These vertritt, glaube ich, auch **Sloterdijk**
in seinem Buch. ;-)
„Zum Verständnis der Gegenwart als Zeit wachsender
Komplexitäten und Kompliziertheiten gehört die Ein-
sicht in die Vermehrung der Dämmerungen. Wir haben
es nicht mehr nur mit dieser oder jener Götterdämme-

rung zu tun, die den Mythologen, den Theologen und den Künstlern zu denken gab. Wenn Götterdämmerungen aus der Dynamik der Erfindungs-Kulturen als solchen folgen, so liegt die Vermutung nahe, daß künftige Dämmerungen auch vor den Mysterien der menschlichen Erfindungskraft nicht haltmachen werden."
(**Peter Sloterdijk** in „Nach Gott", S.28)

—

manniro hat geschrieben:
"Es gibt aber auch viele gute Beispiele von Wissenschaftlern – gerade auch von naturwissenschaftlichen Nobelpreisträgern –, die es geschafft haben, über ihren Fachbereich und/oder allgemeine Fragestellungen so zu schreiben, dass sie von interessierten Laien verstanden werden."
Ja, aber das hat Sloterdijk doch auch getan, wenn ich nicht irre hast Du damit Dein anfängliches Interesse an ihm begründet.

Ja, das stimmt auch.

manniro hat geschrieben:
Es lässt sich halt nur nicht jedes fachspezifische Thema allgemeinverständlich darstellen und das ist ja letztlich auch nicht der Sinn der Übung. ;-)

Mag sein, dass manches wissenschaftliche oder philosophische Thema nur schwer vermittelbar ist. Ich persönlich fange halt mit dem Schreib-/Rede-Stil von **Sloterdijk** immer weniger an, obwohl seine Themen und Fragestellungen an sich sehr interessant sind.

manniro hat geschrieben:
„Das ist auch notwendig, weil die normale interessierte Bevölkerung meiner Ansicht nach das Recht, vielleicht auch irgendwie die Pflicht dazu hat, am wissenschaftlichen Erkenntnisfortschritt und am intellektuellen

Diskurs in der Gesellschaft teilzunehmen."
Na ja. Aktuelle Theorien der Kernforschung so darzu-
stellen, dass auch der durchschnittliche RTL 2–
Zuschauer sie versteht, dürfte einen göttlichen Eingriff
erfordern.

:-) ... den durchschnittlichen RTL 2–Zuschauer sehe
ich jetzt nicht unbedingt als den interessierten Laien,
den ich mir vorstelle. Mir ist schon klar, dass viele na-
turwissenschaftliche Themen ein gewisses Maß an
Vorbildung und Neugier voraussetzen.

manniro *hat geschrieben:*
Den Begriff „intellektuelle Redlichkeit" habe ich glaube
ich vor Jahren hier mal eingebracht, ihn meinerseits
von Nietzsche übernommen. Aber bei diesem Thema
hat er bislang keine Rolle gespielt. Was meinst Du
denn in diesem Zusammenhang damit? Dass jeder, der
sich nicht allgemeinverständlich ausdrückt, lügt? Oder
zumindest seine Pflicht vernachlässigt?

Ich habe den Begriff bei **Karl R. Popper** kennengelernt.
Er hat weniger mit Lüge, sondern eher mit Haltung,
Einstellung und Ethik bei Intellektuellen zu tun.

manniro *hat geschrieben:*
Musik und Malerei habe ich als Beispiele dafür ange-
führt, dass jede Spezialisierung ab einem gewissen
Punkt nur noch zwischen „Insidern" kommuniziert
werden kann, weil der Allgemeinheit zum Verständnis
die Fachbegriffe fehlen. Das wird am deutlichsten in
Wissenschaften, deren Problemfelder und Fragestel-
lungen nur noch in mathematischer Formelsprache
ausgedrückt werden können. Wie willst Du das in Um-
gangssprache übersetzen?

Es ist zugegeben sehr schwer, aber einige Physiker
(z.B. **Einstein, Heisenberg** oder **Hawking**) haben es
geschafft, populärwissenschaftliche Texte (fast) ohne
Formeln zu schreiben.

—

Nasobēm _hat geschrieben:_
„...nur manchmal finde ich unsere menschliche Exi-
stenz nicht schön, sondern eher absurd..."
_:-)_
Ist sie ja manchmal auch. Wie schon Camus im „My-
thos des Sisyphos" geschrieben hatte: „Dem Absurden
kann man sich nicht entziehen".

Danke für den Hinweis auf **_Camus_** :-) – ein sehr faszinierender, klarsichtiger und gut lesbarer Autor und
Philosoph, den ich schon vor langer Zeit entdeckt und
gelesen habe – schade, dass er so früh gestorben ist –
sein Alterswerk hätte mich heute sehr interessiert.

„An sich ist die Welt nicht vernünftig – das ist alles,
was man von ihr sagen kann. Absurd aber ist die Ge-
genüberstellung des Irrationalen und des glühenden
Verlangens nach Klarheit, das im tiefsten Inneren des
Menschen laut wird ... Ist die Absurdität erst einmal
erkannt, dann wird sie zur Leidenschaft, zur herzzer-
reißendsten aller Leidenschaften." **(Albert Camus)**

Nasobēm _hat geschrieben:_
„... Wir müssen uns Sisyphos als einen glücklichen
Menschen vorstellen. (Camus)"

Ja, ein tröstender Gedanke, den ich mir oft und gerne
in Erinnerung rufe...

Dank

Eine der Eigenheiten von Internetforen ist, dass man darin anonym schreiben kann. Bedanken möchte ich mich deshalb besonders bei den realen Menschen, die hinter folgenden Pseudonymen stehen, deren richtige Namen ich nicht kenne:

Atheos2011, Athus, Bergamotte, Der böse Wolf, fire creek, Föderation, Herr der Augenringe, idefix2, JAU, Jürg Fink, Kynni, lorenz, manniro, Nasobēm, nautilus, Nergal, Rolo, Rowan, ruebennase, Sagi_75, Singularität, soynadie, Starfish1, werner.

Sie alle haben mich mit ihren klugen, kritischen Beiträgen und Antworten angeregt, weiter zu denken und zu schreiben, sodass lebhafte, interessante, manchmal auch sehr kontroverse Diskussionen entstehen konnten.

Bedanken möchte ich mich auch bei meiner Frau, die den endgültigen Text korrekturgelesen hat.

G.H.B.